U0141689

從食、衣、住、行到文化風俗，
在最幸福的朝代上一堂歷史體驗課

回到宋朝 long stay!

馬驊 著

前言

「居廟堂之高則憂其民，處江湖之遠則憂其君」；「先天下之憂而憂，後天下之樂而樂」。在它的時代，有這樣抱負填膺、悲天憫人的家國情懷。

「醉翁之意不在酒，在乎山水之間也。山水之樂，得之心而寓之酒也」。在它的時代，有這樣隨遇而安、悠閒自適的曠達人生。

「僵臥孤村不自哀，尚思為國戍輪台」；「王師北定中原日，家祭無忘告乃翁」。在它的時代，有這樣遺恨無窮、心有不甘的復興之夢。

「靖康恥，猶未雪；臣子恨，何時滅。駕長車，踏破賀蘭山缺」。在它的時代，有這樣豪邁雄渾、熱血僨張的激烈壯懷。

「多情自古傷離別，更那堪，冷落清秋節！今宵酒醒何處？楊柳岸，曉風殘月」。在它的時代，有這樣柔腸百結、瑰麗妖嬈的婉約風流。

「不識廬山真面，只緣身在此山中」；「問渠那得清如許，為有源頭活水來」。在它的時代，有這樣微言大義、意蘊無窮的深刻哲理。

是的，它就是距離我們千年之遙的宋朝。

曾經有人問「中國最好的財經作家」吳曉波先生：「如果您能穿越，您最喜歡回到中國哪個朝代？」這位《大敗局》系列和《吳敬璉傳》的作者，想了想說：「宋朝。」

和吳曉波先生一樣對宋朝做出高度評價的，其實早就大有人在。

陳寅恪先生一九四三年在〈鄧廣銘宋史職官志考證序〉給出結論，華夏民族之文化，歷數千載之演進，造極於趙宋之世。

「天變不足畏，祖宗不足法，人言不足恤。」錢穆先生在《國史大綱》裡提出，范仲淹、王安石革新政治的抱負，沒有從根本得到實現；但是他們為人、為學的精神意氣一直影響到最近時期的中國。

錢鍾書先生在《中國文學史》中說，在中國文化史上有幾個時代一向是相提並論的，文學就說「唐宋」，繪畫就說「宋元」，學術思想就說「漢宋」——都數得到宋代。

美國學者費正清（John King Fairbank）認為，北宋與南宋是中國歷史上最輝煌的時期。他在《中國：傳統與變革》中說，宋代經濟的大發展，特別是商業方面的發展，或許可以恰當地稱之為中國的「商業革命」。他陳述宋代的城市生活是「自由而奢華」的。

英國學者李約瑟（Joseph Needham）在《中國科學技術史》中說，每當人們在中國的文獻中查考任何一種具體的科技史料時，往往會發現它的主焦點就在宋代，不管是在應用科學方面，還是在純粹科學方面都是如此。

宋朝取得的耀眼輝煌，在中外學者的筆下一一呈現，打破了關於宋朝「積貧積弱」的不公正評價和誤解。

宋朝自開國之君趙匡胤始，崇文抑武，導致在與北方游牧民族的戰場搏擊中屢屢以不思進取的弱者形象出現，最終也為外族滅國，是以被冠上「弱宋」之稱。但由趙匡胤開啟、貫穿始終的文人治世，則在浩瀚的歷史長河中造就出無與倫比的全民盛世。

超百萬人口的北宋都城汴梁（今開封）和南宋都城臨安（今杭州），乃當世冠絕天下的商業繁榮大都會，坐擁十倍於同時期歐洲最大城市的人口，彰顯著宋朝經濟的蓬勃氣象。

宋詞是中國文學史上璀璨異常的一顆明珠，散文唐宋八大家有六位出自宋朝。橫空而出的宋體字、舉世無雙的〈清明上河圖〉和革命性的活字印刷術，等等，見證著宋朝的文化藝術和科學技術登上封建時代的頂峰。這些斐然成就，得益於對文人、文化藝術的寬容和提攜，因此宋朝也被冠以中世紀中國的文藝復興之譽。

經歷深刻的社會變革，宋朝社會趨於平民化、世俗化和人文化。這樣的宋朝，被有識之士認為是中國歷史上最具幸福感的朝代。

假如給您一次穿越的機會，假如您和吳曉波先生的願望是一致的，那麼來吧，讓我們一起翻開這本書，回到宋朝 long stay，您將成為這本書的主角，以一個宋朝人的身分原汁原味體驗一回那個時代的衣食住行、婚喪嫁娶、職場奮鬥和文化娛樂等民俗民風、社會生活。

帶著這本穿越宋朝的生活指南和必備攻略，開啟一段愉快而又難忘的旅程，做一個最具幸福感的宋朝人吧！

目次

第一篇 城市套路深，漲點姿勢保生存

第二篇 演好升職記，職業規畫是前提

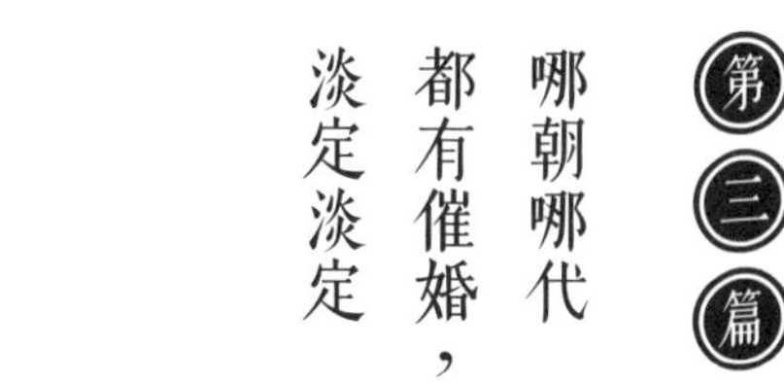

第三篇 哪朝哪代都有催婚，淡定淡定

第四篇 舌尖上的大宋，且吃且珍惜

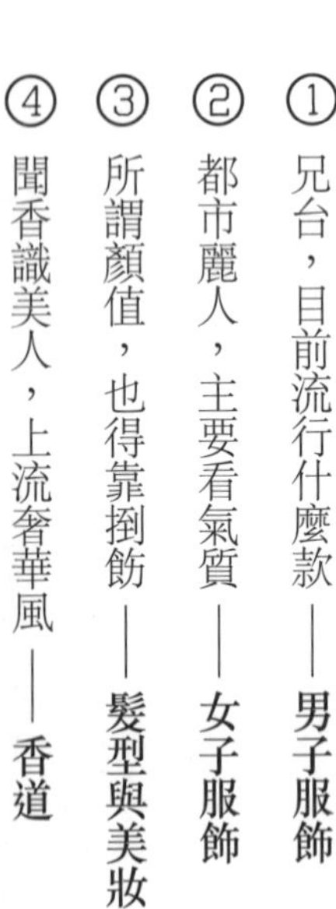

第五篇 男神女神，時尚達人之路

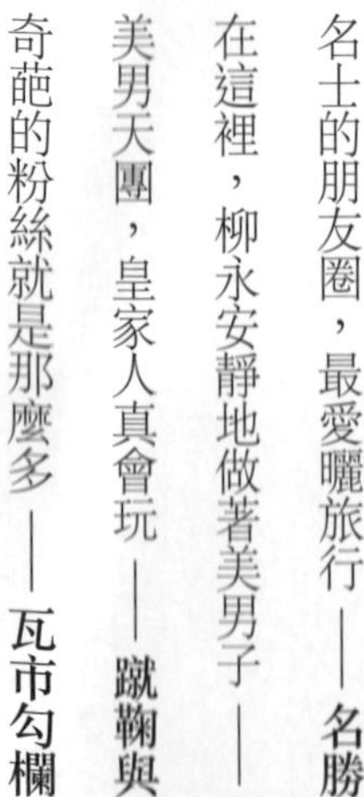

第六篇 娛樂與文化，接地氣才有收視率

第七篇 節假日黃金周，這盛世如你所願

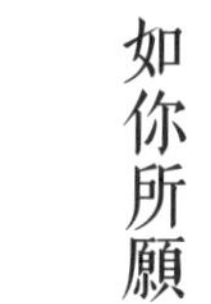

第八篇 誰都會有那麼一天，人生終點站

第一篇

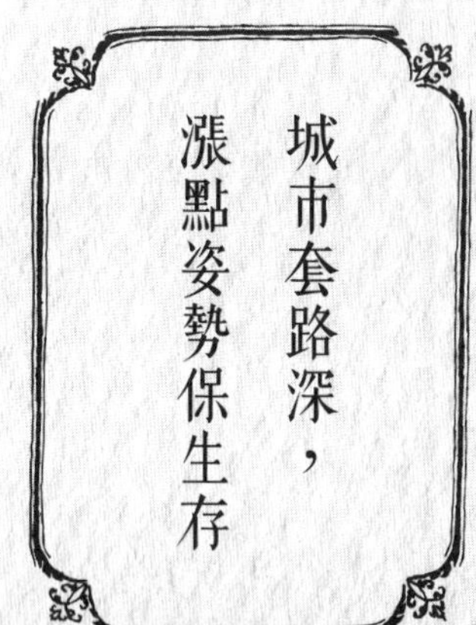

城市套路深，漲點姿勢保生存

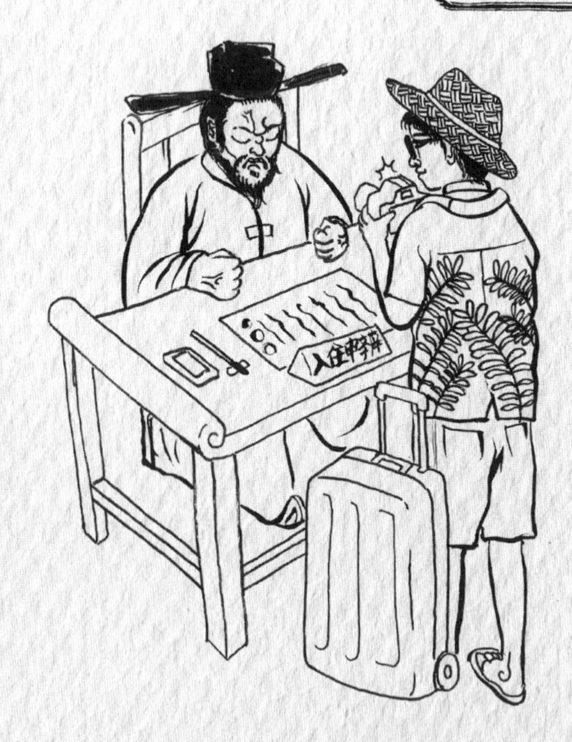

① 「姊姊」？這可是親媽——家庭與稱謂

一、皇宮稱謂有規矩

對讀者您來說，了解一段社會史，通常的管道是閱讀前人的史料和後人的文章。在浩瀚的知識體系中，您是一位理性的觀察者。如今的人們每每講求「體驗」二字。從您翻開這一頁開始，咱們給您的設定就是一位親身體驗者和唯一主角，以穿越的方式前往宋朝，做一段感性的社會史之旅。穿越是一場特殊的旅行，它同樣需要事前做好功課，熟悉攻略，從您落腳、開口的一刻起，處處充滿了學問。

皇宮是眾多「今穿古」題材的首選之地。一是它和普羅大眾有著遙遠的距離，充滿神祕感。二是從社會史考察的角度，它也是您穿越旅行經典路線上的必去「景點」。因此，就讓您的這次宋朝之旅也從皇宮開篇吧。

找準座標，目的地宋朝，身分皇子。一瞬間，當您緩緩地睜開眼，發現自己已經置身於一個古香古色的房間裡，未及喘上一口氣，便聽見一個聲音驚喜地喊道：「官家、聖人，二大王醒了。」這句話的信息量其實很大，建議您閉上眼睛裝一會兒暈。

利用裝暈這會兒工夫，您盡快消化一下那句話所包含的信息：首先，「官家」是您宋朝皇帝的專用稱呼。在宋朝，無論是太后、皇后、妃嬪、大臣、宦官、宮女還是平民，平時都稱皇帝為「官家」，有時也稱「大家」或「官里」。但您現在作為皇帝子女中的一員，卻不可以稱他為「官家」。也許您會得瑟：這還不簡單？不就是叫父皇嗎。

您如果真這麼叫了，估計馬上就會聽到「病糊塗了」的嘆息。在宋朝，「父皇」和「皇帝」都屬於書面語，不用作口頭稱謂。日常生活中，與尋常百姓家一樣，皇子皇女稱呼自己的父親皇帝為「爹爹」。在正式場合或重要事宜中，則和大臣們一樣，應該稱皇帝為「陛下」。至於電視劇中最流行的「皇上」一詞，並不存在於宋朝的口頭稱謂中。書面語中會稱皇帝為「今上」或「上」，把「皇」與「上」這兩個字連在一起寫的例子很少。另外，「萬歲」應該算是一種皇帝專用的祝福語，也不能用作稱謂，例如：朝會見皇帝時，三呼萬歲。大臣單獨面奏時，則稱「恭祝陛下聖躬萬福」。

那麼「聖人」又是哪位呢？別急，先看看《鐵圍山叢談》中的一句話：「國朝禁中稱乘輿及后妃，多因唐人故事，謂至尊為官家，謂后為聖人，嬪妃為娘子。」這句話就是告訴您：朝廷、皇宮裡的人稱皇帝為官家，稱皇后為聖人，稱嬪妃為娘子。

聽過文聖武聖、酒聖詩聖，沒想到宋朝皇后也稱聖人吧？比如皇后姓劉，就可以叫做「劉聖人」。但這還是別人的叫法，以您現在皇子的身分，卻不能這麼叫。

於是您就問了：那我該叫皇后什麼？母后？您這麼一叫，又「病糊塗了」。「母后」一詞與「父皇」一樣，在宋朝只能用作書面語。皇子皇女無論是否皇后所生，在平時口語中，都得稱皇后為「孃孃」或「娘娘」。但同時，「娘娘」也是太后的通用稱謂。因此，皇子皇女們稱皇后為「孃孃」的概率應該比「娘娘」大得多。在正式場合，皇子皇女們可以和大臣們一樣，稱皇后為「皇后娘娘」。

現在，只剩下一個「二大王」還不清楚是誰的稱呼了。這屋子裡，一個官家、一個聖人，還有一個正躺在床上裝暈的您。「難道二大王就是我？」沒錯，二大王就是您，您就是二大王。您心裡嘀咕開來：「不是應該叫殿下嗎，難道這裡是山寨版宋朝？」

根本就沒錯，您不用嘀咕和質疑。在宋朝，只要您還是皇子身分，身分低於您的人都得敬稱您為「大王」，「二大王」就代表著您現在是皇帝的第二個兒子。如果您特喜歡「殿下」這個稱呼，那就努力爭取升職吧，等您被正式冊封為皇太子的時候，您就會如願以償被敬稱為「太子殿下」了。

等把這些信息消化完了，您緩緩睜開眼睛，一對相貌堂堂、氣質高貴的中年男女已經站在床邊，關切地注視著您。您醞釀一下感情，聲情並茂地喊：「爹爹，孃孃。」您心裡正要為自己的演技點個讚，一位衣飾華貴的婦人突然撲到床頭，比您更加聲情並茂：「二哥，你總算醒了，姊姊我都快急死了！」

您這回是真的暈了：「又是哥又是姊，這位阿姨，咱倆到底誰是誰的哥，誰又是誰的姊啊？」

簡單跟您說明一下吧：這位阿姨是您現在這個身分的生母，你得叫她「姊姊」；您現在是這位阿姨的親生兒子，她得叫您「哥」。

這看著輩分有點亂，那就解說得再具體一些：前面講過，宋朝妃嬪的統一稱謂是「娘子」，也可以直接稱呼妃嬪的分位封號，比如淑女張氏，可稱其為「張娘子」「張淑妃」或「淑妃娘子」。對於身分是妃嬪的生母，皇子皇女們只能稱其為「姊姊」，而不能用宋人對母親較為普遍的稱呼「娘」或「娘娘」來稱呼她。所以在宋朝皇宮裡，您千萬別亂叫「姊姊」，不然很容易惹人誤解，人家會問：「究竟誰是您生母，您究竟幾個生母？」

那麼，為什麼您的生母又要叫您「哥」呢？其實，此「哥」非彼「哥」，稱呼您為「哥」的人，也並不是只有您的「姊姊」一個，而是整個皇室家庭成員對皇子皆以「哥」稱呼，比如：趙構是趙佶的第九個兒子，趙佶稱趙構為「九哥」。趙佶是宋神宗的第十個兒子，神宗皇后向氏稱趙佶為「十哥」。皇子兄弟之間也以「哥」稱呼，無論長幼，按排行區分，如：神宗趙頊是岐王趙顥的兄長，但他稱趙顥為「二哥」而不是「二弟」。

女性朋友可能會問：前面講了那麼些內容，大多是跟皇子相關的信息，難道身為女性，我們就沒有到皇宮裡去體驗一把的機會嗎？

這一點，您倒是完全不必擔心，在皇室家庭中，女性成員遠遠多於男性成員，因此女穿越者的體驗機會只會比男穿越者多。

咱們就暫且給您置換個身分——皇女。宋朝皇室對皇女一向待遇優厚。但有很關鍵的一點您必須注意：首先要關注一下身邊的人怎麼稱呼您，如果稱「公主」，您就安心於皇室的安穩生活吧；如果稱您為「帝姬」，那您還是趁早麻溜地跑路吧。

為什麼？

在北宋前期與中期，皇女的官方稱謂及當面稱呼都是「公主」。北宋晚期，宋徽宗接受蔡京的提議，改公主為帝姬，帝姬一號存續約十年時間，北宋就覆滅了。之後，南宋建立，又恢復了公主的稱謂。

明白為什麼了吧？被稱呼為「帝姬」，意味著十年之內就要承受亡國之災，亡國的皇女能有什麼好命運呢？

您又問了：那我選好年代，穿越成公主後，與其他公主之間的稱呼是不是就類似於皇子們互相稱「哥」，不論大小，都以「姊」相稱？

舉一反三，沒錯！皇女們之間的確互稱「姐」或「姊」，也是無論長幼，按排行區分。比如：七公主稱三公主為「三姊」，三公主則稱七公主為「七姊」，而不是「七妹」。皇子與公主之間則按對方在兄弟或姊妹中的排行互稱「哥」或「姊」。例如高宗趙構在兄弟中行九，柔福帝姬就稱呼他為「九哥」，而趙構稱呼在姊妹中排行為「二十」的柔福帝姬為「二十姊」。

與皇子不同的是皇室中長輩對公主並不以「姊」稱呼，親暱一點可叫小名，平時可叫名字，在正式場合就稱呼封號。比如您的封號是「福康公主」，皇帝或皇后可以直接叫您「福康」。

咱們把鏡頭切換回您穿越成功的第一現場，官家、聖人、娘子分別表達了一番對您的殷殷關切之情後，各走各路了。您躺在床上正思考人生，一位姑娘走進了宮室，一邊對您行禮，一邊口中自稱「妾」。妾？您可別想多了，這位姑娘雖然自稱「妾」，卻不是您所認為的小妾，這裡的「妾」只是謙稱而已。

皇宮裡除皇族成員之外，還有另外兩種常住居民，一種是專門侍奉皇族成員的宮廷女性，統稱為宮內人或宮人。另一種是明清時期被叫做「太監」的人，在宋朝統稱為內侍或宦者。

宮內人又分為沒有品級的內人和有品級的女官。在您這位皇子面前，沒有品級的宮內人要自稱「奴婢」，有品級的女官自稱「妾」。所以，前面那位姑娘才會自稱「妾」。

同理，內侍也分為沒有品級的內侍和有品級的內臣。在皇族成員面前，沒有品級的內侍一般自稱「小底（的）」，內臣則可自稱為「臣」。所以當您看見一位宦官自稱「臣」，而不是電視劇裡經常聽到的「奴才」時，可不要覺得奇怪。

至於您對宮內人和內侍的稱呼，親近一些的，您可直呼其名；關係疏遠一些的，可採用「姓＋內人」或「姓＋官職」的稱呼方式，比如張內人、梁都知；「奴才」「宮婢」這類詞，只會出現在主人生氣罵人的時候。

前面說了各種您對別人、別人對您的稱謂，那麼，作為一名合格的皇室成員，在不同場合不同身分的人面前，您又該如何自稱？

如果您是一位女性朋友，假設您就是太后，您一開口自稱「哀家」，就會引得全場肅穆。為什麼？人家誤以為您要開口唱戲呢。原來「哀家」一詞只存在於戲曲中孀居太后的自稱，而現實中，宋朝皇太后、太皇太后的自稱應該是「老身」。

假如您的身分是皇后，用自稱的時候，就要注意區分場合了：正式場合中，您面對皇帝時要自稱「臣妾」；皇太后下制令時，您應自稱「予」；在便殿見群臣時，則自稱「吾」；到了日常生活中，您就可以用最常見的「我」了。

至於嬪妃的自稱，更要慎重：面對皇帝皇后時，您要自稱「臣妾」或「妾」，在品階不高的情況下，自稱「奴家」或「奴奴」；日常生活中，您可以自稱「我」或者「本位」。注意了，不是「本宮」，因為嬪妃居處不能稱宮，只稱閣、閣分或位。

與其他皇室成員相比，公主在口語上受到的限制較少，在帝后面前，也可自稱「我」或「吾」，但正式上表章時要稱「妾」。

假如您是一位男性朋友，身分是皇子，在日常生活中，您的自稱可用「我」或者「吾」；面對皇帝皇后時，則要自稱「臣」，但不能是「兒臣」，宋朝並沒有「兒臣」

這個詞的存在。

宮廷劇中有一個大家耳熟能詳的專屬自稱——朕。是的，它是皇帝的自我稱呼。但實際上，作為皇帝，不需要任何時候都用「朕」自稱，只有在朝堂上、與大臣議事或在正式場合與宮眷談正事，才會自稱為「朕」。而平時在內宮與家人或親信、近侍輕鬆閒談的時候，還是用最簡單的字自稱——我。但面對曾經是帝后的長輩，皇帝卻仍然要自稱「臣」。《鐵圍山叢談》中就有這樣一段記錄：神廟（神宗）一日被金甲詣慈壽宮，見太皇太后曰：「娘娘，臣著此好否？」在這裡就可見已是皇帝的宋神宗面對太皇太后曹氏，仍然要自稱為「臣」。

咱們中國自古就是禮儀之邦，人與人之間的稱謂，儘管有些繁瑣，但也是考驗一個人是否文明禮貌的第一道題目。尤其作為一名穿越者，您更是要上心，做好功課。

二、民間稱謂有公式

體驗過皇室家庭生活後，您決定再去民間百姓家裡，換個身分考察對比一番。行，馬上更新旅行線路。出發之前，您得先預習一下宋朝民間家庭的主要構成模式：宋朝法律規定「祖父母、父母在，而子孫別籍異財者，徒三年」。在這種制度下，除去少部分人丁不旺的小家庭和鰥寡孤獨家庭，民間百姓家庭基本上是一種大家族聚居的模式，比如一對老年夫妻有三個兒子，三個兒子各自成家，生育子女若干，之後孫兒輩的成員又各自成家、生兒育女……無論家庭成員有多少，只要這對老夫婦還在世，這個大家庭就不能分開，三個兒子各自的小家庭按排序以「大房、二房、三房」加以區分。這種中間以壯年兄弟夫婦為核心、上養老人、下育子女的直系和旁系血緣關係並存的複合型家庭在民間家庭構成模式中所占比重最大，因此最具考察價值。

當您進入一個民間大家庭中，首先要做的事情是什麼？認親戚是必不可少的，但問題是您知道自己現在是誰嗎？

想要明確身分並不難，您只需留心一下家中僕人對您的稱呼，就基本能推斷出自己在這個家庭裡的身分了。在宋朝，僕人們稱呼男主人為「阿郎」，女主人為「娘子」；稱呼主人的兒子為「郎君」，女兒為「小娘子」。如果主人有多個兒子或女兒，則在「郎君」「娘子」前面加男女分列的家族排行，例如「大郎君」「二郎君」「大娘子」「三娘子」等。如果僕人稱呼您為「三娘子」或「三郎君」，就說明您是這個家裡兒孫一輩排行第三的女孩或男孩。

但「娘子」「郎君」並非只限於僕人稱呼主人，而是社會中人們對女性與男性的一種通用敬稱。即使是與路人打招呼，只要對方年齡不是太大，您稱一聲「娘子」或「郎君」準沒錯。如果遇上個小蘿莉、小正太，您可稱呼為「小娘子」「小郎君」。對於您熟識的男子或女子，您可以採用「姓＋行第＋郎／娘」的方式稱呼對方，如武大郎、楊六郎、孫二娘等等。

此外，家中的長輩也會以「郎」「娘」稱呼兒子、侄子、女兒、侄女，如「三郎」「三娘」之類。「郎」還可以用於稱呼女婿，以「姓＋行第＋郎」的方式相稱，如程四郎。「郎婦」則是對兒媳、侄媳的通稱。但在一些較為正規的場合，宋朝人通常稱呼親生兒子為「息子」，稱兒媳婦為「息婦」或「新婦」，稱呼親生女兒為「息女」，稱女婿為「女夫」。

如果您是家中晚輩，您又該如何稱呼長輩們呢？曾祖父、曾祖母還在世的話，您可分別稱呼他們為「公公」「大媽媽」；稱呼祖父為「翁翁」或「大爹爹」，稱呼祖母為「娘娘」「婆婆」「太婆」等。對於父親的稱謂，民間使用最廣泛的是「阿爹」或「爹爹」，母親的常見稱謂有「娘」「娘娘」。兒媳婦稱呼公婆為「阿舅」「阿婆」。

女婿稱岳父為丈人或泰山，稱岳母為丈母或泰水。

假如您是一位女性朋友，到了宋朝，您得留意了，不能亂叫「老爺」。「老爺」是官宦人家妻子對丈夫的專用稱呼，妻子以外的人不能這麼叫。

如果是在平民百姓家裡，您可稱丈夫為「官人」，丈夫稱您為「娘子」。這大概是當時夫妻間使用最為廣泛的稱呼。至今民間仍會把新婚夫妻戲稱為「新郎官」「新娘子」。

當只有夫妻兩人的時候，您不妨對丈夫甜甜的喊一聲「良人」，丈夫對您的稱呼亦為「良人」，這與現代「心肝」「寶貝」之類的暱稱有點相似。

在別人面前，您要稱呼自己的丈夫為「外人」，文雅點的就稱做「外子」，丈夫則把自己的妻子謙稱為「賤內」「家內」。

這些常見的通用稱呼，就不再一一細說了。您最好還是了解幾個比較有特色、有爆點的稱謂。您可要記牢了，沒準兒哪天就能用上：

「媽媽」這個詞的含意頗為廣泛，既可以用來稱呼祖母，也可以用來稱呼母親，還可以作為對老年婦人的一種敬稱。假如某天，您需要問路，對方是一位年過六旬的大娘，您實在叫不出「娘子」這個詞，就可以敬稱一聲「這位媽媽」。人家只會覺得這年輕人挺懂禮貌，而絕對不會誤認為您想認乾親。

假如您來到了宋朝的嶺南一帶，會聽到當地人稱呼父親為「郎罷」。而到了西南邊陲、川陝交界一帶，您又會聽到關於父親的另一個有趣稱呼——「老子」。這裡的「老子」並非年紀大的人才可以用，只要您有了兒女，哪怕今年只有十八歲，都可以自稱或被人稱做「老子」。

「義父」與「義子」就我們現代對於詞意的理解是「乾爹」和「乾兒子」的關係，但在宋朝，「義父」是指繼父，「義子」是指再嫁之妻與前夫所生的兒子。所以到了宋朝，您千萬別亂認義父，這和現代是兩碼事。

對家中女兒、侄女，長輩們還可以叫「姊」，比如「大姊」，就是指大女兒或大侄女。但作為同輩的兄弟或姊妹，您卻不叫她們「姊」或「妹」，而是稱姊姊為「女兄」，稱妹妹為「女弟」。如果是堂姊妹，就稱「從女兄」、「從女弟」。

在後世的很長一段時間裡，如果您跟人吵架，罵一句「小婦養的」，對方大概會氣得暴跳如雷，但到了宋朝，人家頂多只會覺得莫名其妙。「小婦」在宋朝是對小兒媳的代稱，而非是對小妾、外室的蔑稱。假設您家中有三個兒子，對於兒媳婦的稱呼就可以按妯娌排行分別稱作「大婦」「中婦」「小婦」。同理，女婿也可以按排行分別稱做「二女夫」「三女夫」，意思是「二女兒的丈夫」「三女兒的丈夫」。生活在民間家庭裡，特別是有一定社會地位的官宦、富貴之家，社交活動是生活中必不可少的一部分，所以有必要向您普及一下親屬以外人員的稱謂。

在宋朝，「公」「丈」泛稱年長男子及父輩尊長，面對一位身分尊崇的年長者，您可以稱其為「公」，如稱王安石「王公」。與「公」相比，「丈」的使用面會更加廣泛一些。假設您要與一年長者打招呼，但又不清楚對方身分，就可以稱對方一聲「老丈」。當您與某位父輩尊長熟悉到了一定程度，則可以用「姓＋行第＋丈」的方式來稱呼對方，如富弼把范仲淹當作親爹一樣尊敬，就稱他為「范六丈」。

在宋朝，平輩之間最流行的稱呼有兩種：一是以兄、弟、友相稱，年長稱兄，年少稱弟或友。蘇軾在〈答任師中家漢公〉詩序裡寫道：「漢公兄見寄詩一首」，其中的「漢公兄」，就是蘇軾對同年兼同學家勤國的稱呼，「漢公」是家勤國的字。二是以字相稱，如司馬光稱呼王安石為介甫，王安石則稱其為君實，但這種稱謂方式僅限於在北宋使用，到了南宋則既諱其名，又諱其字。對於同輩朋友的妻子則一律稱「尊嫂」。

當然了，無論是稱兄道弟，還是以字相稱，都是建立在交情比較好的基礎上才能使用。您也許會問：我剛剛來到宋朝，短時間內，和別人哪來的深厚交情，我總不能見人就喊「喂」吧？

問題解決起來也不難，對於沒有交情或交情尋常的人，您可用以下三種方式稱呼對方：

一、稱官位、封號。宋朝的許多官名都比較長，人們習慣於使用其中的兩個字簡稱，比如有官員姓王，任職資政殿大學士，您就可以稱其為「王大資」。對於朝廷官員的妻子，您可按外命婦的封號稱呼對方，如國夫人、郡夫人、淑人之類，最低等的是孺人。以官位、封號相稱的方式雖然男女老少、上下級之間皆可使用，但在被稱呼者的身分上僅適用於朝廷命官及其妻室。

二、以地名、志趣、雅尚為稱號。例如：蘇軾被貶黃州，即以居住地「東坡」為號；歐陽修號「六一居士」，表達自己追求閒逸、淡泊名利的志趣；「陸放翁」則表達了陸游蔑視權貴、不阿世俗的清高。這類稱呼方式一般適用於有較高名望的人。

三、按特定身分稱呼。如果對方既不是朝廷命官或外命婦，也不是有名望的人，您則可以憑藉此人在當時當地所具備的最有代表性的身分來作為稱謂。如官員的兒子稱衙內，女兒稱小娘子；鄉紳富戶稱員外，其妻稱孺人；教書先生稱夫子，豪俠稱好漢，青年僮僕稱廝兒等等。另外，前面提到使用最廣泛的兩個稱呼——郎君、娘子，就不必再重複贅述了吧？

最後，您需要留心幾個需要慎用的稱謂，以免您在宋朝生活的時候一不小心誤入雷區：

某日，您偶遇一位富貴人家的女兒，出於禮貌，您客氣地打了一聲招呼：「某小姐」。那可就大錯特錯了。在宋朝，「小姐」是對青樓女的特定稱謂，您這樣喊一名良家女孩，人家能不生氣嗎？另外，還有一個與「小姐」相類的詞——「愛卿」，在很多場合也專用於稱呼青樓女。假如您在宋朝的身分是皇帝，模仿某些古裝電視劇中的臺詞來一句「愛卿平身」，馬上就能看見滿朝文武一臉被雷劈了的表情。戲曲節目裡，我們常常會看見這一幕：無論是什麼身分地位，妻子對著丈夫都喊「相公」。如果故事背景設定在宋朝，這就是一個很大的錯誤：「相公」一詞在宋朝可不是隨便用的。就狹義來說，「相公」僅限於對宰相的尊稱，如北宋有名的「寇相公」寇準、「王相公」王安石。從廣義上講，也可用作對高官的尊稱，如岳飛就是被稱呼為「岳相公」。

「漢子」「老漢」，在現代看來是兩個中性詞，但在宋朝卻是對男子、老年男子一種蔑視成分頗高的稱呼。所以到了宋朝，您別隨便喊人「漢子」「老漢」，除非您想和別人幹上一架，人家會誤以為您在故意找茬。

與人溝通交流第一句就是稱呼，弄懂了宋朝關於稱謂的基本常識，您可以和人搭上話了，您的第一步，值得恭喜。

②首先要有個小目標：京城戶口——戶籍制度

一、住滿一年就能拿到京城戶口

您跨越千年來到了宋朝，滿懷雄心壯志，也許立志要成為一代名臣。在此之前，您需要參加科舉考試。跟隨其他應試考生的步伐，您走進州府報名處，府學官員手一伸：「遞上狀紙來。」

您傻眼了：「我又不告狀，遞交什麼狀紙？」

府學官員臉一沉：「又一個穿越的黑戶，給我拖出去！」

誤會鬧大了吧？這裡府學官索要的「狀紙」，不是訴狀，而是您的身分說明文件。考生參加科舉考試，必須先向州府遞交狀紙，即「投狀」，上面列有姓名、鄉貫、直系親屬三代情況，地方官據此審查考生是否具備應試資格。其中鄉貫的戶籍要求特別嚴格：考生是否有宋朝的正式戶籍——民籍，是否屬本貫州府戶籍，是否居住於戶籍所在地，以上三個條件全部滿足，考生才能參加科舉。您說：「我是穿越過來的，哪來的宋朝的戶籍呀？」不好意思，您不具備應試資格。

您心裡想著先去弄個假戶籍來，再報名參加科舉，說不定運氣好就能蒙混過關了。必須鄭重提醒您：千萬別整這事兒！

一方面，在科舉的整個過程中，考生戶籍資格的審查貫穿始終。一是提倡同行舉人互查。根據宋朝太平興國七年（西元九八二年）的詔令規定：「諸州長吏解送舉人，取版籍分明，為鄉里所推，仍十人為保。保內有行止逾違者，連坐，不得赴舉。」就是說按照戶籍劃分，十個考生為一保，這十個同保人裡只要有一人違背了科舉考試的規定，其他九人連坐，也會被取消考試資格。有這樣一個規定，您的底細想不被其他考生查個徹底，是一件相當不容易的事情。二是地方官吏對考生戶籍的審查相當嚴格，不僅要把考生資料上報禮部，還要在本地公示，設置專項獎金，鼓勵百姓監督舉報。三是考生應試之際，先要在卷首標明籍貫或居住地。評卷結束後，考官覆核戶籍鄉貫。最後是禮部貢院的審查，審查的主要內容仍是戶籍。所以，在戶籍上蒙混過關的可能性不大。

另一方面，對於造假戶籍參加科舉考試的情況，在宋朝有一專用名詞叫「冒貫應舉」。朝廷對冒貫應舉者處罰重、株連範圍廣。例如元祐七年（西元一〇九二年）規定：凡是冒開封戶籍的應舉者，處以杖刑一百；已經及第者，取消進士資格；保官及相關官吏、耆長、書鋪、知情者及幫助造假者，一律同罪處罰；同時參考試的同保人今後兩次考試不准參加。您可以在心裡默默衡量一下：能不能熬過一百下的杖刑，能不能逃過被株連者們的清算。承受不了這樣的後果，還是別玩投機取巧那一套了，老老實實走正常途徑，爭取早日成為宋朝合法公民吧。

值得慶幸的是，宋朝的戶籍制度在歷代封建王朝中最為開放自由，主要體現在三個方面：

一、古代諸多王朝在戶籍管理上，人為地將戶籍分為「編戶」與「非編戶」兩個階層，「編戶」即為良民，「非編戶」則為賤民，賤民屬於主人的私有財產。當然，這是封建時代人與人之間不平等的表現之一。到了宋朝，這一不平等現象得到極大改善。宋朝的戶籍制度不再將國民區分為「良民」與「賤民」，從前的所謂賤民，都被納入國家的編戶齊民，成為自由民。

二、宋朝百姓可以自由遷徙。高度繁榮的商品經濟打破了小農社會秩序，大量流動人口——商人、傭工、流民等，紛紛湧入城市。南宋建康府就曾為「留都之地，四方失所流徙之民，往往多聚於此，皆無作業」。宋朝的流動人口稱為「浮客」，很多城市出現了浮客遠高於當地戶籍人口的現象。如宋徽宗時，首都東京汴梁（今開封）常住人口便有一百五十萬之多，其中，各種暫住京城的浮客，遠超開封本地人口。所以即使是您這樣的穿越者，也可以光明正大地在外四處遊歷，而不必害怕遇上唐朝那種因為提供不了「過所」（相當於古代的通行證），就被流放邊疆或發配去做苦役的情況。

三、浮客們在一個地方居住滿一年，即可落戶，取得當地戶籍，這一政策簡直就是穿越者們的福音。

假如您的穿越著陸地點是在北宋都城汴梁，您開啟宋朝人生之旅的第一個小目標就是京城的戶口。

由於您在宋朝的現狀屬三無人員（無戶籍、無鄉貫、無親屬），當官府核查浮客來源時，建議您以流民身分進行登記。您不願意？那好吧，您也可以說自己是客商、傭工或前來首都求學的士子，只是，你準備拿什麼來證實自己的身分呢？您只能以不需要提供任何證明的流民身分上報官府，在思維正常情況下，一般也不會有人喜歡冒充流民。

對於流民，宋朝政府的首選政策是規勸返回原籍，為其提供返回原籍的口糧路費等物質幫助，並免除回鄉後的耕種租稅。您的家鄉在千年以後，顯然這一政策於您而言並不適用。那麼，您可選擇宋朝政府對流民的另一個政策：就地安置，由官府組織流民開墾荒地或參與其他謀生活動。

宋朝戶籍制度按居住地區把居民戶口劃分為「鄉村戶」和「坊郭戶」，類同於我們現代的城市戶口與農村戶口，相應的就有了鄉村流民和坊郭流民的區別。

如果您擅長於耕種，可由官府安排到有荒蕪土地的城郊一帶開墾荒田。你老老實實地當一名「鄉村流民」，勤勞耕作，並時不時到里正面前報個到，讓他知道您一直都在這個地方。如果您不懂耕植，也不要緊，可以作為一名「坊郭流民」留在開封城內。負責登記流民的廂官填定您的相關資料後，官府就會安排您參與一些謀生活動。此外，您也可以自謀職業。北宋的開封城是當時世界上人口最多最繁華的城市，各行各業對勞動力的需求量頗大。身為一名擁有豐富知識的現代人，您總能找到一份安身立命的工作吧。

一年時間很快過去，依照宋朝「居作一年，即聽附籍」的規定，您順理成章地擁有了戶籍，成為當地的一名「鄉村戶」或「坊郭戶」。

二、只要肯努力流民也能搖身變官戶

擁有宋朝居民的合法身分後，您決定繼續您的一代名臣之路，興匆匆前往開封府學「投狀」。府學官員瞄一眼您的鄉貫狀：剛入籍的「客戶」呀，還不具備應試資格，七年後再來吧。

您一下子蒙了：七年，為什麼要等到七年後？還有那個「客戶」究竟是啥玩意兒呀，我又不跟人做生意，怎麼就成了「客戶」呢？

按照宋朝《貢舉條例》規定：非汴梁本地居民，想在汴梁參加科舉考試，必須取得汴梁戶籍，並居住七年以上，或在汴梁有一定的田產，方可「即許投狀」。因此，並不是府學官員刻意刁難您，而是您現在確實不具備應試資格。

至於「客戶」是指什麼嗎，這裡就涉及宋朝戶籍制度中戶口分類的另一種方式了：根據居民有無不動產，把戶口劃分為「主戶」與「客戶」兩種類型。其中，鄉村戶主要依據有無田地劃分為「鄉村主戶」和「鄉村客戶」，坊郭戶則依據有無房產劃分為「坊郭主戶」和「坊郭客戶」。

宋朝是一個階層等級分明的社會。首先，「客戶」的社會地位低於「主戶」。其次，「主戶」之間按家庭財產多寡劃分等級，如鄉村主戶分為五等戶，第一、二、三等戶稱上戶，第四、五等戶稱下戶，有時也將第三等戶稱鄉村中戶；坊郭主戶分為十等戶，一到五等戶稱坊郭上戶，六至十等戶稱坊郭下戶。

作為一個剛從流民身分轉換為汴梁戶籍居民的您，現在的戶口類型應該是「鄉村客戶」或「坊郭客戶」，屬民籍中最末一等的戶口。

別灰心，「貧富無定勢」是社會的一大特點。由於朝廷允許產權自由流動、不抑兼併，宋朝各階層間經常會出現隨財富轉移而等級相互轉換的現象，上戶可能會因為財富流失而降為下戶，下戶也可能會因為積累財富而成為上戶。所以只要您努力肯幹有想法，完全有機會從「客戶」升級為「主戶」，再從「下戶」升級為「上戶」。不過，在「尺地寸土，與金同價」的汴梁，您想要買房置田，短時間內是不可能的事。在此之前，您得先給自己找個固定住所。您到專司管理「官房」的部門——「店宅務」那裡租一間房子來長期居住。這類由政府提供的「廉租房」，不僅價格相對便宜，而且在災荒時節還能減免房租。例如宋英宗治平年間，若遇風寒雨雪之災，官房月租可免去三天，最長可達九天。

解決了「安居」的問題，您開始專心探尋發家致富之路。需要特別提醒一下的是，如果您始終以「參加科舉，做一代名臣」為人生目標，那麼在發家致富求升級的過程中，您千萬要注意了，可別一時不慎脫離了民籍的行列。下面就列舉幾個不屬於民籍之列的特殊戶籍供您參考：

一、賤籍，沒有「賤民」的存在，卻產生了「賤籍」，娼優皁隸即青樓女子、戲子、差役、僕從這四個行業的從業人員都屬於賤籍之列，雖然在身分上仍是自由民，但社會地位極其底下。居民一旦列入賤籍，無論有多少財富，或將來是否脫離賤籍，終身都不再具有參加科舉考試的資格。

二、兵籍，宋朝主要實行募兵制，百姓一經應募，終身為伍。士兵編入兵籍後，就不再列入主客戶的民籍之中，故不需要向政府繳納賦稅和服徭役。

三、寺觀戶（又稱僧道戶），在宋朝的戶口登記中，一般是將一座寺觀登記為一戶，戶內僧侶、道士均需入僧籍，不能載入登記主客戶的民籍中，不必承擔賦稅和徭役。如果僧侶、道士還俗，可以重新歸入民籍中，但是終身不准參加科舉。

好了，繼續回到您發家致富的路上。也許很快，也許是數年後，您積累了一筆不菲的財富，並用這筆錢買房置田。在汴梁擁有了不動產，您終於從「客戶」升級成為「主戶」，最直接的體現就是您拿到了必須是主戶才能置造的「戶帖」（當時的戶口本），戶帖裡記載的內容有戶主姓名、戶內人口數、該戶所有的田地、房屋及應納賦稅數額。此外，依據《貢舉條例》中所規定的「或在汴梁有一定的田產，即許投狀」，沒準兒您還能提前獲得科舉的應試資格呢。

假如您足夠勤奮與犀利，州試、省試、殿試一路過關，直至進士及第，那麼恭喜您，您越過民籍中的諸多等級，直接進入了宋朝社會的最高階層——官戶，即坊郭主戶中的一等戶。

您在宋朝的理想人生也就從這裡開始了！

③

我帶著你，你帶著錢，走遍大宋——貨幣制度

一、「弱雞」形象確實片面

「錢不是萬能的，但沒錢是萬萬不能的」，這話兒是亙古不變的真理。別說您穿越到宋朝，您就是到站忘記下車一下子跑到了原始社會，想換個口味改善一下伙食，來隻烤野兔，那您的手裡也得提著一隻山雞或一把石斧跟人換去，這叫物物交易，是商品交易的雛形。總之，甭管哪朝哪代，您手裡都得有硬通貨。

需要給您提個醒兒，物物交易的方式在宋朝已經退出流通領域，而且您穿越過來的時候也不方便帶大宗貨物，最多隨身帶幾件生活用品。您跟人換個必需品倒也可以偶爾為之，但那是叫別人幫忙，不能叫商品交易，關鍵是它不能支撐您在宋朝的長期生活。所以，物物交易，您就不要寄予希望了。

無論您怎麼想轍兒，手裡頭有錢這件事情，是您落腳宋朝需要解決的頭等大事。您穿越成皇親國戚也好，商賈富戶也罷，或者尋常百姓打工、做小生意也行，錢，您必須得搞定擺平。幸運並且有眼光的是，您選擇了宋朝作為您的穿越終點站。即使您是尋常百姓一枚，只要您不懶，依然可以憑藉自己的誠實勞動獲得像樣點的生活，當然包括賺錢這件事。道理很簡單：越是文明開放富裕的國度，老百姓越是能過上好一點的日子。

您說了，不對啊，在咱們後人的眼中，那宋朝挺弱的啊。疆土不夠大，而且歷經遼、西夏、金和蒙古的外族入侵，先後三個皇帝被俘虜，最後被滅國，和漢唐雄風比，那根本不在一個檔次，就是一隻「弱雞」好嗎？沒錯，這些您說得都對，但即使是這樣，「弱宋」的評價也是不夠全面和公平的。宋朝崇文抑武，導致擴張意識不強，軍事力量不足。但天天打仗征討，老百姓窮困潦倒苦不堪言就一定好嗎？就一定是強國的追求嗎？宋朝的文明程度、經濟實力在當時的世界可是首屈一指的。兩宋跨越歷史三百二十年，同期的歐洲還處於黑暗時代，美洲還在酣睡呢。以標誌經濟發展水準的城市規模為例，北宋的都城汴梁（今開封）和南宋的都城臨安（今杭州）都是人口超過百萬的世界最大城市，而歐洲那時最大的城市也不超過十五萬人口。這前後的對比，夠明顯了吧？

更何況宋朝對商人那是史無前例的寬鬆。漢朝商人要穿特別顏色的衣服以示和他人的區別，不能坐有蓋子的馬車。到了唐朝，《唐律》仍然規定：做生意的人及其子弟不能當兵，不能乘馬，商品交易只准在政府規定的「官市」中進行。到了宋朝，這些規定都不見了：商人子弟甚至可以通過參加科舉考試進入仕途，政府對集市貿易的控制也完全地開放了，老百姓可以在家門口開店經商。您現在看古裝劇，看到老百姓隨地擺攤做生意的場景，那都是從宋朝才開始的情景。如果演的是漢唐故事，那只能說明一件事情——不符合歷史原貌。

可以說，宋朝是咱們古代歷史上人們幸福感最強的一個朝代。在這樣一個朝代，您賺錢去解決生存和生活問題不是難事吧？不過問題又來了，賺了錢，可您會花錢嗎？更準確一點說，你會在宋朝花宋朝的錢嗎？您還別小看我說的這個問題，肯定地和您講，您在宋朝花宋朝的錢，那可比您現在花人民幣要複雜得多。所以，在您消費之前，您還是先來點關於宋朝貨幣制度的知識儲備吧。

二、儲備貨幣前先儲備貨幣知識

宋朝採用的是銅錢、鐵錢、紙鈔、金銀錠並行的貨幣制度。北宋以銅錢為主要貨幣，南宋則為鐵錢。這麼多貨幣種類，各有各的計量單位，您遇見的第一個問題是它們之間怎麼兌換？您得記著下面這個兌換公式：

一兩金＝十兩銀＝十貫銅錢＝一萬文銅錢＝十萬個鐵錢

一文銅錢，就是俗稱的一個銅子。金、銀、銅錢的兌換率一直較為穩定，但因為宋朝有的地區專用銅錢，有的地區專用鐵錢，有的地區銅鐵錢兼用，所以在不同時期不同地區，銅錢、鐵錢的兌換率有很大差別，後來歷史學界採用一個統一的標準，一文銅錢可與十個鐵錢兌換。

宋朝以銅錢、鐵錢為主要貨幣，基本上您明白銅、鐵錢的兌換率，上街採購的時候至少能知道要找多少零錢了。至於貴金屬黃金，一般都是皇帝用於賞賜或者富者作為收藏用，市面上流通的極少。您如果時不時從懷裡摸出一錠銀子，那說明您在宋朝是個富裕戶。宋朝白銀貨幣的形式有多種，有銀塊、銀餅、銀牌，最主要的是銀錠。大錠五十兩，小錠有二十五兩、十二兩、七兩、三兩等。白銀貨幣的出現，是宋朝商業發展、大宗商品交易的需要。根據貨幣兌換率，一兩銀＝一萬個鐵錢，您要是做了一單價值一百兩銀子的生意，付給您鐵錢得一百萬個，您數得過來嗎？您揹得動嗎？

值得驕傲的是，世界上最早的紙幣就出現在北宋，那可比歐洲使用紙幣早了六百年。金銀銅金屬的缺乏，鐵錢給大宗交易帶來的不便，以及宋朝造紙和印刷術的發達，造就了紙幣的產生。宋朝的紙幣發端於四川，稱為「交子」。交子是四川方言，有交合之意。最初是富裕商戶為交易便利私自印製，金額都是空白的，交易時再據實填上相當於銅錢的金額。後來官方發現這不是個事兒，容易出現信用問題，導致經濟混亂，於是法定只能由官方發行，並且有固定的面額，五貫和十貫兩種。但這兩種交子面額的數額過大，實際上大量數額較小的商業貿易，不得不仍使用沉重的鐵錢。後來官方又將交子的面額改為一貫和五百文（半貫）兩種。到了南宋，又出現了「會子」和「關子」兩種紙幣，適應了商業貿易的需要。

這些紙幣又統稱為銀票，在大宗貿易中得到越來越廣泛的應用，但如果您僅僅是消費，還需要把它兌換成金屬錢幣。所以，您吃完喝完，掏出銀票買單，店家會跟你說：客官，請您付銅子，本店不收銀票。

您了解了宋朝貨幣的種類和互相之間的兌換率，是不是覺得只要有錢，就可以暢行宋朝各地了？回答是否定的，因為啊，您會遇見第二個問題：比如當您拿著四川官方發行的錢來到浙江的時候，您手裡的那錢，可花不出去。

宋朝的貨幣流通，具有極強的地域性。雖然各地都以銅錢、鐵錢為主要貨幣，但由於各地的經濟發展水準不同，鑄造的金屬錢幣和發行的紙幣也各不相同，所以各個地區是互不流通的。您到外地探個親訪個友，或者出趟差做回生意，在用錢這個問題上，等於現在的出趟國。您不禁要問，咱宋朝這不是自找麻煩嗎？

其實這樣做的原因有兩個：

第一，貨幣流通的地域性限制，防止了大量鐵錢流出境外，被北方遼、西夏、金、蒙古等國套取，熔化鑄造成兵器。這些北方的游牧民族，在金屬資源的擁有和金屬冶煉技術上，肯定比不過宋朝，化鐵錢為干戈，應該是他們的一條捷徑。

第二，鑄幣權和紙幣發行權分散在地方政府，各地區鑄造的金屬錢幣，在名稱、成色、重量、大小、形狀上都不相同，發行的紙幣也不同，所以也沒辦法實行各地區的貨幣流通。

您現在是不是又想問，那我兜裡的這些錢，到了外地，是不是就成廢品了，根本不能用了？別擔心，人家宋朝的官員也不是笨蛋，怎麼會想不到解決的方法呢？更何況市場需要什麼，什麼就會應運而生，這可是自古以來就存在的。所以因為貨幣在各地區的互不流通，就導致了貨幣兌換業的興盛。宋朝各地官方均設有金銀交引鋪，不僅從事金銀錢鈔之間的兌換，還從事鹽引、茶引等有價證券與紙幣之間的兌換，這實際就是宋朝的信用事業，它比唐朝興盛。與宋朝同時代的金，後來的元，在信用事業上也都未有所超越。

有了官方的金銀交引鋪，您奔波各地的貨幣兌換問題不就迎刃而解了？如此，我帶著您，您帶著錢，咱們在大宋朝來個遍地遊。

4 做個房奴，關鍵要Hold住——住宅建築

一、公平公正公開的廉租房制度

「你為什麼來到這個舞臺？」

「因為我有一個夢想！」

這是您現在看各類選秀節目每次都會見到的經典問答。要是哪天沒出現這個畫面，您心裡都會替導師和學員犯嘀咕：是不是忘了？

如果有人問您：「您為什麼要穿越呢？」您回答「為了我的一個夢想」保準也錯不了，這是標準答案。可不是嘛，穿越就是一個夢想！夢想是什麼？是對現實生活不滿足的一種嚮往和寄託。

也許您現在是位公司職員，和很多將要或者已經步入婚姻的年輕人一樣，日日奔

忙、省吃儉用、業餘兼職、父母補貼按揭供著一套房子，壓力山一般大，為的是什麼？只為有一個容身之所。房奴的酸甜苦辣，您一定深有體會。現實生活的重重壓力，讓您喚起心中的夢想，能不能換一種不一樣的生活？也許這正是您穿越之旅的初衷。古人說「安身立命」，您穿越到宋朝，也一樣要面臨房子這個問題，您可得做好心理準備，在宋朝當房奴，也不是一件容易的事情，您可得Hold住！

您穿越到咱們歷史上最具幸福感的宋朝，想必不是去做短期旅遊吧？如果真是這樣，您住的地方還真不是難事。宋朝經濟繁榮，商業發達，旅館業自然而然跟著擴張發展。宋朝的旅館叫「邸館」「邸舍」，有官府經營的，也有私營的，發達到什麼程度？遍布城鄉！只要您不是故意跑進深山野林，實在沒必要擔心找不到住的地兒。宋朝的旅館規模規格也分多種，按著現在的話來說，有星級酒店，也有商務旅館，還有家庭旅社，您就根據自己的經濟實力自由選擇吧。您這趟短期旅遊的住宿問題，在宋朝實在是小菜一碟的事兒。

如果您這趟穿越僅僅就是趟短期旅遊，那您也別怪那些沒機會穿越的人寒磣您：太任性，沒出息，太不懂生活！再怎麼著您也得多盤桓些年頭，在那美好的時代創造出屬於自己的精采吧？那才叫不虛此行啊！

於是您虛心接受了大夥兒的建議，下定決心在宋朝從廣度和深度兩個方面，深刻體驗一下那美好的時代，最好還能建功立業，萬眾敬仰，給這趟穿越畫上一個完美的句號。

古人常言「安身立命」，當您抵達宋朝的第一天，就有一個問題拋給了您：今晚住哪兒啊？也就是古人說的，您的安身之所在哪兒呢？

如果您穿越成皇室、官宦、富賈人家的一員，這個問題就不是問題，您不僅有住的地方，還特別寬敞。咱們說過，宋朝是個十分富裕的朝代，它比漢唐明清更偉大的地方就是藏富於民。普通百姓的日子都好過，更別說皇室、官宦、富賈人家了。您不是要從廣度和深度兩個方面深刻體驗宋朝嗎？那咱們就假定您從底層做起，一步一步咱們慢慢來。

鑑於您剛落腳宋朝，也沒啥職業收入，您也別住旅店了，生活成本太高！您現在是個浮客，屬於宋朝的外地流民，您只能以這個身分上報官府備案，官府會給您提供免費的收容所。只要您住滿一年，當地的戶籍就到手了。這時您不想住收容所，可以直奔「店宅務」，也就是當時的房管所。只要您的態度好點，誠懇地跟工作人員說明自身實際情況，申請廉租房，基本沒問題。您甚至還可以申請短期免租金。資格審查、履行手續後，您就有了一個安身之所。

您不禁會問，就這麼簡單？有這等好事？沒錯，就是這樣簡單！因為宋朝不僅是一個富裕的，而且是一個充滿溫情的朝代。宋朝官府會將罪定沒收的私宅或者絕戶人家的房屋充為公房。這些公房一部分修繕後作為官府辦公用房，一部分招標出售，一部分就成為廉租房的來源之一。廉租房的另一個來源是官府建的公房。

既然是廉租房，租金一定不會高到哪裡去，您心裡根據穿越之前的租房經驗這麼估算著。租金究竟便宜與否，咱們給您算一筆賬。

《宋會要輯稿》很清楚地記載了天禧元年、天聖三年店宅務的收入和出租房屋數：天禧元年總收入為十四萬零九十三貫，房屋二萬三千三百間，所以天禧元年時一間房的平均租金是每個月五百文左右。天聖三年總收入為十三萬四千六百三十九貫，房屋二萬六千一百間，因此天聖三年一間房的平均租金為每月四百三十文上下。

每月四、五百文的租金，您還是沒有概念，現在算算您的收入。因為您剛剛在宋朝落腳，咱們把您的身分暫且設定為東京汴梁的中下層收入者。

《宋人生活水準及幣值考察》認為，宋朝一個普通平民一天的收入是一百文到三百文，咱們折中按二百文算，一個月是六千文收入。北宋時期維持一個人一天最低生活費用需要二十文左右。按一家五口計算，一個家庭一天需要一百文。那麼一個普通家庭一個月除了生活必須費用外還可結餘三千文。這些錢用來支付一個月四、五百文的房租顯然是足夠的。

宋朝人生的第一天，聽到這個消息，您應該歡欣鼓舞吧？

不僅如此，每逢災荒之年，官府不僅開倉放糧，還對廉租房的房租實行減免。雖然減免措施是短期的，但對於窘困中的租客，無疑是雪中送炭。您逛逛汴梁城，還會看到叫「福田院」「居養院」「安濟坊」的地方。那是官府用來關照比您慘得多的人的地兒，外地的流民、本地的赤貧戶和孤寡老人都被收容進來，每年幾百萬的費用也由中央政府承擔。了解了這些，宋朝那個時代具有的人文情懷，是不是讓初到寶地的您感動了一回？心裡溫暖了一下？

您是胸懷建功立業理想，腦裝現代社會意識奔赴宋朝的，您會安於現狀、始終蝸居於廉租房嗎？您不會！您給人打工，學門手藝，攢點本錢，自己開始做個小生意。隨著生意日漸紅火，您手裡的餘錢也攢得越來越多，您的心思也開始活泛了：改善一下居住條件？適當的時候再娶個媳婦，回家有個熱湯熱飯的，這才是家嘛！

依您目前的經濟實力，想一步到位給自己建一座帶私家園林的大宅子是很不現實的。作為一個成功的小生意人，您目前量力而行的最佳方式就是競標公房。宋朝官府賣地也賣房子。您可能心裡打起小九九，是不是託人找官府裡的人，購房過程中給您多打點折扣，作為回報您給他點好處？您趁早打消這個念頭吧。宋朝官府早就先您之所想，為杜絕在公房出售過程中出現舞弊貪污行為，專門設計了一種招標制度：讓所有購房者到一個地方書面投標，短則一月長則兩月再開標，誰出價最高，就把房子賣給誰。

為了盡快買到房子，有空的時候，您就常到衙門口轉轉。有公房要招標出售，招標文件會以告示的方式貼在衙門口，房屋位置和間數、招標地點和期限都明文列出，各取所需。假設您參與競標，並且幸運地中標了，但您在招標期限內又看中了更好的房子，您開始後悔了。但是，您千萬不要有棄標的打算，因為官府也早想出法子來對付您這樣個別的不守信用的人。作為競標人，得拿出現有住房作為抵押。作為廉租房租戶，您不是還沒有屬於自己的住房嗎？那您就只好找人作保了，這也是考驗您平時做人做事的信譽的時候。沒信譽的人，誰願意自找麻煩替他作保啊？整個公房招標出售過程的流程設計，嚴絲合縫，無懈可擊，任何的歪門邪道一點用處都沒有。其實這樣嚴格的制度秩序，您也是受益者之一。您終於在公開公平公正的環境下，擁有了自己在宋朝的第一座房子。

二、土豪建房也得守規矩

您的生意越做越大，又或者您在科舉及第謀得官位，在關鍵時刻屢屢讓人刮目相看。你不斷地被提拔重用，有著闊綽的俸祿，手頭攢下更多的財富，您對當初競標得來的經濟適用房不甚滿意，開始做置地建房的打算了。在這之前，懇請您務必學習一下宋朝對於各類建築的法律法規，否則，您一不小心就可能釀成大禍，美好前程就此終結。

有過裝修經驗的人都知道，裝修是件辛苦但參與感極強的事情。您跟設計施工人員指指點點，這兒弄點啥，那兒用什麼材料，人家一般都尊重您的意見，盡量滿足您。可在宋朝，這一套真吃不開。您說我這個房子，就按街東頭司馬光家那樣整。施工方的負責人一定會給您一個白眼，嘆口氣再跟您細細道來：咱們官府對各類建築包括人們的居室規模、樣式結構甚至名稱，都有著嚴格的等級限制。簡單地說，就是您是什麼樣的身分，就得建符合你的身分的房子。您再有錢也不能超越身分建房，否則一律視為違規建築。問題的嚴重性在於您藐視等級制度，等著王法來懲罰您吧。您就是再有錢，也不能這麼任性。

房屋建築彰顯著使用者的身分。朱熹就把這個問題看得很透徹。他說：「譬如看屋，須看那房屋間架，莫要只去看那外面牆壁粉飾。」

就拿房屋建築的名稱來說，您覺得這是多大點事兒，取個吉祥氣派的名字還不容易？在宋朝，這件「小事」就是大事，無論是辦公用房還是私宅，名稱都有嚴格的規定。宰相以下職位的辦公用房，依次向下為：省、臺、部、寺、監、院，京城以外的有監司，州郡叫衙。所以您不會誤會大理寺是座廟了吧？執政、親王的家，才可以叫府，其餘官員的家叫宅，老百姓的家，就只能叫家。您不能拿自己開玩笑，您建好房子，門頭掛著「張府」的匾額，玩笑就大了，等著官府拿辦你吧。

至於房屋的間架結構、裝飾，那規定細緻得可能讓您感到頭疼。譬如六品以上官員的宅舍，才允許做烏頭門。如果您不是官員，您是不能起門屋的。平常老百姓的家，「不得施重栱、藻井及五色文采為飾」，四鋪飛簷那是不被法律認可的。除了旅店和臨街的閣樓，您家的天花板上都不能凸出做覆井形的圖文。夠細緻的吧？這就是宋朝的規矩，雖說的確夠苛刻，但您想一千年前那還是封建社會，對於如此森嚴的等級制度，您或許也能理解了。

建房的規模規矩您心裡把握著就不至於招禍，接下來的事情就簡單了。您不必擔心您房子的建築品質和效率，宋朝的人，都很樸實簡單，且都懂得遵守規矩，因此絕對不會出現偷工減料的事情。

您要是有機會在中國古代多折騰幾回，來個縱向對比，您會得出這個結論：宋朝的建築，那水準，那風格，那技術，真是太讚了！

在宋朝人眼裡，唐朝的炫富詩，就是沒見過市面；唐朝雄渾宏偉的建築風格，就是愛顯擺。因此，宋朝的建築一改唐朝風氣，顯得纖巧秀麗，曲線柔和，注重裝飾，華麗而繁細。按宋朝人的話來說，咱不爭最大的，只要最精緻最好的。您瞧咱們的屋脊、屋角，都有起翹之勢，那叫輕舞飛揚！您看咱們房子自由多變的組合，那叫神采靈動！唐朝那種鋪排劃一的工整模式，那叫古板刻意。不信您在京城和汴河兩岸走走，您就會親眼目睹〈清明上河圖〉中描繪的那些讓人心動的建築風貌。您要是到了江南，有幸遊覽那些秀美的私家園林，更會讓您流連忘返。

在建築技術上，宋朝人又會向您炫耀，還真不是王婆賣瓜，宋朝確實有炫耀的資本。宋朝初年喻皓就寫出了《木經》。中國整個古代，建築都是以木結構為主，《木經》就是木結構建築技術集大成者。可惜《木經》早已失傳，只是在《夢溪筆談》裡有所記錄。假設您穿越到宋朝後，見到《木經》，麻煩回來的時候捎上一本，給咱們的史料做點貢獻。

宋朝另外一本建築學專著《營造法式》有幸流傳了下來。它的作者叫李誡，是官府建築工程部門——將作監的官員，做到的最高級別是六品。宋朝人在建築技術上，絕非浪得虛名，代表作《營造法式》對當世和後世的中國建築都產生了巨大的影響。

您得了解一下《營造法式》的大致內容，在自家建房過程中，您和施工方商定設計、施工方案，進行預算、決算，都會有個譜。《營造法式》究竟能告訴你什麼呢？

您可以建什麼規模規格的房子？——建築法律法規。

您能選用什麼樣的結構和建材？——度量衡和構件的標準化。

您該按什麼標準付工錢——勞動定額和預決算。

《營造法式》讓宋朝的建築有了標準化、規範化的執行標準，所以您建的房子，不用擔心不合理不合法，建築品質和效率也不用您操心。

您在宋朝本本分分做人，兢兢業業做事，靠著自己的奮鬥拚搏，終於有了自己的房子，有了自己的家，那就繼續您的幸福之旅吧。

第二篇

演好升職記，職業規畫是前提

① 愛江山，誰能青史留名——皇位更替

聽說您穿越宋朝之旅即將啟程，您的至愛親朋一定會前來送行，順便也把他們的一些想法作為叮囑交代給您，其中最可能的一條就是「到那邊把秦檜解決了，保住岳元帥啊」，因為這是後來人對宋朝最深刻的歷史記憶，飽含了人們對忠奸兩極的愛與恨以及家國情懷。

如果您承接了這項任務，您就真得好好規畫一下您在宋朝的職業身分，一般人辦不了這個事兒。您想想，最簡單最直接的方法是什麼？自然是穿越成皇帝的。

根據咱們對古代歷史的了解，皇帝這個職業，有光鮮享受的一面，其實更是辛苦並且極具風險的一份職業。為了讓您明白自己在宋朝要當一個什麼樣的皇帝，怎麼樣當皇帝，咱們還是先把宋朝三百二十年裡的十八位皇帝按皇位更替順序，挨個兒給您捋一遍，給您交個底，這樣您才好辦事兒。

總的來說，宋朝的十八位皇帝中，有昏庸無能的，有不務正業的，但還真沒有像紂王、秦始皇這樣狠毒殘暴的，家風比較開明溫和。這是宋朝的開國皇帝樹立的家風，一直繼承得很好。咱們就從這位開國皇帝給您說起。

第一任：宋太祖　趙匡胤

宋太祖，趙匡胤，祖籍河北涿州，生於河南洛陽。趙匡胤建立宋朝之前，正是咱們古代歷史上一個大分裂的時代——五代十國，戰亂頻仍，老百姓苦不堪言。二十歲剛出頭的趙匡胤出來闖世界，投奔後漢樞密使（國防部長）郭威，屢立戰功。三年後趙匡胤擁立郭威建立後周，被賦予重大兵權。郭威之後，周世宗柴榮對趙匡胤更是器重有加。

柴榮死後，年僅七歲的周恭帝繼位。趙匡胤的弟弟趙光義、幕僚趙普、親信大將石守信等人趁機鼓動趙匡胤自己當皇帝。他們的理由是：「如今世道這麼亂，民不聊生，確實需要一個有能力有情懷的人來做個了斷，建立一個嶄新的充滿希望的國家，您就是這個人！」其實在那樣一個時代背景下，趙匡胤肯定也有這樣的雄心或者野心。於是「陳橋兵變」發生了，三十四歲的趙匡胤黃袍加身，廢掉周恭帝，兵不血刃地登上帝位，定都汴梁，也就是今天的河南開封。一系列南征北戰之後，趙匡胤終結了大分裂的局面，五代十國的野蠻政治結束了，一個新的歷史時代真正來臨了。

整段五代十國，就是一個政變的秀場，宋朝也是靠兵變立國的。如果您是趙匡胤，您是不是也怕別人以您為榜樣來一段政變秀？這榜樣當不得！趙匡胤還是很有反思精神的。他把當初跟他打天下的握有兵權的小夥伴們請來喝酒。飯桌上他愁眉苦臉地說：「我愁啊！按說現在國家統一了可以好好搞建設了，可是我睡不著啊！我擔心哪天被弄下臺啊！」石守信等人趕緊下保證：「我們永遠不會有二心，請皇上儘管安睡。」趙匡胤說：「我信任你們，可是保不齊別人被手下攛掇起事啊。乾脆這樣吧，給你們都掛個虛職，榮華富貴你們應有盡有，去好好享受吧。」皇帝發話了，這協議不同意也得簽啊。後人給這個飯局起了一個好聽的名字：「杯酒釋兵權」。

消除政權隱患之後，趙匡胤啟用文人治國。在他的領導下，宋朝政治集團勵精圖治，發憤圖強，一心一意發展經濟和文化，開啟了歷史上獨具特色的文治盛世。經濟富庶，文藝復興，經歷了兩百多年戰爭創痛的老百姓終於盼來了安居樂業的好日子。

在老百姓心中，宋太祖就是一位治國有方的皇帝。

趙匡胤還是歷史上少有的仁慈的帝王。歷史記載了一個「勒石三戒」的故事：

趙匡胤讓人鐫刻一塊石碑，鎖於殿中，為後繼者立下三個誓約。第一，善待周世宗的子孫後代，犯罪了也不處罰，即使他們有謀反叛逆行為，最嚴重的也就是讓當事人自盡，無辜家屬不受牽連。第二，不殺文人，不殺給朝廷提意見的人。第三，不增加農民的賦稅。趙匡胤還在誓約中警告後繼者，你們要是違法了這三條，必遭老天爺的懲罰。

僅僅這三條誓約，加上「陳橋兵變」的無流血行動，「杯酒釋兵權」溫和的權力解決方式，歷史上有幾個帝王能做到？您想想，唐太宗還殺了親兄弟，逼老爸退位呢！

可惜，英明而仁慈的宋太祖趙匡胤只當了十六年皇帝，在他五十歲那年告別了他努力經營的王朝。當然，他這十六年，完全對得起歷史給予他的賢君的評價。

第二任：宋太宗　趙光義

宋太宗，趙光義，趙匡胤的弟弟，本名趙匡義，為了避宋太祖的名諱改名光義，即位後改名為趙炅，三十八歲即位。

您一定納悶，帝位都是父子相傳，為什麼是弟弟繼承皇位，難道趙匡胤沒有兒子嗎？趙匡胤不僅有兒子，還不止一個。您覺得蹊蹺，這不合常理啊？是不合常理，但至今這也是一個沒有確切答案的謎，只有兩個無法證實的傳說。

第一個傳說是「燭影斧聲」。趙匡胤駕崩之前的那天晚上，他召見趙光義進宮，然後屏退左右，哥倆單獨喝起了酒。室外的宮女和宦官在燭影搖晃中，遠遠地看到趙光義時而離席，擺手後退，似乎在躲避什麼，又見趙匡胤手持玉斧戳地，「嚓嚓」斧聲清晰可聞，還傳出趙匡胤的喊聲「你好自為之，好自為之」。趙光義深夜告辭回家。凌晨時分，趙匡胤就死了。趙光義似乎早有預料，帶人趕在趙匡胤的兒子之前來到宮中。皇后情知不妙，只能默許把皇位傳給趙光義。究竟當晚哥倆之間發生了什麼，誰都不知道。有人說哥哥就是被弟弟毒死的。

第二個傳說是「金匱之盟」。趙匡胤的母親杜太后在臨終之前，召見趙匡胤，並讓宰相趙普記錄遺言。杜太后向趙匡胤交代：「兒子，你之所以能當皇帝，無非是當時周恭帝年幼好欺負。所以咱們老趙家要接受這個教訓。少年天子好聽不好做，將來你的皇位要傳給弟弟光義。光義之後，再傳給更小的弟弟廷美。再之後你的兒子德方也長大了，這皇位就由他繼承。」這份遺言被記錄下來，藏在櫃子裡面，就是所謂「金匱之盟」。這個傳說宋史確實有記載，但有人認為不過是趙光義和趙普聯手編造加進去的，給趙光義繼位找個堂皇的理由而已。

這兩個傳說連在一起看，可能讓您對趙光義的皇位合法性更加糊塗了，但是下面幾個事實，或許能說明趙光義真的是一個狠角色。

趙匡胤一共有四個兒子，老大老二死得早，老三趙德昭二十九歲的時候自盡而死，老四趙德芳二十三歲的時候莫名其妙地暴斃。趙德芳就是《楊家將》裡的八賢王，正義凜然，手持金簡，連奸臣、皇帝都有權力打的那位。其實您只能嘆息他的那些故事僅僅出現在演義小說裡。此外，趙光義的弟弟趙廷美被傳陰謀造反，貶到房州，三十八歲鬱鬱而終。按著「金匱之盟」的約定，有資格繼承皇位的全部都死了，一個不剩。您一定會質疑，這巧合也實在太多太生硬了吧？

儘管趙光義登基的合法合理性一直備受質疑，但他在治國上倒是很好地繼承了趙匡胤的治國理念和措施，並且繼續深化。比如，趙光義擴大了科舉取士的人數，他登基之後第一次科舉就比趙匡胤時代取士最多的一次人數還多兩倍，為宋朝之後的社會發展儲備了大量人才。

在皇帝的寶座上坐了二十一年之後，五十九歲的趙光義駕崩。宋朝的開創局面結束了，守成時代到來了。

第三任：宋真宗　趙恆

宋真宗，趙恆，宋太宗趙光義的第三個兒子，二十九歲即帝。

您一定注意到了，這下是兒子繼位了。「金匱之盟」給了趙光義上臺的法禮藉口，也為趙光義把皇位傳給兒子設置了障礙。可是在趙光義還活著的時代，「金匱之盟」繼承人名單裡的人都死了，把皇位傳給兒子，自然順理成章了。

本來，按規矩也輪不上趙恆做繼承人，他不是長子，也不是皇后所生。趙光義的長子得了瘋病，次子暴死，排行老三的趙恆在趙光義死前二年，被立為太子。

宋真宗剛當上皇帝那會兒，的確是位勤於政事的君主。他免除了五代以來民間的欠稅，把全國分成十五路，各路行政長官輪流進京彙報工作。宋真宗依此對他們進行考核獎懲。但是與太祖、太宗這兩位馬上皇帝相比，宋真宗從小生活在宮中，養尊處優，性格比較懦弱，缺乏進取心和開拓創新的精神，最具代表性的事件就是和遼國簽訂了喪權辱國的「澶淵之盟」。

宋太宗在位時，曾經率兵北伐遼國，但因為急功近利，大敗而歸，太宗甚至在戰事中還失蹤過。自此以後，宋朝對遼國就從主動進攻退到被動防禦。而遼國卻步步緊逼，屢屢侵犯宋朝國土。到了真宗執政，遼國更是得寸進尺，在宋朝邊境燒殺搶掠。對邊境的宋朝居民來說遼國就是災難的代言人。

您穿越到宋朝，或許會不服，遼國就那麼厲害？咱們宋朝就這麼窩囊？其實宋朝倒也不是打不過遼國，關鍵是最高統治者真宗皇帝都不願也不敢打仗，您讓宋朝軍民怎麼辦？

當時的宰相寇準就看清了這一點，也摸準了真宗的脾氣。真宗登基的第八年，遼國的蕭太后和皇帝親自率兵南侵時，寇準故意把前線每天的戰報扣下，幾天後積累成一堆拿給真宗看，真宗被嚇得心驚肉跳。寇準問真宗：「您是想盡快解決呢，還是慢慢耗著？」真宗當然想盡快解決。寇準說：「只要您御駕親征，很快就能搞定。」真宗真不願意去，可這宋朝畢竟是他的江山，只能勉為其難地出發了。邊境的將士們看到皇帝親自來了，士氣大振。在寇準的指揮下，遼兵腹背受敵，宋軍一時間取得了極大的優勢。按說事情好辦了吧，至少可以把遼軍痛揍一頓，讓他們長點記性，以後不敢輕易來犯。可宋真宗自己不爭氣。遼軍一看形勢不對啊，原來宋朝不是不能打啊，於是派人來講和。優柔寡斷又怕事兒的真宗正中下懷，趕緊答應了。雙方幾番交涉，在澶淵郡簽訂了所謂的和平條約——澶淵之盟。

您看看條約的內容，就知道在優勢之下宋朝是多麼有辱國威，遼國在劣勢之下占了多大的便宜。條約規定：宋朝每年輸給遼國絹二十萬匹，銀十萬兩；兩國結為兄弟之國，互不侵犯。雖然澶淵之盟維持了一百餘年兩國之間的基本和平，可是作為一個標誌性事件，它確實是懦弱的宋真宗人生最大的敗筆。

您可能會遺憾，這真宗要是像他老爸太宗那樣性格狠點多好啊！所以您瞧，再怎麼優越的家庭環境，如果不能讓孩子吃點苦，受點累，迎接點挑戰，等他長大了，極有可能就是不思進取的人。

宋真宗最終執政二十六年，於五十五歲駕崩。

第四任：宋仁宗　趙禎

宋仁宗，趙禎，宋真宗的第六個兒子，十三歲即位。

您聽說過「狸貓換太子」這個故事吧，這裡面的太子，指的就是宋仁宗。故事裡，宋真宗的兩個妃子劉妃和李妃同時懷孕，劉妃為了爭寵，就用剝了皮的狸貓偷換了李妃生下的兒子。劉妃因為生子，升級做了皇后，但她的兒子早早夭折，而且當年她下令處死的李妃的兒子並沒有死，最後還當了皇帝，就是仁宗。調查此案並且讓真相浮出水面的，正是名留千古的包拯包大人。

「狸貓換太子」只是個傳說，史實是宋真宗先後有五個兒子，但都夭折了。不能生育的劉皇后經過真宗的默許，將李妃剛出生的兒子據為己有，並且在仁宗登基後，垂簾聽政了十一年，仁宗才開始親政。

宋仁宗的「仁」的確名副其實。您可能會哂笑，這牽強附會了吧？其實不然，像「太祖」「太宗」「仁宗」這些光榮稱號，是皇帝的廟號，他活著的時候是沒有這種稱號的，是在他們死了以後，朝廷根據他們一生的品行追封的。在宋仁宗之前的所有帝王，都沒有冠以「仁」字為廟號的。「仁」，是對宋仁宗一生高度的概括。關於這方面的史實您確實需要了解一下。假設您穿越去做皇帝，宋仁宗應該是您最好的榜樣。

仁宗有一次吃飯的時候，牙齒被一粒沙子硌得生疼。他趕緊吩咐邊上的侍女：「你們千萬別聲張啊，要是傳出去，今天做飯的人可就要判刑了。」還有一次，仁宗在外散步，不時回頭看看隨從，也沒說什麼。回到宮裡，他著急地對嬪妃說道：「趕緊拿水來，渴死了。」嬪妃就問：「您怎麼不向隨從要水喝呢？」仁宗回答：「我回頭看幾次了，沒見他們帶著水壺，也沒敢問，一問，他們必定要受重罰了。」

您設身處地換位思考一下，所謂九五之尊的皇帝，被細緻得無以復加地伺候慣了，對待下人能做到像仁宗這樣嗎？不容易吧？

對待下人都能這樣，那仁宗對待大臣呢？拿那位包拯包青天來說吧，他可不是一般的耿直，給仁宗皇帝提意見的時候，能把唾沫星子噴到皇上臉上。如果他要處罰和仁宗沾親帶故的官員，也是不依不饒，一點不給仁宗面子。可仁宗呢，照樣重用他。可以這樣說，包青天就是政治清明的產物。要是遇見一個混蛋皇帝，包青天早向閻王爺報到去了。即使一般的看著還行的皇帝，也絕對做不到仁宗這樣的涵養。

仁宗皇帝寬厚仁慈，誠心納諫，禮賢下士。所以如果您穿越到他那個年代，您會有幸認識名垂千古的一些人物，比如執法如山的包拯，實施慶曆新政的范仲淹，發起古文運動的歐陽修等等。仁宗年間，可謂人才濟濟，如過江之鯽。因為仁宗的「仁」，因為仁宗的知人善任，這些人才都得到施展才華的機會，經濟、文化、科技的發展，想不好都不可能。

仁宗皇帝在位期間，國家太平安定，老百姓得到休養生息，社會昌盛，是宋朝的一個頂峰時期。「福田院」「居養院」「安濟坊」這些安置救濟窮人的地方，也是從仁宗那時候開始設置的，仁宗體恤百姓，心懷天下的風範也可見一斑。另外，仁宗時期，世界上最早的紙幣——交子發行，這是經濟貿易繁榮、信用體系建立的一個重要標誌。

仁宗皇帝論能力，沒有宋太祖的雄才大略；論學問，沒有後來的宋徽宗多才多藝；但論到生前死後的名聲，那絕對是宋朝十八位皇帝中最好的。

仁宗在位四十一年，是宋朝在位時間最久的一位君主。您一定替當時的宋朝人感到慶幸。仁宗在五十四歲時駕崩，整個宋朝就像失去父親一樣。大臣們哭；京城裡的商販也不做生意了，哭；哪怕是乞丐和不懂事的小孩，也一邊燒著紙錢一邊哭。消息傳到遼國，遼國的百姓也哭。遼國皇帝抓著使者的手號啕不已，給仁宗皇帝建了一座衣冠塚，寄託哀思。此後歷代的遼國國君，甚至把仁宗的畫像如自己的祖宗一樣供奉。

這下，您明白仁宗的「仁」有多值了吧？

第五任：宋英宗　趙曙

宋英宗，趙曙，宋太宗趙光義的重孫，宋仁宗趙禎的堂兄趙允讓的第十三個兒子，三十二歲即位。

趙曙只是宋仁宗的堂侄，本來無緣皇位。說起趙曙即位，還頗為曲折迂迴。因為仁宗的前兩個兒子早夭，趙曙幼年就被接入皇宮，過繼給仁宗，作為未來皇帝的培養對象。過了四年，仁宗的第三個兒子出生了，趙曙只好出宮回家了。奈何仁宗的這個兒子也沒躲過早夭的命運。雖然仁宗後來還有孩子，但卻是女孩。在包拯等大臣的干預下，仁宗才下定決心立趙曙為太子。

您覺得趙曙不是皇子，卻當上了皇帝，實屬幸運吧？可人家趙曙覺得這事兒挺尷尬的，還不願意當呢。萬一仁宗皇帝再生一個兒子，再來回這麼折騰一次，有意思嗎？所以，當被立為太子的詔命傳達給趙曙時，他當即稱病推辭，後來又把奏疏上了十多遍。仁宗沒有同意，命大臣給趙曙反覆做思想工作，趙曙才答應下來。不過他在入宮之前對家人說：「把家看好了，如果皇上有了兒子，我就回來。」

英宗趙曙雖然不是仁宗的親生兒子，但品性倒頗有仁宗的寬厚仁慈之風。他衣食住行節儉樸素，像個書生一樣。他去見老師時，要穿上朝服，說：「您是我老師，不敢不以禮相見。」

英宗極為推崇孝道。仁宗還沒去世時，他一天兩遍去請安問候，也經常盡服侍之道。當了皇帝以後，他還對兒子趙頊，也就是後來的宋神宗說：「按照國家的舊制度，士大夫的兒子有娶皇帝女兒的，公主們都因皇家身分而避開公婆的尊長地位，這於情於理都說不過去。怎麼能因為富貴的緣故，而違背一般的人倫長幼之序呢？所以下詔有關部門改掉這個規矩。」

英宗的孝順，有時也幾乎到了偏執的地步。比如，仁宗去世後，他想服喪三年，由大臣打理朝政，結果因大臣反對才作罷。再比如，因為自己生父的名分追封問題，導致了長達一年半的大臣之間的論戰，也造成和聽政的曹太后之間的重重矛盾。

和仁宗皇帝一樣，英宗也非常愛惜重視人才。他繼續任用仁宗時的改革派重臣韓琦、歐陽修、富弼等人消除積弊，一定程度上緩解了官員冗多的現象。英宗尤其重視文化建設。他給司馬光修著《資治通鑑》提供了優厚的物質和人才條件。司馬光為了報答英宗的知遇之恩，在此後漫長的十九年裡，將全部精力都耗在《資治通鑑》這項浩大的文化工程上。英宗還發現了蘇軾的才華，加以栽培，可以說是後來成為大器的蘇軾的伯樂。

英宗因體弱多病，在位僅僅四年，於三十六歲英年早逝。

第六任：宋神宗　趙頊

宋神宗，趙頊，宋英宗長子，二十歲即位。

提到宋神宗，只要您中學歷史課稍微用一點點心，就一定會想到另外一個名字：王安石。是的，宋神宗、王安石、變法，這是宋神宗在位期間最重要的三個關鍵字。

宋神宗年幼時就很好學，懷有富國強兵的理想抱負。他繼位之時，宋朝的統治差不多快一百年了，先祖們創業時制定的國策開始顯露弊端，官僚機構臃腫，軍費開支龐大，財政吃緊，老百姓的日子也沒以前好過了，地方上出現了農民起義，而北方的遼國和西夏虎視眈眈，每年還得給他們進貢財物，可謂內憂外患。

您會說，宋神宗可真夠不幸的，接手了這麼一個爛攤子。其實也沒那麼爛，畢竟有了一百年的基業，宋朝的底子還在那裡。只是宋神宗敏感地察覺到危機的存在，而他又是一個胸懷抱負的人，所以他對祖宗之法產生了懷疑，下定決心要進行變法。

在任何一個時代，變法變革都需要極大的勇氣。宋神宗有這樣的勇氣，但他還缺一個得力的助手來幫他實現自己的強國夢想。這時，王安石浮出水面了。

王安石的才能很早就展現出來了。別人幾次推薦他到京城皇帝身邊工作，他都拒絕了，而是在地方上埋頭苦幹了二十多年。他對宋朝社會存在的弊端有著切身體會。宋神宗認定王安石是自己助手的不二人選。所以他力排眾議，任命王安石為相，開始了一場聲勢浩大的涉及政治、經濟、軍事、文化的變法運動。

假設您就是宋神宗，您的雄心勃勃刺激著您勇往直前。當您遇見前所未有的阻礙時，心裡一定不痛快：「朕這不都是為了國家好嗎？」可有人不這麼認為啊，而且有這樣的想法的還大有人在。以司馬光為首的保守派，倒不一定是為了自己的利益。那時候宋朝的官員還沒那麼狹隘和自私。他們就是認為，祖宗留下來的東西，有什麼不好？就是要改變，也得慢慢來，陛下和王安石，你們太激進了。官員們的反對聲音，宋神宗還好對付，誰反對，誰下臺。可是家裡的人反對，就沒那麼好消化了。皇后，皇太后，太皇太后表示一致反對，這裡面有她們的利益牽扯，天天鬧騰。神宗實在受不了，只好在王安石當了四年宰相後犧牲了他，讓王安石去當地方官。這是第一次罷相。

差不多一年之後，神宗重新任用王安石做宰相，繼續變法事業。從第一次罷相後，反對派的聲勢大漲，他們也繼續他們的反變法事業。結果一年後，神宗不得不第二次免去王安石的宰相職務，以緩解反對派帶來的壓力。

您可能會覺得，宋神宗怎麼這麼搖擺不定啊？這是事實，可成天為變法與否吵架也不是個事兒吧？咱們現在想想，宋神宗罷免王安石，也許是智慧的表現。因為王安石離開後，變法事業並未停止，當初制定的變法方案只有少部分稍作調整或廢棄。宋神宗也向反對派發火：「你們別再鬧啊，別以為我不會對你們出狠招！」

之後，宋神宗對這些官僚所在的體制進行改制，也就是讓官員別成天磨嘴皮子，多幹實事。變法和改制使得宋朝又恢復了生機和活力，生產力發展了，國力也上去了。

可惜，宋神宗和他的父親英宗一樣，都是抱負未盡而英年早逝，於三十八歲駕崩，在位十八年。

第七任：宋哲宗　趙煦

宋哲宗，趙煦，宋神宗的第六個兒子，十歲即位。

宋神宗的前五個兒子都是早夭，剩下哲宗年紀最長，皇位由他繼承順理成章。截止到目前，您多次看到了「早夭」這個詞，您心裡藏著一個疑問，怎麼老趙家的皇子那麼容易早夭，還成批成批的，是不是基因問題啊？您還別說，真有人去研究這個問題，認為的確有基因的問題。當然這也是一家之言。

哲宗即位後的前七年，由太皇太后也就是祖母級別的高氏垂簾聽政。高太皇太后在神宗時期，就是變法的鼎力反對派，所以她聽政後，啟用保守派領袖司馬光為宰相，把神宗和王安石變法那一套全部廢除了。所以後人評價她使得宋朝最後一次中興的機會付諸東流。

哲宗從小就崇拜他的父親神宗，思想上也是一個有為青年，可是即位後手裡沒有實權，只能等待機會。十七歲那年，高太皇太后死了，哲宗立馬貶謫了司馬光、蘇軾、蘇轍等保守派代表，啟用章惇等改革派人物，恢復了父親時期變法中的保甲法、免役法、青苗法等，減輕農民負擔，使國勢有所起色。

年輕的哲宗也表現出熱血青年的派頭。他停止了和西夏的談判，多次出兵討伐西夏，迫使西夏認輸，向宋朝主動乞和。

中斷許久的變法，在哲宗手中又重新開啟，您是不是為之興奮，宋朝的好時光又來了？歷史就是歷史，宋朝有他自己的命運走向。哲宗雖然像他的父親神宗一樣有著深刻的強國夢想，但是他的理想和實際能力有巨大的差距，也缺乏變通的政治藝術手段。比如，哲宗時期，改革派和保守派矛盾進一步激化，幾乎水火不容。哲宗親政後，凡是反對過變法的，幾乎無一倖免被排擠出權力核心，很明顯帶有哲宗年輕氣盛的報復色彩，這是政治不成熟的表現。宋朝自哲宗之後，開始露出衰敗您可能會又一次嘆息，時光怎麼不能給年輕的哲宗多一些餽贈呢？宋哲宗在位十四年，只擁有了二十四歲年輕的光陰。

第八任：宋徽宗　趙佶

宋徽宗，趙佶，宋神宗的第十一個兒子，哲宗的弟弟，十八歲即位。

提到宋徽宗，有必要給您打個預防針，看到他的「光榮」事蹟，您千萬別激動，別生氣。您也知道，宋朝的前七任皇帝，雖說各有各的缺點，但都是一脈相承幹正事的主兒，總體給您留下較好的印象。可到了宋徽宗，和他的前任們相比，簡直就是個混蛋皇帝。

宋徽宗即位後，重用蔡京、童貫等奸賊佞臣，手中握有重權的壞蛋成批地湧現。歷史上奸臣不少，可像宋徽宗時代吹響奸臣集結號的，還真不多見。這些奸臣把持朝政，黨同伐異，搜刮民脂民膏，窮奢極欲。宋徽宗就是他們的榜樣和保護神。

宋徽宗喜歡蒐集奇花異石，專門建立了物品造作局，耗費大量人力物力四處搜刮「花石綱」。徽宗荒淫無度，出宮逛青樓是他的一項長期愛好，甚至把青樓女化妝帶回宮中享樂。年輕的時候，徽宗就喜歡遊戲玩耍，沉迷於足球運動（蹴鞠）。一個市井無賴高俅，就是憑著足球踢得不錯逆襲成權傾一時的大奸臣。

宋徽宗生來就是一個來玩兒的皇帝。要說他還有點價值，就是他確實有藝術天賦，書法、繪畫堪稱一絕。尤其是他自創的瘦金體，當時和後世的書法家都給予高度評價。可您一定按捺不住反問：這是一個皇帝的本分和主業嗎？和大好江山，和社稷民生相比，一個君主終其一生迷戀的所謂藝術，不就是雕蟲小技嗎？

宋徽宗自己玩得倒是挺嗨，可老百姓不答應啊。既然皇帝不管咱們，奸臣又不讓咱們好好活著，不造反還有活路嗎？於是農民起義開始了，最有影響力的就是方臘、宋江起義。

宋徽宗玩著玩著也把自己腦子玩得更壞了。為了滿足自己的虛榮心，徽宗竟然聯合日益強大的金國，把遼國滅了。金國自此沒有北方的制衡因素，取你宋朝的國土那是志在必得。

金兵大舉南下，宋徽宗嚇得連皇位也不要了，趕緊傳給兒子趙桓——宋欽宗，自封太上皇逃避責任去了。靖康元年，金兵攻破都城汴梁，俘虜了徽、欽二帝，幾個月後押往北方囚禁。史稱「靖康之變」。

宋徽宗在北方被囚禁九年之後，受盡精神折磨，於五十四歲病死在五國城（今黑龍江境內）。

第九任：宋欽宗　趙桓

宋欽宗，趙桓，宋徽宗長子，二十五歲即位，在位僅僅一年零二個月。

看完宋徽宗的「光榮」事蹟，特別是最後的禪讓，您怎麼瞧宋欽宗，怎麼都覺得他就是一個倒楣的皇帝。老子怕事躲起來了，兒子被迫頂上來。這老子當的，這兒子當的，叫人難以理解。

宋欽宗即位後倒是幹了兩件好事，一是立刻貶了蔡京、童貫等奸臣，二是啟用李綱抗金。但欽宗十分懦弱無能，優柔寡斷。後來聽從主和派的意見，罷免了李綱，向金國求和。

這時的宋朝，已經沒有任何尊嚴可言，金國的胃口也不是那麼簡單就能滿足的。金兵攻破汴梁後，欽宗和他老子徽宗一起被俘虜，至此，北宋滅亡。後來徽、欽二帝輾轉押解囚禁在五國城。宋徽宗死後，欽宗在五國城又煎熬了二十一年，最終於五十七歲死去。

第十任：宋高宗　趙構

宋高宗，趙構，宋徽宗第九子，宋欽宗之弟，二十一歲登基。

作為一名穿越者，也許宋高宗的年代是您最有興趣親身經歷的，因為那個時代有精采的抗金故事。說不定您還能和岳飛岳元帥並肩作戰，一睹「撼山易，撼岳家軍難」的雄姿。其實那個時代，也是讓人充滿悲憤的時代，因為愛國的浩然之氣，最終還是抵不過軟弱的投降主義。宋高宗就是投降派的典型代表。

「靖康之變」後，宋高宗在應天府南京（今河南商丘）即位。他放棄抵抗，南逃至臨安（今浙江杭州）定都，建立了南宋政權。高宗在位初期，為了保住江山，起用主戰派李綱、岳飛等人抗金。後來，他見金國越來越強勢，害怕打起仗來，丟掉自己的皇位。為了這個私心，他不斷向金國求和，甚至低聲下氣地說：「我逃到南方夠可憐了，你們就饒了我吧。」

為了有利於自己的投降事業，宋高宗把金朝派到南宋進行誘降活動的秦檜引為親信，任為宰相，夥同秦檜加緊進行投降活動，解除了岳飛、韓世忠等大將的兵權，向金朝表示議和的決心。不久，他與秦檜製造岳飛父子謀反冤案，以「莫須有」的罪名加以殺害。高宗以此作為條件和金國簽訂了屈辱的紹興和議，向金國稱臣納貢。宋朝除每年向金國納貢銀二十五萬兩、絹二十五萬匹外，還送去不計其數的禮物，就為了換得一時的苟且偷安。

宋高宗在當了三十六年皇帝以後，找了個「我累了，要享受生活」的理由，傳位給養子趙眘，也就是宋孝宗。他自稱太上皇帝，真的過起了逍遙自在的日子。

即使在當太上皇期間，宋高宗依然時不時表現出自己的昏庸無恥。有一次他到靈隱寺喝茶。一個行者伺候得很周到，他打量一番說：「你不像一個行者啊？」行者就哭訴說自己原來是個官兒，因得罪人被罷免了。宋高宗就說：「我跟皇帝說一聲讓你官復原職。」結果宋孝宗叫人一查，這傢伙因為貪贓枉法被撤職，沒被處死已經算便宜了。您猜宋高宗說什麼？他對孝宗說：「我已經答應人家了，你不讓他官復原職，我還有什麼面子？」孝宗只得照辦。

就是這樣一個昏君，居然活了八十一歲才病死，您說可氣不可氣？

第十一任：宋孝宗　趙昚

宋孝宗，趙昚，宋高宗養子，太祖趙匡胤七世孫，三十六歲即位。

看見「養子」兩個字，您會不由自主地根據歷史狀況推測，是不是宋高宗兒子早夭？您猜對了。宋高宗只有一個獨子，恰巧他自己在戰亂中受驚嚇失去了生育能力，經過幾番選拔，太祖趙匡胤一系的趙昚被立為太子，接收禪位成為南宋的第二個皇帝。

作為投降派的養子，孝宗卻和他的養父高宗有著巨大的區別，他是主戰派。還沒有繼位之前，孝宗就向高宗請戰，願意親自領兵北上抗金，恢復中原之心頗為迫切。私底下，他對父親的忍辱苟且不認同，對秦檜之流更是痛恨不已。所以上臺後，孝宗第一件事就是平反岳飛父子的冤案，剝奪了秦檜的官爵，清除秦檜餘黨。接著，孝宗啟用主戰派的張浚，北伐中原，力圖收復山河。宋軍和金兵幾經交戰，互有勝負，雖然宋軍未能渡過黃河，金兵也無法越過長江天險。

雙方誰也消滅不了誰，於是只能罷戰講和。沒有了戰事的干擾，加上高宗較少干政，孝宗專心理政，屢次下詔減輕民眾負擔，而且注重實效。這個時期，南宋百姓富裕，五穀豐登，太平安樂，一改高宗朝時貪污腐朽的局面。因為孝宗治國有方，所以使南宋出現了小康社會的局面。

在軍事上，宋孝宗整軍興武，五年間舉行了三次大規模的閱兵，還積極選拔將領，自己也學習騎射，南宋軍隊的戰力有很大的提高。孝宗意欲再次北伐，但優秀軍事將領的凋敝，使他只能把光復中原的夢想埋藏在心底。

孝宗在位二十七年後，高宗病死了。孝宗為了服喪，讓太子趙惇參與政事，兩年後禪位於太子。太子即位後，即為宋光宗。孝宗自稱太上皇，閒居皇宮，繼續為高宗服喪。六十八歲時，這位南宋最有作為、名副其實的中興之主病逝。

第十二任：宋光宗　趙惇

宋光宗，趙惇，宋孝宗第三子，四十三歲即位。

宋光宗即位兩年後，就得了精神病，按現在話來說，類似於被迫害妄想狂，總是猜忌、擔心和恐懼別人對他圖謀不軌。光宗在位僅僅六年，但在宋朝歷史上卻寫下非常奇特的一筆。您問怎麼奇特？奇特就在於他身分的轉變讓人覺得不可理喻：從東宮孝子到不孝之君。

宋孝宗早先立長子為太子，可惜長子後來病死了。孝宗在其餘兒子中，很欣賞老三趙惇的英武之氣。這個兒子氣質像孝宗自己，不像其他幾個都軟綿綿的，於是趙惇被立為東宮太子。

您肯定也知道，東宮歷來是權力鬥爭的漩渦，太子將來能不能當上皇帝，也不是鐵板一塊。這個身分被多少人覬覦，隨時可能引來殺身之禍。光宗在做太子時也是這樣想的。太子身分的光宗，勤奮好學，一舉一動嚴守禮法，對孝宗恪盡孝道。他的情緒也隨著父親的情緒起伏跌宕：老子高興了，兒子也眉開眼笑；老子憂愁了，兒子也配合著陰雲滿面；老子作詩表達光復中原一雪國恥的志向，兒子也作和詩說，努力學習老爸，誓將抗金事業進行到底。這樣的東宮太子夠孝順吧？

等光宗接受禪位，坐上皇帝的寶座，立馬變臉了。對待遜位的孝宗，他眼裡等於沒有這個爹，長期不去看望。甚至在孝宗生病時，光宗既不請人給爹看病，更不去問候一聲。孝宗去世的消息傳來，您猜光宗怎麼想，他不相信老爸去世了，甚至覺得這是一個篡奪他皇位的圈套。他不僅不主持喪事，還躲在宮中，照常吃喝，不為孝宗服喪，更擔心遭人暗算，時刻佩劍帶弓以自衛。這位不孝之君，終於惹得天怒人怨。大臣韓侂胄和趙汝愚經過太皇太后允許，逼迫光宗退位，禪讓給太子。

從光宗身上，您是否看出來了，孝順的太子是裝出來的，不孝的君主是本性？其實這都因為權力鬥爭中深深的心理恐懼，時時刻刻提高警惕，緊繃神經以防不測。神經緊張過度，不得精神病才怪呢！

光宗得精神病的另外一個重要原因是他老婆皇后李氏。這位李皇后，專橫跋扈，蠻不講理，不要說對光宗，就是對公婆孝宗和太后都目無尊長。光宗作為一個「妻管嚴」，心理壓力那個大啊。天下沒一個有安全感的地方能讓這位皇帝安靜地待著，長此以往，精神病終於按捺不住，主動來報到附身了。

光宗在皇位上，基本沒什麼可以值得一提的作為。您想啊，精神病能幹什麼正事兒？

光宗四十八歲被逼退位後，當起太上皇，死時五十四歲。

第十三任：宋寧宗　趙擴

宋寧宗，趙擴，宋光宗次子，二十七歲即位。

您聽說過打心眼裡就不願當皇帝的皇帝嗎？少吧？宋寧宗就是這麼一位。光宗因為不孝，被逼退位。當時還沒被立為太子的趙擴，被太皇太后命令穿上黃袍。他繞著殿柱躲避，口中大喊：「兒臣做不得，做不得。」最後趙擴相當於被挾持強行穿上黃袍，開始了一段帝王人生。

宋寧宗繼位後，重用了使其登上皇位的趙汝愚和韓侂胄兩位大臣。韓侂胄結黨營私，趙汝愚遭到誣陷，被罷去相位，此後韓侂胄專權。宋寧宗還在韓侂胄集團的策畫下，下令禁止道學，定理學為偽學，罷斥朱熹等理學家，對當時的許多知名人士進行清洗，禁止朱熹派人物擔任官職，參加科舉，史稱「慶元黨禁」。

宋寧宗在即位初期由於韓侂胄的作用對金朝持對抗態度，追封岳飛為鄂王，剝奪秦檜的所有封號。韓侂胄的專權引起朝野不滿。為了撈取政治資本，韓侂胄啟用了辛棄疾等一批主張對金用兵的大臣進行北伐，結果失敗而歸。主和派的皇后楊氏與大臣史彌遠一起祕密策畫，利用韓侂胄戰敗的機會謀殺了他，並且將韓侂胄的首級送往金朝謝罪。在史彌遠的操縱下，宋寧宗與金朝達成了和議，尊稱金朝皇帝為伯，自己稱侄，又向金朝進貢金銀。韓侂胄死後，史彌遠獨攬大政，同時還恢復了秦檜的「名譽」。

宋寧宗還算是一位比較能夠顧及民間疾苦的皇帝，生活也比較節儉。有一年元宵節，他獨自對著蠟燭清坐。太監勸他設宴過節，熱鬧一番，他說：「宮外百姓沒有飯吃，我能安心宴飲嗎？」宋寧宗平時在後宮走動，總是命令兩個太監揹著寫有「少吃酒，怕吐」「少食生冷，怕痛」兩架小屏風作為前導。遇到妃子們勸他吃生冷食物和飲酒時，他就指指屏風加以拒絕。

後人對宋寧宗的評價是好學，人還不錯，但是很無能，任由權臣擺布，誤國誤民。

宋寧宗在位三十年，病死於五十七歲。

第十四任：宋理宗　趙昀

宋理宗，趙昀，宋太祖趙匡胤十世孫，二十歲即位。

宋寧宗彌留之際，專權的史彌遠和楊皇后廢掉寧宗所立的太子趙竑。寧宗駕崩，趙昀被擁立為皇帝。

趙昀雖屬趙匡胤後裔，但家道早早沒落，也失去了王爵。他的曾祖父和祖父均無官職，父親也不過是一個九品縣尉。因此，趙昀社會地位並不高，與平民無異。對，和您想的一樣，平民趙昀當皇帝的概率幾乎就是零。那歷史怎麼選擇他了呢？因為權臣史彌遠需要一個傀儡！這是所有權臣的典型特徵。於是，趙昀從民間躍入歷史的眼簾。

宋理宗繼位的前十年，宋寧宗對政事不聞不問，朝政完全由史彌遠打理，從保護自己的角度來看，這也很聰明，很懂事兒。一個平民皇帝，哪裡有什麼根基能和黨羽眾多的權臣鬥法呢？就是有想法，也得憋在心裡。

其實任何一個皇帝都不喜歡凌駕於自己頭上的大臣。盼著盼著，史彌遠終於死了，宋理宗開始親政。親政之初他立志中興，採取了罷黜史彌遠餘黨、廣開言路、懲治腐敗、整頓財政等改革措施，史稱「端平更化」。但當時的宋朝已經像久病之人，這些改革要麼沒有成功，要麼流於表面，曾經輝煌的宋朝，看不到崛起的曙光。

也許是預感到了這一點，宋理宗在執政後期，不再對政治感興趣，朝政相繼落入丁大全、賈似道等奸相之手，世道更加險惡衰敗。此時北方的蒙古國已經崛起，南宋聯和蒙古國滅金。十幾年後，蒙古軍攻鄂州，宰相賈似道以宋理宗名義向蒙古稱臣，並將長江以北的土地完全割讓給蒙古。

晚年的宋理宗沉湎於紙醉金迷的享樂當中。他沒有意識到北方的蒙古國將給宋朝帶來滅頂之災。或者他意識到了，但也無能為力，只好麻醉自己，過一天是一天。

宋理宗逝世時六十歲，在位四十年。

第十五任：宋度宗　趙禥

宋度宗，趙禥，宋太祖趙匡胤十一世孫，宋理宗弟弟之子，二十五歲即位。以侄子身分繼位，根據宋朝皇位更替的規律，您不用想也會得出結論，宋理宗要麼沒兒子，要麼兒子夭折。對，是夭折。

宋度宗的生母是王府中的一名小妾，平時總受正房夫人的欺負，懷孕後立刻被夫人逼著吃打胎藥。可能是打胎藥的品質問題，宋度宗還是出生了，但也被打胎藥打殘了，身體和智商發育低下，很晚才會走路，七歲才會說話。因為趙禥是皇帝近親唯一的男孩，得到全府上下人的保護，宋理宗為他配備了良師，精心教導，仍不能使他開竅，常常把皇帝氣得發昏。有大臣建言，不能讓這個弱智兒做皇位繼承人，應該另選宗室子弟。但是宋理宗本來也是從民間選來的，與宋朝宗室沒多大關係，當然不願意，度宗再弱智，畢竟也是自己的侄子。

宋度宗即位後，那樣的智商只能表現出孱弱無能，其荒淫甚於晚年的理宗，整天在後宮裡與妃嬪們飲酒作樂。

度宗封賈似道為太師，倍加寵信，將朝政統統委託給他。賈似道見度宗比理宗還要昏庸，就更專橫跋扈，目無天子，稍不如意，就以辭官相要脅。度宗唯恐他不辭而別，總是卑躬屈膝地跪拜，流著眼淚挽留他。您說這君臣關係，整個倒過來了，朝政哪還能不黑暗昏聵？

此時的北方，忽必烈奪得蒙古汗位後，即刻派兵南侵。賈似道對宋度宗隱瞞真相，宋朝已經處於滅亡的前夜。

宋度宗三十五歲時因為酒色過度病死。他在位的十年，就是荒淫無度的十年。

第十六任：宋恭帝　趙㬎

宋恭帝，趙㬎，宋度宗次子，四歲即位，在位二年。

荒淫無度的宋度宗死後，宋恭帝在奸相賈似道扶持下登基。不說您也知道，這又是一個傀儡皇帝，軍國大權依然在賈似道之手。

當時蒙古的元朝大軍已經占取中國北半部。在攻克南下最重要通道襄樊後，勢如破竹的元軍渡過長江向南宋都城臨安進發。賈似道率領的三萬大軍在蕪湖與元軍對戰中大敗。垂簾聽政的謝太皇太后和宋恭帝在一片聲討壓力下不得不殺死奸相賈似道，以洩民憤。不過為時已晚，宋朝滅亡的形勢已經不可避免了。

元軍兵臨臨安。南宋朝廷求和不成，只好向元軍投降。謝太皇太后抱著五歲的小皇帝宋恭帝趙㬎出城向元軍投降。

宋恭帝被俘以後，被元朝封為瀛國公。等他長到十九歲，元世祖忽必烈突然賞給他許多錢財，叫他去西藏當僧人。於是當年的小皇帝宋恭帝成了高僧，為佛教界做出了許多貢獻，翻譯了不少佛教經文。

再後來，五十三歲的宋恭帝因為寫了一首對南宋王朝表達思念之情的詩，觸犯了文字獄，被元朝皇帝發現，下令賜死。

第十七任：宋端宗　趙昰

宋端宗，趙昰，宋度宗長子、宋恭帝長兄，八歲即位，在位二年。

謝太皇太后和宋恭帝被俘後，趙昰和母親、弟弟趙昺逃出臨安，在大臣陸秀夫、江萬載保護下，逃至福州，登基為帝。

雖然陸秀夫、江萬載等大臣堅持抗元，力圖恢復宋朝，但天下大勢已去，宋端宗也只能東奔西跑，躲避元軍追逐。在廣州灣海面，他們的船隻不幸又突然遇上颱風，年幼體弱的宋端宗被捲入海浪中。年逾七十的江萬載撲入狂風巨浪中奮力將落水的宋端宗救起，自己卻不幸被海浪捲走，沒了蹤跡。眼看三年來一直貼身保護自己的最親近的大臣被海浪吞沒，不到十歲的小皇帝驚病交加，不到一個月後去世。

第十八任：宋末帝　趙昺

宋末帝，趙昺，宋度宗幼子，宋恭帝、宋端宗之弟，七歲即位，在位一年。

宋端宗死後，陸秀夫等南宋舊臣為繼續抗元，擁立宋末帝登基，但南宋朝廷已經無路可逃，於是在廣州崖山和元軍展開決戰，宋軍全軍覆滅。元軍隨後包圍崖山，宰相陸秀夫眼看靖康之恥又要重演，為免皇帝被俘受辱，就揹起八歲的趙昺跳海殉國。跟隨的十萬軍民也相繼投海殉國，宋朝王朝自此覆滅。

從雄才大略的開國皇帝太祖趙匡胤，到投海自盡的末帝趙昺，宋朝三百二十年，共歷十八位君主。

從十八位皇帝的生平中，您是否感悟到，皇帝這份職業還真不是想像中那麼風光和簡單。如果您選擇穿越做一個皇帝，希望您能做一個笑到最後的皇帝。

從物質生命的角度來講，沒有哪一個皇帝會笑到最後，終究會向死亡簽到。可從後人評價、歷史貢獻的角度來講，只有那些胸懷天下，為江山社稷、黎民百姓著想，殫精竭慮去富國強民的皇帝，才會在歷史的長河中笑到最後。

2 高薪高福利低風險，畫面太美——文官仕途

一、文官乃理想職業首選

水往低處流，人往高處走，咱們一開始就給您穿越到宋朝提供了身分最高的職業選項——皇帝，可您把宋朝十八位皇帝的介紹統統在腦子過了一遍之後，覺得皇帝這份職業怎麼跟買期貨似的，高收益也高風險啊。您問有沒有穩健一點的投資，說白了就是收益不錯、風險還小的職業。咱們也不賣關子，在宋朝而且也只有在宋朝，還真有這麼一份讓您羨慕的職業——文官。

這次咱們先說風險。可以肯定，宋朝的文官，在咱們悠久的歷史上，職業風險是最低的。

開國皇帝太祖趙匡胤自己就是靠兵變起家的。當了皇帝以後，他也怕老趙家的江

山被人以其人之道還治其人之身。他認真總結了唐末、五代和自己政變的經歷，得出一個結論：千萬不能讓武夫專權。手裡頭有兵的人，是最需要提防的。所以如您所知，發生了「杯酒釋兵權」。太祖把治理國家的大權賦予了文官，實行文官治國的制度。文官這個群體的地位有史以來達到最高峰，甚至管理國家軍事的最高行政長官也由文官擔任。

您還記得前面說的太祖「勒石三戒」的故事嗎？其中就有一條太祖留給後任的家訓：不殺士大夫，不殺上書言事之人。所以您縱觀整個宋朝歷史，文官被殺是極少極少的。比如賈似道這樣壞到極點，引起極大民憤的才不得已殺了。哪怕像蔡京這樣的奸相，最終也只是被貶為庶民而已。宋朝的文官，只要幹正事的，最多是因為政見不同被來回折騰，比如范仲淹、王安石、司馬光等，一會兒任一會兒免，一會兒升一會兒貶。因此，在宋朝當文官，人身安全那是絕對有保證的。宋朝文官的膽子也是挺大的，給皇帝提意見是家常便飯，可是不用冒死諫言。明朝的官員也愛提意見，還覺得冒死諫言挺光榮，可以彪炳史冊，結果如願而死的還真挺多。這是為您做一個對比。後世之人說，宋朝滅亡，政治文明斷了，接下來的元明清在政治文明上其實是退步了。這話是有相當道理的。

宋朝的官員，無論是文職還是武職，福利待遇從職業角度來講，保準對您構成巨大的吸引力。咱們拿宋朝級別最高的官員和最基層的官員福利待遇給您算算。

宰相、樞密使一級的最高行政長官，每月正俸（基本工資）三百貫，春、冬衣服各賜綾二十匹、絹三十匹、冬棉一百兩，每月祿粟各一百石，差役僕人衣糧按七十人算，每月柴草二百束，每年炭一千六百秤，鹽七石。

咱們再看看最基層的官員小縣（萬戶以下）縣令的月基本工資：十二貫，祿粟每月三至五石。同樣，基本工資之外，還有各種補貼，如茶、酒、廚料、薪、蒿、炭、鹽諸物以至餵馬的草料及隨身差役的衣糧費等，數量都相當可觀。

您看出來了吧，基本工資之外的各種補貼，基本涉及了生活的方方面面。這可真是基本工資，基本不用動。

您還真不要就僅僅滿足這些。宋朝各級官員還有「公用錢」，也就是招待費，用不著您自己掏錢花在官員之間的人情來往上，這可是一筆不小的開支。公用錢之外，各級官員又有「職田」。即使是最邊遠的小縣的縣令，也有職田七頃。您會問官員還要自己兼職種田？那怎麼可能呢！都是給佃戶租種，官員每年等著收成就好了。宋朝是咱們歷史上少有的不抑制商品經濟的朝代，經濟發達，朝廷有錢，所以官員的高薪完全支付得起。在古代歷史上，宋朝官員的福利待遇可謂前無古人，後無來者，這是歷史的定論。這樣的福利待遇，您還操心養家餬口嗎？您一心一意做個好官就是最好的回報。

二、考科舉，演好文官升職記

咱們都猜到了，您接下來的問題一定是：那我怎麼才能在宋朝成為一枚想起來都那麼妥妥的文官呢？

先給您說一條小道，宋朝選拔官員，有蔭補這個制度。您是高級官員的直系、旁系子孫，或者特別欣賞的門客、異姓，都有蔭補做官的機會。一般的官員，蔭補的名額只能從子孫中產生。但您也得懂這個制度的規矩：第一，蔭補的官員要申請報批；第二，名額是有限制的，即使宰相一級，最多也就可以推薦五個人；第三，升遷提拔受到限制。所以這條道路，看似捷徑，其實是羊腸小徑，機會不多，還顯不出您的本事。您還不如乾脆一點，自己努力一點，走陽關大道呢！

這條陽關大道就是科舉。您或許受到現在一些觀點的影響，對科舉制度有一些偏見，把科舉和八股文畫上等號。其實在封建社會，科舉制度是能做到的最公平、最可行、最有利的人才選拔制度。隋文帝發明科舉制度之前，官員都是世襲制。只要您是權貴的子弟，甭管您有沒有智商情商，有沒有品德人格，都能做官。平民子弟想要通過自己的努力施展抱負，改變命運，希望十分渺茫。經過隋唐的探索實踐，科舉制度到了宋朝，已經相當完善。宋朝經濟、文化、科技的昌盛，就是由一大批科舉制度選拔出的人才共同努力創造的。舉個例子來說，北宋共有宰相七十一人，科舉進士出身的就有六十四人。

您在宋朝參加科舉考試，實屬幸運。因為和唐朝相比，宋朝科舉考試的科目少了，錄取的人數多了，國家為了經濟、文化、科技發展擴招了。唐朝錄取進士，每次不過二、三十人，少則幾人、十幾人，而宋朝每次錄取多達二、三百人，甚至五、六百人。您被錄取的概率大大地增加了，更有信心了吧？

宋朝確立了三年一次的三級科舉考試制度。秋天時，您得先參加地方考試——州試。如果在州試中脫穎而出，來年的春天您可以參加禮部組織的省試。要是您順利通過省試，當年就會有幸參加殿試。殿試的考官就是皇帝本人。您心裡可別緊張，能進入到總決賽這個環節，已經證明您出類拔萃了。只要您把平時的真才實學如常展示，就等著皇帝給您直接授官吧。因為參加殿試的考生，是不需要再經過吏部的考核就可以任命為官的。

無論什麼年代，對於考試選拔，人們最痛恨的就是營私舞弊。因為公正公平公開的規則被破壞了，讀書人的信心都被打沒了。您參加科舉考試，可能也擔心這一點。可以告訴您，宋朝為了防止科舉中出現作弊行為，做了制度上的保障。

首先，殿試就是一種保障。就算您通過各種關係作弊通過初賽、複賽，您，還有包庇您的人，真有膽量現場糊弄皇帝這個最大考官嗎？這不是想在老虎嘴裡拔牙啊！其次，限制知貢舉的權力。知貢舉就是省試的主考官。為了防止知貢舉提前做好作弊的準備，朝廷都是臨時任命知貢舉。另外，還配備權同知貢舉若干名，分散主考官的權力。您要是想作弊，就必須把這幾個考官同時擺平。要知道，他們之間也相互監督著，所以這幾乎是不可能完成的任務。科舉考試前，考官們必須住在貢院，斷絕跟外界的聯繫，跟現在中考、高考命題老師的待遇一樣，這又增加了一道防線。

另外，設立別試制度。假設您和其中一位考官有親屬關係，必須在另設的考場另派考官進行考試。

最後，實行糊名和謄錄制度。糊名，就是把您參加考試的個人信息都封起來，誰也不知道這份試卷是誰的。考官想給誰私下打高分，也認不出他的卷子啊！但這個還有漏洞，試卷上的字跡、記號也可能被利用來作弊，謄錄制度就是堵這個漏洞的。您自己寫的那份試卷，會被專人再抄寫一遍，您的那些字跡，做的記號，全都白費，因為考官評分的時候見著的都是謄錄卷。

所以，在宋朝的科舉考試中，您做不了弊，也不用擔心別人作弊。您需要做的，就是平日刻苦攻讀，胸藏錦繡走上考場就行了。美好的仕途在朝您招手呢。

您在科舉考試中考取功名，在宋朝會很快被任命為官員。不像唐朝，考取功名和為官還不是一回事兒，有功名卻一輩子沒做上官的大有人在。宋朝在這個方面效率還是挺高的，也很實際。花那麼大力氣組織考試，不就是為了選拔人才，讓他們盡快發揮才幹，為朝廷為國家做事嗎？您在上任之前，應該對國家行政機構和官員的設置、功能有所了解，否則您做了官對這個官職的職責權利是啥一頭霧水，您怎麼盡職盡責呢？

先說中央行政機構和官員。宋朝皇帝直接領導的三個機構是：中書門下、樞密院、三司，分別是民政、軍政、財政的中央機構。

中書門下，簡稱中書，是正副宰相集體處理政事的最高行政機構。宰相級別的官員有宰相、同中書門下平章事、侍中；副宰相級別的官員有副宰相、參知政事。這些文職官員，掌管除軍事、財政外的一切政事。

樞密院，國家最高軍政機構，第一長官通常由文官擔任，官職設置有樞密使、樞密副使、知樞密院事、同知樞密院事。

三司，主管國家財政的最高機構，即鹽鐵、度支、戶部三部。其長官稱三司使，號稱「計相」。

原則上，這三個行政機構由皇帝直接領導。其官員，特別是第一長官，不得互相兼任。這樣的機構設置和原則，其實就是宋太祖的設想——分權，防止官員獨攬大權，對皇家地位構成威脅。您想啊，要是您同時掌握了國家的錢、國家的軍隊、國家的行政命令權，確實也是挺可怕的。

唐朝尚書省分掌的吏、戶、禮、兵、刑、工六部，在宋朝也沿襲下來，但尚書省撤銷，六部由中書門下、樞密院、三司根據職責交叉管理，比較混亂。

宋朝專管監察的機構是御史臺，倒是一直沿襲了唐朝的制度，其長官稱御史中丞，副長官稱侍御史知雜事，主管糾察百官，肅正綱紀。御史臺的監督權力很大，如果彈劾宰相，宰相必須辭職，由副宰相升任宰相，而彈劾成功的御史中丞會轉任樞密院的官員。之所以有這樣的規矩，是為了防止權力很大的宰相和監督機構勾結，也為了控制御史臺官員公報私仇，打擊政敵。

上面說的都是京城裡的機關和官員，一般來說，您為官的初期，會從地方官開始。宋朝的地方機關分三級，分別為：路，府州軍監，縣。

最大級別的「路」設有安撫使司、轉運使司、提點刑獄司、提舉常平司，次級別府州軍監設有官員知府、知州、軍、監、通判。

您看著這些名稱顯得比較複雜，但其實這樣的設置原則跟中央一樣，就是分權，制衡，監督。

宋朝地方機構級別最低的是縣，縣一級的官員有知縣、縣丞、縣令、主簿，基本是中央下遣，沒有軍事權力。

假設您從地方基層官員做起，想要有更大作為，肯定必須靠升職。宋朝官員的升遷，其實有跡可循。您只要安分守己、按部就班完成分內的事情，就會通過「磨勘」得到升遷的機會。「磨勘」，就是業績考核制度，所有在官場任職的人，經過一定時期，都可以主動申請升職。經查明其資歷與升職的規定相符，不需要您在職務上有特殊的表現，職位都可以逐步上升。

您在宋朝的仕途之路，總的來說，得靠您自己的努力。當然咱們也希望您運氣好，得到意外的賞識，迅速成為治世之能臣。如果宋朝因為您的言行、功績變得更好一點，擁有現代科學文化素養的您，又何樂而不為呢？

3 薪資水準不賴，地位卻屬備胎——武將仕途

一、做武將要甩掉自卑心理

高薪高福利、地位高風險低的文官仕途，固然讓人嚮往豔羨，但這也得看人的性格喜好。您要是豪氣干雲、直來直去、喜歡打抱不平的主兒，未必喜歡四平八穩、文縐縐、拿腔拿調的文官職場，那您可以在宋朝做一名武將，把過剩的精力用在率兵禦侮、保家衛國上。縱觀宋朝三百二十年歷史，就沒有幾天不存在外族的軍事威脅或侵犯的，您大可不必擔心沒有用武之地。

宋朝的手頭寬裕，對軍事的投入相當捨得，最高的時候每年用在軍事上的開支占到國家財政收入的七、八成。武官的工資福利一點也不比文官少，甚至更多。您在外打仗，家裡老人、妻子、孩子的生活水準，根本就不是您需要操心的事兒。

但您思想上也得做好準備，既然立志做武將，在社會地位、職業尊嚴上就不要跟文官去比較。宋朝崇文抑武的風氣從太祖趙匡胤開始就一以貫之，對武將「厚其祿而薄其禮」。什麼意思？就是工資福利給您高高的，但您也別想得到多大的尊重推崇。宋太宗晚年語重心長地教育後代：國家沒有外患，就肯定有內憂。外患算什麼呀，遠著呢！可是內憂不得了啊，就在跟前。一不小心咱們的皇位就有可能被握有兵權的傢伙給奪了去。所以孩子們，你們要警惕啊！到了宋真宗，澶淵之盟後，他得出的結論不是要加強國防和軍隊建設抵禦外侮，而是覺得軍事上搞不定的事兒，錢財能擺平，成本比打仗還低呢。

您瞧，連皇帝都這麼想，那朝野上下能打心眼裡真正尊敬武將嗎？所以，當時的朝廷風氣就是文尊武卑，文官瞧不起武將。宋朝的樞密使（國防部長）都是文官擔任。有一次國防部長王欽若當著皇帝的面，把副部長、優秀的武將馬知節罵哭了。您想，在這種價值觀影響下，武將自己是不是也逐漸跟著自卑了，尋思著自己怎麼跟備胎似的？

所以，您要是想領兵打仗，在戰場上建功立業，給宋朝的百姓一個安居樂業的環境，就得把對武將的這些不尊重和自卑都甩在身後，把您的豪邁慷慨拿出來。

現在您得想想怎麼去當上這個武將。您說，這還不簡單，去考試唄。有關宋朝的演義小說裡，不是有很多武舉考試嗎？打擂臺那可真是精采至極！考個武狀元，就做兵馬大元帥領著部隊去打仗了。

那咱們必須糾正您這種被誤導的認識。武舉確實是宋朝科舉的一部分，但通過武舉實現名將的理想，真不是一條現實可行的管道。

像文科生一樣，您在參加武舉考試之前，也得學習專業知識和技能吧。宋朝確實有專門培訓武官的學校——武學。不過，武學的規模始終不大，而且波折挺多，一會兒辦一會兒歇。武學在教學內容上倒是挺全面，諸家兵法、經典戰役分析、軍隊思想建設都有，還有排兵布陣的演練等等。可惜武學的老師都是由熟悉典故卻沒有實戰經驗的文官擔任。文官老師在課堂上做的最多的是思想教育：你們將來當兵要忠於皇帝忠於國家啊，領兵造反那是天地不容萬古罵名啊，諸如此類。這教學的實戰效果就可想而知了。

您忍著耐心聽課，加上私下刻苦攻讀，成為一名優秀畢業生，去參加武舉考試，很有信心進入前三甲，離理想越來越近了。您還是別太興奮，先問問您，您打架技能怎麼樣？宋朝武舉考試，雖然也考軍事理論和思想，但還是偏重武藝。您打架的功夫不行，前三甲的預期基本就泡湯了。武舉考試的錄取，每一屆也不過幾個人，和文官科舉錄取幾百名根本不能相提並論。就算您理論知識和打架技能雙優，拿了第一名，您被授予的官銜是右班殿直，說白了，就是皇宮裡的保鏢，官銜是武官五十二個官階裡的倒數第三名，以後的升遷前景也不大。所以，不少武舉錄取生考上就轉行當文官去了。您還對武舉存在幼稚的幻想嗎？

您穿越宋朝，體驗各種人生也挺辛苦的，咱們就不浪費您的光陰，直接給您兩條對您可行的成為武將的途徑：最主要的蔭補和次要的軍員轉補，其餘的羊腸小徑和武舉一樣，人數極少，忽略也罷。

二、沒有背景也能打出一片天地

宋朝的蔭補制度，只是科舉選拔文官的補充，而且給予很多限制，但卻是選拔武將最主要的管道。蔭補制度是落後的世襲制度的殘餘、變種，正是因為朝廷對武將的忌憚壓制，對軍事的不重視，導致了這一落後的制度被沿襲下來。您如果想通過這種管道成為一名武將，必須符合這樣的身分條件：武官、宗室、外戚和技術官員的親屬。蔭補成為武將的，在宋朝進入武將系列中比例最大。您聽說過楊家將吧，老先生楊業是隨宋太宗北伐征遼的名將，他的兒子楊延昭（民間稱楊六郎）、孫子楊文廣都是宋朝有名的武將，就是蔭補為武將的典型代表。

您會說，將門世家，這不挺好嗎？可您想過沒有，難道每個世家都像楊家將那麼厲害嗎？和先進的科舉制度相比，蔭補制度既然不考慮選拔對象的素質、能力，而只看家庭出身，就談不上對武將條件的要求和培養。雖然宋朝名將眾多，並且絕大多數都是蔭補而來，但絕不說明這一制度有什麼先進性。

您想啊，這麼大比例的蔭補武將，出身都是權貴，出紈袴子弟的概率也不小，沒有實戰經驗的無能之輩占著茅坑不拉屎的現象一定存在。俗話說，兵熊熊一個，將熊熊一窩，宋朝那麼多名將，怎麼和遼、西夏、蒙古的歷次戰爭中，都沒有乾脆俐落地消滅敵人，甚至占便宜的都少呢？這說明什麼，宋朝武將的整體素質和能力，整個軍隊的素質和能力，根本達不到評書、演義裡說的那麼厲害，這都是拜蔭補制度所賜。

您如果不符合蔭補武將的門檻條件，也沒關係，您還有一條可以選擇的路——軍員轉補。軍員轉補的對象就是各級軍人，所以首先您得當兵去，這個不是難事。宋朝軍隊招兵買馬實行募兵制，沒什麼身分限制，流民都可以報名，而且是終身制。也就是說，當兵職業化了。所以宋朝軍隊數量龐大，《水滸傳》裡的八十萬禁軍（中央軍），數字還略顯保守了。

按照宋朝的規定，您從一個地方軍的士兵，可以升到中央軍，從中央軍升到大內禁衛軍。之後，只要您服役達到一定期限，或者立了戰功，都可以轉補為武官。您再接再厲，一步步升遷，最終就可能成為名將，當國防部長都是有可能的。一個普通士兵，到國防部長的距離？您不信？那咱們給您說說狄青。

後世有民間傳說，老天爺對宋朝寄予厚望，給宋朝派下來文曲星和武曲星各一枚，文曲星就是包拯包青天，武曲星就是狄青，說明這兩位「星」爺在宋朝歷史上的地位是多麼重要。

狄青出身貧寒，十六歲時，因為哥哥和人打架，替哥哥受過，成為一名「違法犯罪分子」，臉上都是刺了字的。宋朝當兵的門檻低，狄青成為京師的一名普通衛士，後來被朝廷選拔出來保衛邊疆。在和西夏的戰爭中，狄青每次出戰，都帶著銅面具，披頭散髮，所向披靡，屢立戰功，於是不斷得到升遷。後來他幸運地遇見了范仲淹。范仲淹送給狄青一本《左氏春秋》，並對他說：「將不知古今，匹夫之勇爾。」真是醍醐灌頂啊。自此狄青發憤讀書，成為一名智勇雙全的名將，官至樞密使（國防部長）。但是功高震主，狄青最後的命運是悲劇，被猜忌貶官，在病中鬱鬱而終。

從狄青，您可能還會聯想到另外一名宋朝名將岳飛。岳飛從一個普通農家的孩子，應徵入伍不斷升遷到國防部副部長，到最後被陷害而死，命運軌跡和狄青幾乎一模一樣。這些蠻拚的、武功卓著的名將，在宋朝確實容易攤上大事兒。

咱們舉狄青和岳飛的例子，不是為了打擊您在名將仕途中的信心，是為了讓咱們也記住這樣的歷史教訓：崇文抑武，對武將猜忌壓制，是宋朝官場的主旋律。整個宋朝的歷史，沒有因內部兵變而改換門庭，的確維護了老趙家的統治，但也帶來了惡果，在外族入侵時，抵禦乏力，最終被外族徹底滅國。宋朝的經濟、文化和科技水準，在中國古代歷史上，在同期的世界歷史上，都是登峰造極的，卻同時有著「積貧積弱」的歷史名聲，其實和它在軍事上失敗的治國方略有著極其密切的關係。

④ 霸道總裁，就是那麼炫酷狂跩——商人地位的提升

一、個人努力也要看歷史進程

平心而論，您在宋朝的軍旅生涯確實會讓您覺得憋屈：面對外族的侵略，咱們有仗不能打，動不動就議和進貢，壯志未酬不說，而還總被大後方的皇帝惦記提防著，真是裡外不討好。那咱們給您在宋朝換個身分，讓您體驗一下躊躇滿志、意氣風發的狀態，您呀，從商！一個霸道總裁，在宋朝確實可以炫酷狂跩。

您問，這不是在安慰、忽悠我吧？在封建時代，一個生意人做得再好，社會地位能高到哪裡去，還躊躇滿志、意氣風發？清朝的紅頂商人胡雪巖怎麼樣，最後的結局不照樣夠慘的？

您說的是歷史的事實，可宋朝就是一個例外，一個獨特的存在。

無論什麼年月，人們的生存和生活都離不開商品交易，您家裡衣食住行需要的一切都靠自己生產嗎？您想吃糖了，自己弄塊地種甘蔗，自己煉糖？您穿衣服，自己種棉種麻，自己織布裁縫？您可真有本事，真有工夫！您只有去買去。只要存在商品買賣，就少不了生意人。可是漫長的封建時代，人們都把商人看賤了，看扁了，打心眼裡就沒真正瞧得起商人。其實就是認為商人逐利，咱們講義這種思想作祟導致的。

這種錯誤思想到了宋朝，得到巨大的改觀。北宋的范仲淹就發出「吾商則何罪，君子恥為鄰」的呼喊。商人有什麼罪啊，咱們所謂的正人君子瞧不起他們？南宋的黃震也說：「國之四民，士農工商，同是國家一等齊民。」宋朝的人，就是有這樣的覺悟，商人和其他行業一樣為社會創造財富，憑什麼地位不平等啊？

最難變的觀念變了，後面的事就水到渠成了。宋朝的土地政策，「不抑兼併」，土地可以買賣了。幾千年來，咱們歷史上一向將土地兼併視作國家大害，千方百計加以抑制。人，都拴死在土地上了，國家的財政收入基本就靠農業稅。遇見壞年頭，官府只能剝皮一樣地壓榨農民。各種名頭的苛捐雜稅讓農民活不下去，能不造反嗎？這形成一個死循環，沒有哪個朝代能夠逃出這個規律。

可宋朝走出了這個死循環。土地一旦可以流轉，人就活了，剩餘的勞動力就可以參與到手工業、商業中來。工商業發展起來了，國家財政的來源就多了。宋朝政府的財政收入，百分之七十來自於工商稅。國家有錢了，還能壓榨農民嗎？遇見災荒年頭，開倉放糧在宋朝是常事。這都是自然經濟向商品經濟過渡帶來的好處，國家、百姓都是受益者。

您在宋朝做個生意人，絕對恰逢其時。宋朝對商人有很多寬商恤商政策，比如取消坊市制度。您不必像宋朝以前那樣，只能在官府規定的地方做生意，而是您看哪裡市口好，哪裡市場吸引力大，只要您有錢租房子，您就能在哪裡開張。

唐朝的時候，官府還規定，「工商雜類」不得參與科舉。也就是說，您一個商人，還有您的孩子，是別妄想通過科舉考試去從政了。到了宋朝，這一政策變了，您要是真有學問才華，允許您參加科舉。您的孩子也可以進入官辦的學校去學習，將來一樣可以通過考試走上仕途。這可是真真切切的地位的提高。您做生意，還真沒什麼後顧之憂。

您說，做生意苦點累點我都成，就怕我累死累活到頭來掙不了多少，都給官府當稅收去了。您剛剛又看見宋朝的財政收入百分之七十來自工商稅，心裡嘀咕開了，那商人是不是最受盤剝了？有人做過研究統計，可以讓您消除這個擔心。宋朝商人的稅負很寬鬆，行稅為百分之二，住稅為百分之三，平均下來稅率也就百分之二．五，而宋朝的商業利潤，平均下來，至少有百分之十，這中間的差額，就是您純賺的。國家的財政收入不是靠苛稅，靠的是繁榮的工商業帶來的量的積累。

上述種種觀念和政策，構成宋朝生意人所在的氣場——體恤加鼓勵，極大地促進了宋朝商品經濟的發展。

那些組成商行的店鋪，和小商小販，自然不必說，就是商業的專業隊伍，他們就是單純做生意的。官員、皇親國戚、讀書人、地主、農民也紛紛加入兼職經商的隊伍，甚至僧尼也不甘落後，下海經商了。汴梁城裡的大相國寺，每個月開放五次「萬姓交易」，寺廟也成生意場了。所以您得抓住時機，占據有利地形，盡快讓你的生意開張，博得您的第一桶金。

二、五湖四海，第一桶金在哪裡

現在您要考慮的問題是，您生意的主戰場設在哪裡？

首先說城市。北宋的汴梁，南宋的臨安，都是人口超過一百萬的巨型都市。同時期的歐洲，最大的城市也不過十五萬人左右。在這樣人口眾多的城市，您不用擔心市場蕭條，沒有您的顧客。您可以隨處開個鋪子，除了正常營業時間，另有早市、夜市，還有整個通宵都有買賣的鬼市，都會給您帶來源源不斷的顧客。

其次是鄉鎮。鄉鎮的人口密度肯定沒有城市那麼大，但是定期的集市也是熱鬧非常，人流熙攘。集市的消費者，相當於您平時沒空，週末集中採購一樣，那購買欲望和購買力也是相當可觀的。

另外是邊境。宋朝官府在邊境地區設置「榷場」，用於和周邊各族進行貿易活動。至於市場需求，區域差別讓您很容易選擇對口的商品。您可以拿內地的紡織品、瓷器、茶葉等賣給北方的游牧民族，他們缺這個。然後，把他們的羊皮、狼皮、乳製品帶回內地銷售，內地缺這個。您說是不是一舉兩得？您的商隊絕無空返。從事這門生意，可能就是辛苦點或者寂寞點，邊境路途遙遠，您得押著貨物迢迢而來。要麼，您駐紮在邊境，等著您的商隊運貨來。

辛苦、寂寞的代價絕不會讓您白白付出，區域商品的差價讓您有豐富的利潤可圖。還有比邊境貿易更辛苦、寂寞，但是利潤也更驚人的，這就是宋朝的進出口貿易。宋朝科技發達，造船技術一流，加上羅盤的使用，海上運輸業完全應付得了對外貿易的需要，開闢出了海上絲綢之路。官府也是積極鼓勵支持，在沿海地區設置多處市舶司，管理對外貿易。就連昏庸的宋高宗，對進出口貿易都有先進的理念。他對大臣們說：「進出口貿易利潤豐厚，而且貿易額巨大。如果咱們處置得當，不是比從百姓頭上拿錢要好得多嗎？」

您別說，僅就宋高宗這個理念，還真是開明和聰明。南宋一朝，儘管偏安江南，可從來也沒缺過錢。商人比皇帝還要敏感，哪裡有豐厚的利潤，他們就本能地麇集到那裡。資本雄厚的商人，帶著自己的船隊，把陶瓷、茶葉、絲綢、工藝品等運往東亞、東南亞、印度次大陸，更遠的到非洲，又在當地收購香料、珠寶、棉布等運回本國銷售。這一來一回的雙重利潤，讓很多商人靠著進出口貿易富甲一方。歷史學家經過測算，宋朝的對外貿易額竟然占到ＧＤＰ的百分之十五至二十。

城市、鄉鎮、邊境、外貿，您的生意選定一個主戰場，接下來要做的就是好好琢磨您的經營之道了。雖說在宋朝生意好做，可越是好做，競爭也就越厲害。把生意做大做強，可不是唾手可得的事兒。在經營上，您總得有兩把刷子，才能暢遊商海不濕身。

頭一件事情，您需要確定要經營什麼項目。做生意，無非是應對生產資料和生活資料的事兒。宋朝經濟繁榮，市場需求旺盛，這是您的有利條件。您審視一下自己，擅長什麼，能把什麼在宋朝做獨特了，就開張哪一門生意。

追逐豐厚的利潤是商人的本分。只要遵紀守法，在宋朝沒人會欲加之罪何患無辭地整您，盤剝您的財產。這種寬鬆的社會環境，是宋朝獨有的，就是之後的元明清三朝都做不到。所以，您儘管朝著那些利潤豐厚的經營方式狂奔。誰讓您有個狂拽的總裁夢呢？

第一，長途販運，賺取地區差價。宋朝的邊境貿易、進出口貿易，其實就是這個原理的充分運用。您在茶葉原產地東南地區收購的茶葉，運到西北地方，能賣高出六倍的價錢。所以您在販運的路上，會看見不少商人像您一樣，不辭路途辛苦，往返於遙遠的區域市場之間。

第二，批發交易，獲取規模效益。魚米之鄉江南盛產的米，當地人民是吃不完的。您帶好足夠的「交子」，大量收購，運到外地，批發給中小經銷商去零售。您要是自己零售，得湊夠足夠的人手，花上足夠的時間，猴年馬月才能賣完呢。所以這些大宗商品，批發是最有效率的。您讓點利給中小經銷商，專營批發，靠規模取勝是不二選擇。同理，茶葉、酒、鹽等都是靠批發交易，散布到全國各地經銷商的手裡。

第三，預購商品，保證貨源。江南的新米、新茶上市之際，您是不是趕著奔著去搶購做批發啊。大家都這麼想，結果供不應求，米價、茶價就上去了，您還不一定能買到。您可以提前甚至一年，就向產地的地主農戶、茶園主下好定金，簽好協議。米茶上市，根據協定中的價格、數量，人家首先給您供應，您的收購成本肯定比沒有協議的要低，利潤不就相應地提高了嗎？

第四，預測市場，抓住商機。分析和預測市場，從來都是大商人在商業競爭中獨占鰲頭的重要因素。您看今年風調雨順，農業肯定要大豐收，農產品的價格顯然是要跌了，經營利潤會比往年微薄，您可以選擇今年不做農產品。入秋的時候您得到一個消息，邊防吃緊，朝廷估計要和敵人開戰了。那麼冬天的時候咱們官兵的棉衣需求會比平時增多一些。您提前做好準備，預定了棉衣，等官府發出告示採購棉衣的時候，您可以直接告訴官員，立等可取。

第五，注重宣傳，樹立品牌。您仔細瞧瞧〈清明上河圖〉裡鱗次櫛比的商鋪，有很多以本姓命名的店鋪，比如「趙太丞家藥肆」「王家羅錦匹帛鋪」等等。《東京夢華錄》裡記載了更有趣的店名，比如「醜婆婆藥鋪」「東雞兒巷郭廚」等，這都說明宋朝商家已經樹立了廣告和品牌意識。就連賣環餅（饊子）的小販，也會打出「虧便虧我也」的口頭廣告語，就像今天的「跳樓大拍賣」，可是顯然比今天更含蓄和幽默。臨安城裡有一家「宋嫂魚羹」店。宋高宗有一天光臨，大讚好吃。這下皇帝成了小店的形象代言人。店裡的老闆、夥計從此都穿戴錦衣花帽，以顯示店鋪的高大上。顧客趨之若鶩，宋嫂也成了遠近聞名的大富婆。八百年過去了，您今天在杭州的樓外樓，仍然可以吃到流傳下來的「宋嫂魚羹」。您說，您是不是應該像他們一樣，經營的是生意，其實經營的更是品牌？

第六，提高意識，完善服務。假如您在宋朝開了一家酒肆，您可別想圖省事只是賣酒。許多酒肆不僅賣酒給顧客喝，還經營下酒菜蔬。更有經營頭腦的，還安排歌舞娛樂供酒客欣賞。您要是經營單一，服務內容不夠豐富，顧客憑什麼非要在您的酒肆消費啊？顧客是上帝，這是自古以來的商業觀念。甭管您走到哪朝哪代，甭管您做什麼生意，記著這一點，顧客才能盈門，生意才能做大。

如果您同時擁有上面說的這些商業意識和經營之道，在宋朝成為一名霸道總裁不是不可預期的。您和眾多大大小小的商人一起，可以為宋朝經濟的騰飛做出一些不可磨滅的貢獻。咱們給您說說，宋朝到底有多富有，讓您身為一名宋朝商人拽一回：

宋朝政府每年的財政收入最高達到一・六億兩白銀，北宋中後期為八千至九千萬兩，即使失去了半壁江山的南宋，年財政收入也有一億兩。這些數字，可能太抽象，那就對比一下：南宋滅亡三百年後，明朝的年財政收入才一千五百萬兩白銀，這還是明朝的好年份。清朝咸豐年間，政府的財政收入是白銀三千至四千萬兩。這時候，距離南宋滅亡已經有六百年。更何況，宋朝政府的收入，不是靠對百姓的壓榨盤剝積累的，而是靠商品經濟發達帶來的巨額商業稅。商人的日子好過，普通百姓的日子也寬鬆。在它之前，在它之後，在同時代的全世界，沒有任何一個王朝能像宋朝這麼富有、開明。所以後人評價，唐朝雖然強大，但它是中世紀的夕陽，而宋朝是近代的朝陽。

5 腦洞大開，屌絲也可以逆襲——市井職業

一、結合自身優勢做好職業規畫

您在宋朝的各個階層穿越一遍，不禁在心裡對宋朝豎起大拇指。除了軍事上的懦弱之外，歷史上還真找不著宋朝這樣能好好過日子的理想時代。您還別急著下這樣的結論，是不是一個好時代，得看那個時代最普通的民眾的生活狀態。這是一個評判的標竿。所以，現在讓咱們帶您體驗一下在宋朝作為一名平頭百姓，您究竟會有怎樣的生活。

咱們先帶您去宋朝的鄉下。您要是讀過杜甫先生的詩，會知道即使在唐朝那樣的好時代，農民也要面臨一個嚴峻的考驗——徵兵。宋朝之前，官府徵兵都是強制性的——義務兵，一個農民家庭，可能因此在生存上失去最強的勞動力。宋朝實行募兵

制，軍隊職業化，而且終身制。您願意把當兵作為一份職業也行，不用擔心官府打完仗把您遣散回家。如果您不願意當兵，就願意種田，官府也不強迫您。另外，像挖條河、修個壩這樣的差役，宋朝也是徵募制度，沒有強拉著您到工地的，您願意來，按勞動量給您工錢。宋朝在兵役、差役上大大解放了農村勞動力，農民可以專注於土地了。

那宋朝農民的收入怎麼樣呢？說出來您可能會吃驚。宋朝「一夫之田四十畝，出米四石」，每個男勞力實授田地四十畝，每畝繳田稅一斗，每畝糧食產量六、七石，稅率就是百分之一．五左右。經過計算，繳完田稅後，每個農村男勞動力，一年還能剩餘三萬斤糧食，除了自給自足，剩餘的都可以拿到市場上賣。

宋朝土地可以買賣，只要您不偷懶不敗家賣地，作為一個宋朝農民，富足的生活不在話下。那些在土地上用心經營，又懂得勤儉持家的農民，攢了錢去買土地，再拿出去租種，如此循環，最終逆襲成為地主的也大有人在。

本來，您可能猜測，宋朝的農民收入可能是各個階層裡面最低的，現在算來滿不是那回事。那咱們還是考察一下農村最弱勢的群體吧。北宋詩人張耒的一首詩寫道：「山民為生最易足，一身生計資山木。負薪入市得百錢，歸守妻兒烝斗粟。」一個砍柴郎，以賣柴為生，每天可以有一百文的收入；一名鄉下的農婦，靠給人縫補漿洗，每天也有一百文的收入。那麼這一百文能幹什麼呢？宋朝每個人每天的溫飽需要二十文。也就是說，一個砍柴郎，或者一個幫人做雜活的農婦，可以養活五口人。

咱們再來個縱向對比，把這一百文拿到明朝看看。每天一百文的收入，一個月就是三貫。這在明朝，相當於一個知縣的月工資。一家五口人，靠著這每個月三貫，可以生活得很滋潤。

咱們把您帶回宋朝的城裡，在一個中等城市，您的身分假如是一家酒店的雜工，老闆給您的日工資大約是二百五十文，不能再低了，再低沒人幹這活了。史料記載了一個叫樂生的湖北人。他就是做小買賣的，每天只要賺足一百文就不幹了，回家吃完喝完，吹笛子、唱歌自娛自樂，弄精神享受去了。

咱們在宋朝普通階層的收入問題上說得已經夠多了，也就是說只要有手有腳不懶惰，就不用擔心溫飽。但咱們還是希望您不要在這種安全感裡裹足不前。您應該發揮您的專長，幹出一番大事業，實現一次成功的逆襲。

您要是有一門技術在手，那進工廠是最合適了。北宋時就出現了世界歷史上最早的製造工廠和加工工廠。如造船廠、火器廠、造紙廠、印刷工廠、織布廠、各地的官窯等。南宋時的軍器所工匠竟達七、八千人，有徒工一千二百餘人。綾錦院織工達到四百餘人。除國辦的工廠外，一些私辦的工廠也相繼大量出現與繁榮。您的技術在這些工廠裡絕不會被埋沒。

您如果有文藝方面的才能，在宋朝也有適合您的職業舞臺。宋朝人有錢，吃飽喝足也要精神享受，於是娛樂產業繁榮發展。宋朝的娛樂場所叫「瓦舍」「勾欄」，最大的場所能容納千人觀看您的表演。文藝表演種類繁多，如雜劇、傀儡戲、影戲、雜技、散耍、說史書、講故事、談經、學鄉談、談諢話、舞番曲、諸宮調、鼓子詞、唱賺、賣嘌唱等等，真是百戲雜陳，雅俗共賞。

您要是文字工作者，可以在宋朝當記者，做編輯。宋太宗年間，官方報紙——邸報的發行已經規範統一；宋真宗時期，民間報紙——小報也出現了，主要是官吏和書店主人所辦。無論是邸報、小報，都公開發售，讀者廣泛，有京官、地方官、士大夫、知識分子及其他關心朝廷政事的人。官方報紙更是全國發行，由驛遞傳送。驛遞按傳送的速度又分為步遞、馬遞、急腳遞、水運遞等。

您要是一名體育特長生，在宋朝也能以此為職業謀生。作為一名職業運動員，您不僅可以入選皇家競技隊伍，也會受到民間的喜愛崇拜。足球（蹴鞠）、馬球、相撲是宋朝人最熱中的體育運動，皇帝們經常組織運動員們比賽，與百姓同樂。

如果您志願做一名社會治安管理人員，咱們建議您加入「潛火隊」，也就是宋朝的消防兵。「潛火隊」有當時世界上最先進的消防裝備，如防毒面具、防火背心、雲梯、水囊等，消防作業也形成了一套完備的制度。火災發生後，「潛火隊」趕往現場救火時，享有一些特權，比如路遇高官，可不必避路讓道。在古代，路上相遇，有民讓官、賤讓貴先行之禮，但「潛火隊」可不受這一禮法約束。如果「潛火兵」在救火過程中受傷，則由政府負責治療並給予獎賞。「潛火兵」享有比較豐厚的薪水，所有的消防器材也由官府購置、保養、增補。

二、勵志路上總有逆襲的偶像

咱們為您介紹了幾個您可能想不到的宋朝市井職業，至於那些人們生活須臾離不開的職業，比如廚師、裁縫、建築工人等等，自古到今都不可或缺，您也比較熟悉了解，就不一一介紹了。咱們需要幾個普通人成功逆襲的勵志故事，給您精神上的鼓舞，助您在逆襲的路上充滿鬥志，一往無前。

先給您說一個發明家——畢昇，活字印刷術發明者。

畢昇一開始就是北宋一個印刷鋪的工人，負責手工印刷。他在印刷實踐中，深知雕版印刷的艱難。雕版印刷的一塊版，對應印刷書籍的一頁。這一頁書裡的所有文字，雕刻在一塊完整的版面。一部書所有的版面，雖然可以重複利用印刷，但內容也僅僅是重複這本書，既笨重費力又耗料耗時，還需要比較大的存放空間，有錯字又不易更正。

畢昇發明的活字印刷方法既簡單靈活，又方便輕巧。其製作程序為：先用膠泥做成一個個規格統一的單字，用火燒硬，使其成為膠泥活字；然後把它們分類放在木格裡，一般常用字備用幾個至幾十個，以備排版之需。排版時，用一塊帶框的鐵板作底托，上面敷一層用松脂、蠟、紙灰混合製成的藥劑。然後把需要的膠泥活字一個個從備用的木格裡揀出來，排進框內，排滿就成為一版。然後，再用火烤，等藥劑稍熔化，用一塊平板把字面壓平，待藥劑冷卻凝固後，就成為版型。印刷時，只要在版型上刷上墨，敷上紙，加上一定壓力，就行了。印完後，再用火把藥劑烤化，輕輕一抖，膠泥活字便從鐵板上脫落下來，下次又可再用。

畢昇的活字印刷術一經使用，他的師弟們禁不住嘖嘖讚歎。一位小師弟說：「《大藏經》五千多卷，雕了十三萬塊木板，一間屋子都裝不下，花了多少年心血！如果用師兄的辦法，幾個月就能完成。師兄，你是怎麼想出這麼巧妙的辦法的？」畢昇說：「是我的兩個兒子教我的。」

師弟們面面相覷：「你兒子？怎麼可能呢？他們只會『過家家』。」

畢昇笑著說：「你說對了！就靠這『過家家』。去年清明前，我帶著妻兒回鄉祭祖。有一天，兩個兒子玩過家家，用泥做成了鍋、碗、桌、椅、豬、人，隨心所欲地排來排去。我的眼前忽然一亮，我何不也來玩過家家：用泥刻成單字印章，不就可以隨意排列，排成文章嗎？這不是兒子教我的嗎？」

畢昇說是兒子教給他的活字印刷術，當然有謙虛的成分。您想，要是平日他沒有苦心琢磨怎麼改進印刷術這件事，兒子過家家會成為他眼裡的一個啟發，成為他發明中的一個靈感嗎？

畢昇活字印刷術的發明，是印刷史上的一次偉大革命，是中國古代四大發明之一。從十三世紀到十九世紀，活字印刷術傳遍全世界，全世界人民都稱畢昇是印刷史上的偉大革命家。

畢昇，一位宋朝的普通工人，在歷史上的這次轉身夠華麗的吧？正所謂腦洞大開，屌絲也可以實現偉大逆襲。

再給您說一位宰相——呂蒙正，三登相位的狀元郎。

要過年了，一位少年環顧屋內，發現家裡別無長物，長嘆一聲，把凍僵的雙手湊在嘴邊哈氣，然後拿起毛筆給自己寫了一副對聯，上聯：「二三四五」，下聯：「六七八九」，橫批為「南北」。

這位少年叫呂蒙正。上、下聯的意思是「缺衣少食」，橫批的意思則是「沒有東西」。

呂蒙正的故事很多，他的一生太有戲劇性。年少的呂蒙正和母親蝸居在洛陽龍門的一座破窯裡，平日裡靠給人打柴、挑水為職業，掙點小錢養活母親和自己，生活確如那副對聯描述的那樣潦倒。有一天，他看到有人在伊水邊賣瓜，很想吃一個，卻無錢可買。賣瓜的人走時，不小心落下一個瓜，他上前取食，吃得太快，竟然被噎住了。

這個窮小子的命運是因科舉考試而改變的。他高中狀元，一路升遷做了宰相。後來，他在伊水邊建了座亭子，起名叫「噎瓜亭」，以示不忘貧賤。

考中狀元的過程，沉重而艱辛。儘管生計艱難，呂蒙正仍志存高遠，希望以科舉考試改變命運。他讀書治學十分刻苦，幾年下來，可謂學富五車，才高八斗，名動天下。

讀書人都以和他做朋友為榮。

宋太祖時，呂蒙正帶著母親到京城汴梁應試。那時宋太宗趙光義還是晉王，擔任開封府尹，聽聞呂蒙正名聲，親自召見。太宗看了他的文章，大為讚賞，認為他是宰相之才。第二年，呂蒙正果然考中狀元，一舉改變自己的命運。

呂蒙正的仕途十分順利。六年行政歷練後，他即被任命為參知政事（副宰相）。五年後，宋太宗拜他為宰相。此後幾起幾落，三次出任宰相。

由於曾長期生活在下層，經歷過艱難困苦，呂蒙正這樣的官員，有著一些可貴的品質。他肚量大，禁得起挫折，知曉民間疾苦，為人寬厚，正直敢言，深孚眾望。他被任命為參知政事時，第一天入朝上任，剛走上大殿，旁邊有人冷言冷語：「這小子竟然也當上參知政事？」呂蒙正只當沒聽見，繼續往前走。跟他一路的好友非常生氣，要過去看那人是誰。呂蒙正趕緊拉住好友，不讓追查。下朝後，好友仍憤憤不平，後悔沒看清那人到底是誰。呂蒙正說：「如果我知道他的名字了，一輩子都忘不了，還不如不知道呢。不知道他的名字，對我有什麼損害呢？」

呂蒙正不做無謂紛爭，但重大問題卻正直敢言。有一次宋太宗喝高了，開始自誇：「五代十國時，人民都絕望了，認為天下再也不會太平了。我親自治理了這麼些年。

瞧瞧，如今社會如此繁華！其實還不是因為我這個人嗎？」在座大臣紛紛鼓掌，呂蒙正卻起身說：「京城當然繁華，但我在城外幾里，就曾看到貧困飢寒的人。希望陛下知道這些事實，這才是老百姓的福分啊！」

呂蒙正長期大權在握，想巴結他的人自然不少。但他清廉自持，不吃這一套。有一次，有人要送他一寶鏡，說此鏡能照二百里。呂蒙正哈哈一笑：「我的臉就碟子那麼大，用能照二百里的鏡子不是浪費嗎？」還有人給呂蒙正送古硯，說此硯用嘴一呵氣，自己能出水，不用另外放水就可以磨墨。呂蒙正凝視古硯，又哈哈一笑：「就算一天呵出一擔水，也不過十文錢而已。」

您看出來了吧，呂蒙正這位宰相，不僅肚子裡能撐船，還特別不忘本，時刻提醒自己出身於何處。

呂蒙正這個窮小子通過科舉考試逆襲的故事，在宋朝，甚至元明清幾代，都給無數貧苦人家的孩子樹立了榜樣，給他們以希望，在人生路上不懈地奮鬥著。

當然，咱們相信，在宋朝體驗逆襲人生的您，也一定會從勵志故事裡獲得滿滿的正能量，在宋朝做一個有著無限未來前景的幸福的奮鬥者。

第三篇

哪朝哪代都有催婚，淡定淡定

唱一首〈愛情買賣〉，鑼鼓喧天——皇室婚典

一、政治利益牽起的紅線

修身，齊家，治國，平天下，是咱們古人對完美人生軌跡的高度概括和追求。您穿越到宋朝這樣注重學問的時代，這種教導更會常常在您耳邊響起。

所謂修身，就是培養自己的本事和德行。到目前為止，您跟著咱們的引導，一直在宋朝做著這件事兒。現在，咱們一起努力，幫您完成第二項人生任務——齊家的說法很優雅，說得通俗點兒，就是您得娶媳婦。

一個時代有一個時代的擇偶標準，婚姻觀念可能千差萬別。同時代的各個階層，婚姻觀念和擇偶標準也不盡相同。咱們盼著您在宋朝早早結束單身漢的生活，順利地娶上讓您稱心如意的媳婦。所以，您有必要了解一下那時的人們究竟有什麼樣的婚姻觀念和什麼樣的擇偶標準。

如果您的身分是皇室一員，那麼，到了法定結婚年齡（男十六歲，女十四歲），不用您自己著急，皇親國戚也不用給您打招呼，就開始商議您的婚姻問題了。在封建時代，無論您在哪個階層，婚姻都是父母之命、媒妁之言的結果。

您的那些長輩，會給您挑誰家的女孩呢？這您也是沒有發言權的。在宋朝，他們遵循的選擇標準是「不問閥閱，注重門第」。

閥閱和門第，其實本質上是一回事兒，都是封建等級制的門第觀念。那他們有什麼不同呢？

宋朝之前，上層社會締結婚姻，要看對方是不是門閥世家，查查您的族譜，瞧瞧您家上幾輩人是不是門當戶對的權貴。通俗點說，就是看您家裡的過去。您家要是這輩子的新貴，對不起，不般配。這就是所謂重「閥閱」。

宋朝科舉制度的興盛，造就了一批出身社會中下層的官僚，國家的重用和高薪高福利低風險，使得他們前途遠大。宋朝的上層社會承認他們的地位，不問他們的過去，只問他們的現在和將來。這些新貴擁有被承認的「門第」。宋朝的武將，因為以蔭補和軍員轉補為主，和宋朝是一起成長的，即使他們的祖輩不是顯赫的權貴，也屬於被認可的「門第」範疇。與此同時，傳統的門閥世家在宋朝已經勢單力薄，逐漸沒落。一個破落的貴族之家，是沒有被上層社會認可的所謂「門第」的。

現在，根據「不問閥閱，注重門第」的標準，您大致能判斷出未來的媳婦會來自何方吧？

作為皇室成員，您未來的媳婦最有可能來自武將之家。宋朝的皇室擇婚偏愛武將集團，這是一種風氣，也是一種祖宗家法。拿北宋為例，北宋一共九位皇帝，共產生十七位皇后，其中十四位有武將家庭背景，比例達到八成以上。

皇室與武將集團聯姻，表現在兩個方面：一是皇親國戚娶武將之女為后妃；二是武將之子娶皇室之女。

這種聯姻，不用說您也看出來了，充滿了濃厚的政治色彩。冠冕堂皇來講，這叫門當戶對；私下來說，皇室和武將都是一個大家庭的。皇室給武將的暗示是：都是自家人，別造反啊！武將給皇室的暗示是：都是自家人，別整我啊！

這說得跟兩個小孩過家家時的鬥嘴一樣，聽起來好笑，但確實有實際的政治效果。太祖趙匡胤是領兵造反當的皇帝，可您看見他建立的宋朝，有哪位名門之將領兵造反讓皇位換個姓的？

您不禁感嘆，這皇室婚姻看著門當戶對、風光無限，可都是利益為主導，哪裡還有什麼愛情，這不就是愛情買賣嗎？您也別覺得委屈，別說您，就是皇帝本人要立個皇后，也得按這個規矩來。

宋仁宗娶了平盧軍節度使郭崇的孫女並立為皇后。後來他把郭皇后廢了，想要立一個姓陳的富商之女為后，結果遭到眾大臣的一致反對。大家反對意見的核心意思就是：「陛下，您怎麼玩遊戲不講規則啊？您這是樹立了一個壞榜樣。您讓之後的君主怎麼辦？」仁宗只好冊封已故國防部長、大將曹彬的孫女為皇后。

宋真宗還是太子時，娶了大將潘美的女兒為妃。潘妃去世後，真宗又娶了宣徽南院使郭守文的女兒。登基後，真宗立郭妃為皇后。這兩位皇后都是武將之女。真宗的第三位皇后劉氏，出身低賤，本是蜀中歌舞之女。但劉氏被封為皇后之後，也編造了自己出身將門的說辭，要不實在應付不過去。這說明，至高無上的皇帝本人，在這種婚姻規則中，也不得不低頭，無論是否符合自己的意願。

前面說的這些嚴苛的規矩，都是從皇室男性成員角度來講的。假設您是皇室中的女性，是不是就會寬鬆些呢？

這得分開說，皇室為了區別對待，對跟皇帝有血緣關係的公主，婚姻門第的要求很嚴，通常都是嫁給武將之子或士大夫之家。但對於和皇帝同宗的女子，擇婚上和公主就有所不同。

宗女的婚姻，門第要求沒有公主那麼嚴格，但是禁止論財而擇婚。宗女出嫁可以考慮品行仁義的君子。但是後來有些宗女和皇帝的關係疏遠，生活實在困難而選擇富商之家，朝廷也就睜一隻眼閉一隻眼。

皇室對宗女總體還是優待的，因為宗女是一種政治財富，一種政治資源，是皇帝鞏固自己利益的工具。宗女的婚姻帶有很強的政治功利性，甚至可以用宗室賣婚來比喻。

那個時代，娶了宗女之人，或升官或發財，用「一人得道，雞犬升天」來形容一點不為過。那些本來就富裕的家庭，通過迎娶宗女，和宗室聯姻，獲得一官半職，對自己的財富進行庇護，家境更加殷實，權力也越來越大。

有一件挺可笑的事情，可以說明宗女之夫在宋朝的特殊身分。興化縣尉胡滋娶了宗女為妻。他說自己夢見一個穿著紫色衣服的人，自稱是王安石的兒子托生的。不久之後，他的妻子果然生下一個兒子。王安石聽說這件事後，和夫人專門從京城趕到興化以求一見。胡滋獲得很大的獎賞。胡滋正是憑著宗女之夫的特殊身分才敢如此膽大妄為，胡說八道，連王安石都被他輕易騙了。

「一入豪門深似海」。皇室婚姻總是讓您不由自主地想到電影《垂簾聽政》和電視劇《甄嬛傳》。您在皇宮裡看見那些后妃個個貌美如花，嫋嫋婷婷，溫良恭儉讓，可您心裡還是緊繃著一根弦。誰知道她們中的哪位就是一個隱藏極深、特別腹黑的角色？您擔心，殘酷的宮鬥不會就在身邊發生吧？

其他朝代暫且不做評論，但是在宋朝，您擔心的這些事情，還真成不了一部電影或電視劇，因為宋朝早就為這些可能的宮鬥做好了制度上的準備工作。

后妃是封建時代比較顯貴的一個婦女階層。在家天下皇位繼承過程中，她們在皇室家族中占有重要的地位。尤其是皇后、皇太后、太皇太后以及得寵的妃子，在一定程度上對當時的政治活動都會產生重大影響。其中既有為維護皇室安危而為人稱頌的賢妃，也有為一己私欲而禍國殃民的野心家。

歷史上后妃參與政治的方式可以分為干政和攝政兩種：干政有干預政治，危害皇室之嫌；而攝政卻是一種合理參與政治，維護特殊時期朝政的合法手段，有重要的歷史地位。

宋朝皇室吸取漢唐的歷史教訓，注重「治內」。對后妃的要求是「德、閥」並重，也就是說，后妃的賢德和門第一樣重要。皇室嚴防后妃干政，嚴格限制宮內與宮外的關係。朝廷大臣可以干涉宮人的挑選和后妃的廢立，建立起一套比較嚴密的管理監督制度。

宋朝后妃即使在特殊情況下攝政，也有一個特點，就是重用大臣，而不是外戚。制度上規定，后妃攝政在特定時期是合法的。但是后妃必須謹記恪守：只能重用大臣，而不是自己的娘家人，否則將被從攝政的位置上拉下來。

宋仁宗即位的最初十一年，太后劉氏垂簾聽政，意欲弄權但最終失敗，就是這種嚴密的管理監督制度發揮的作用。

宋朝一共有九位后妃十次臨朝聽政，比如宋仁宗的曹皇后、英宗的高皇后、神宗的向皇后、哲宗的孟皇后等都有過垂簾聽政的經歷，但都沒危及到宋王朝的，所以您擔心的、觀眾們期盼的宮鬥戲，在宋朝一代，還真沒什麼市場。

您呢，身為一名皇室子弟，說無奈也好，說省心也罷，只需要等著長輩給您安排好門當戶對的媳婦，在婚典那天親自出席就成了。到時候，您可以長吁一口：終於，齊家了！

二、皇家婚禮秀的是奢華

為了在您的結婚之前，讓您預先感受一下皇室婚典的氣氛，做好您婚典那天的心理準備，咱們帶您去觀摩一下皇室公主婚典的整個流程。

咱們選擇的考察對象是宋理宗的獨生女兒、掌上明珠周漢國公主。

從她的封號就可以一眼看出，這位公主的地位非同尋常：封了周、漢兩國。宋朝的公主，只有特別受皇帝寵愛的，才會有此待遇。

這位公主嫁給誰了呢？前一任皇帝宋寧宗的皇后、當朝太后的侄孫楊鎮。其實，起初理宗給寶貝女兒選擇的夫婿不是楊鎮，而是狀元周震炎。公主對未來駙馬的顏值要求高，嫌棄周震炎相貌不佳，最終才定為楊鎮。

確定好人選之後，首先要擇定一個適宜結婚的吉日。皇帝派出使者宣召準駙馬晉見，並賞賜玉帶、靴子、塵笏、馬鞍，還有紅羅一百匹、銀器一百對、衣料一百身、聘禮銀子一萬兩。賞賜過後，皇帝還要設宴款待，宴席是比較高檔的九盞規格。席間，皇家樂隊在一旁奏樂助興。宴會結束，準駙馬向岳父皇帝謝恩完畢，乘坐披掛著繪有塗金荔枝花圖案的鞍轡和金絲猴皮毛製成的坐褥的駿馬，手執絲線編織成的鞭子，頭上打著三簷傘。五十人組成的皇家樂隊在前邊奏樂開路。駙馬在眾人的簇擁下回到自己的家。與此同時，公主的陪嫁物品，也由太常寺行文有關部門，進行採買置辦。

在婚禮舉行前一個月，皇帝下令執政的宰相穿著便服，去後殿西廊，察看公主的陪嫁物品，有裝飾著珍珠、九隻五彩錦雞、四隻鳳凰的鳳冠一頂，繡著雉雞的華美衣服一件，珍珠玉佩一副，金革帶一條，有玉龍冠、綬玉環、北珠冠花梳子環、七寶冠花梳子環、珍珠大衣、半袖上衣、珍珠翠領四時衣服、累珠嵌寶金器、塗金器、貼金器、出行時乘坐的貼金轎子等物品，還有錦繡綃金帳幔、擺設、席子坐褥、地毯、屏風等物件。

婚禮當天，參加迎親送親的隊伍，至少有四、五千人，花團錦簇，車水馬龍。駙馬爺著便服，佩玉帶，騎馬到和寧門。在那裡駙馬爺換上官服，到東華門，用大雁（象徵忠貞）、幣帛等作為聘禮，親自到公主的住處迎娶新娘。這時，公主是頭戴九翬四鳳冠，身穿繡長尾山雞、淺紅色袖子的嫁衣，坐上沒有屏障的轎子，在駙馬的引導下，向著駙馬府出發。

新娘轎子的前方是：天文官，按照公主身分所應配備的陪嫁物品與僕人，蠟燭燈籠二十副，相應使臣，頭插釵子的童子八人，方形扇子四把，圓形扇子四把，引障花十盆，提燈二十個，行障，坐障。皇后親自送行，乘坐九龍轎子，皇太子騎馬。公主兩邊是兩重圍子。公主後邊，是宗正寺（專門掌管皇族事務的官署）長官榮王趙與芮（理宗的弟弟，公主的叔叔），榮王夫人以及其他達官貴人的夫人。

迎送新娘的隊伍到了駙馬府，舉行皇帝賞賜的九盞宴會。宴會結束，皇后、太子先回宮。公主回到自己的位置，行新婚夫婦同食之禮。禮畢，公主行侍奉公婆盥洗進膳之禮。拜見公公婆婆的時候，公主要遞上名片一張，衣服一套，手帕一盒，梳妝用的小匣子，澡豆袋（香皂袋），銀器三百對，衣料五百身，其他親戚都有不等的禮物。

婚後第三天，公主、駙馬一同進宮謝恩。皇帝這邊，又是賞賜禮物，又是在內廷安排宴會。外廷和大臣們按照官職的大小高低，依次上表祝賀。執政的宰相、親王、侍從和內職管軍副都指揮使以上的官員人等，都能得到數量不等的金銀錢鈔的獎賞。當然，駙馬家的親戚，也按照親疏的不同，都能得到賞賜的禮物。

您不難想像，拜謝龍恩、山呼「萬歲」的場面，以及朝廷內外那一派燈紅酒綠、喜氣洋洋的景象。

這就是讓人歎為觀止，極少數人才有資格享受的皇室婚典，也許讓人豔羨，但其實更讓人對那個時代有所反思。

2 首選高學歷，爹，給捉個綠衣郎——榜下捉婿

一、中了進士，地位和美人同收

您親身經歷、耳聞目睹的皇室婚姻，可以說盡顯浮華，可是浮華背後大多也有不能與人言的無奈，自己完全不能做主。好一點的結果是結婚以後談戀愛，培養感情。不好的結果是一輩子都產生不了感情，在一潭死水中度過自己的餘生。

您說，我這個具有現代意識的人，是不能接受這種婚姻的，幸福不幸福跟抓鬮一樣。好吧，那咱們再給您換個身分，但咱們也只能承諾，您只是擁有相對多一點的選擇權，您也別奢望跟現代自由戀愛那樣美好。

您現在的身分是一名科舉及第的進士。無論您家庭背景如何，在宋朝，進士不問出處。進士可是宋朝最吃香的擇偶對象，達官顯貴、富紳豪門，都是您的粉絲，會搶

著把自家的女兒嫁給您。

經過州試、省試和殿試，科舉張榜的那一天，您得到場吧？如果您考了進士的第一名，唯一的一件大紅袍就是給您穿的。您如果考中榜眼、探花或者其他名次，您就身著綠袍。那個時刻，只要您的名字出現在榜上，無論名次，都屬於全國考生裡的佼佼者，出類拔萃之輩。十年寒窗終有所得，您一定很興奮。

打量一下周圍，比您興奮的更是大有人在。王安石有句詩是這樣描述當時場景的：「卻憶金明池上路，紅裙爭看綠衣郎。」金明池，就是放榜的地方，綠衣郎就是及第的進士。達官顯貴、富紳豪門，帶著家丁，有的跟著待嫁的女兒，早早地就在那裡圍觀，不時地對著進士們指指點點，議論紛紛。

等唱榜完畢，進士們解散的時候，那場面可就難以控制了。達官富紳們領著家丁衝著剛剛選定的目標一擁而上，先下手為強，簡直就是生搶。如果您再兼有堂堂的相貌，屬於才子帥哥，那一定要保護好自己的身體，別被幾家人拉扯壞了。如同綁架一般，您被簇擁著離開。你還會聽到身後誰家性格潑辣的女孩在大聲呼叫：「爹，爹！捉個綠衣郎啊！」這就是宋朝獨特的婚姻文化之一——榜下捉婿。

您跌跌撞撞地被帶到一座豪宅內，要麼是個大官要麼是個大富豪，會苦口婆心地陳述把自己女兒嫁給您的美好願望。您這時候，還真是占著主動地位，是人家求您！您可以根據自己的心願來選擇娶與不娶，這比您在皇室的婚姻要自由一點吧？

您懷疑，榜下捉婿，還那麼急吼吼的，宋朝人就那麼愛才？有那麼誇張嗎？還真是沒有誇張，宋朝人還真是那麼愛才。當然，愛才背後也是有潛臺詞的——官運亨通，前程無量。說到本質上，這還是門第觀念。要是您僅僅有才，一輩子窮困潦倒沒有功名，人家也不會搶您。

科舉取士，是宋朝選拔官員的主要途徑。在官職升遷速度上，科舉及第的官員是其他途徑入仕之人所不能比擬的。宋朝的高級官員中，科舉出身的占了壓倒性優勢。北宋的正副宰相，百分之九十來自於科舉，南宋的比率更高。正所謂「滿朝朱紫貴，盡是讀書人」。

咱們前面也說了宋朝官員尤其科舉出身的文官，高薪高福利低風險那些事情。這意味著您經過十年寒窗的刻苦攻讀，一旦科舉及第，必定會在物質和精神上獲得巨大的回報。說簡單點就是高學歷就能名利雙收。

在宋朝，讀書人臥薪嘗膽，寒窗苦讀，如果立下誓言「不及第不成家」，沒人會說您是書呆子，甚至會博得讚揚，說您有志向，好男兒何患無妻。連宋真宗都在詩中表達了這層意思：「書中自有千鍾粟」，「書中自有黃金屋」，「書中自有顏如玉」，「書中車馬多如簇」。所以說，您讀書考取功名這條路，在宋朝還真是沒走錯。

宋朝的士大夫官僚，本身就是科舉制度的最大受益者。他們對官僚階層的好處有深切的親身體會，所以，嫁女兒的時候，自然會把目標對準您這個及第進士。第一，他們的女兒能過上好日子。天下沒有哪個父母不這樣想的。第二，您將來做官、升遷，和岳父一家就是一個利益大家庭，能不互相照顧嗎？

宋朝商業的發達昌盛，造就了不少富紳豪門。宋真宗時，宰相王旦說，當時京城家產在百萬貫級別的有很多，十萬貫的更是比比皆是。雖然宋朝商人的地位提高了很多，官府對商人也寬鬆開明，但是他們的地位仍然不能和官員相比。他們嫁女兒的時候，要是能和一位官員結親，不僅他們的財產能得到保護，將來做生意也更有方便之門。

所以他們要搶您啊！榜下捉婿的「捉婿」，又稱「臠婿」，臠就是肉的意思，把您當肉搶了，夠形象吧？

二、香餑餑自然要爭先搶後

高學歷固然在婚姻市場有著巨大的吸引力，可是畢竟屬於稀缺資源，因此對進士的爭搶呈現出空前激烈的局面，甚至到了拋開一切世俗條件比如八字、出身和婚姻狀況的地步。有位及第進士，看著也正是小鮮肉的年紀，搶到他的這家主人那是相當的興奮，把自己的女兒以及家庭條件一一顯擺一番，試圖說服這位年輕進士成為他的女婿。這位進士也真是心大，剛剛被爭搶時，也不見拒絕反抗，此時更是淡定。他鞠躬表示謝意，然後說：「實在對不住，這事兒我一人還做不了主，得回家跟老婆商量商量。」這幽默倒是幽默，可這狗血灑得也太讓主人尷尬了。

還有更狗血的事兒！一位歷經科考終成正果的名叫韓南老的進士，對前來提親的人沒說啥，就寫了一首詩，詩云：「讀盡文書一百擔，老來方得一青衫。媒人卻問余年紀，四十年前三十三。」好嘛，七十三的進士都有人來搶做女婿！

競爭如此激烈，您就是搶手貨，香餑餑。在您金榜題名之時，來自顯貴的洞房花燭之夜也就接踵而至了，人家一點不耽誤。

《宋史》和《清波別志》記載，宋仁宗年間，有個叫馮京的讀書人，在科舉考試中連中三元，州試、省試和殿試全都拿了第一名。未婚，儀表非凡，這是多麼好多麼香的一塊「臠」啊！仁宗皇帝張皇后的伯父張堯佐權勢正盛。放榜那天，張堯佐派家丁把馮京「綁架」回府了。然後張堯佐拿出一根金帶，繫在馮京腰間，說：「這可是皇上的意思，您得做我女婿。」其實他這是假傳聖旨。張堯佐安排了一桌豐盛的酒席，又叫人抬出給女兒的豐厚嫁妝向馮京展示。馮京驕傲到什麼程度？他無動於衷，正眼都沒瞧一下，「力辭」！人家不願意，張堯佐能把人狀元怎麼辦？他只能自己享受尷尬了。這家剛完，另外一家皇親張耆又把馮京搶回家了，把張堯佐那一套又演練一遍，人家馮京「固辭」！也許馮京早就聽聞這兩位想當他岳父的皇親名聲不咋樣，所以才拒絕了他們。後來馮京做了德高望重的宰相富弼的女婿，自己最高職位也官至宰相。

在殿試之前，您自己也不知道是否能成為進士，但您要是真有出眾的才華，人家也會事前預判，說不定在您殿試之前就跟您談好婚事了。這叫榜前擇婿。這可是考驗眼光的一份活兒。宰相李沆就有這樣的眼光。他看中了當時一個叫王曾的考生，提前就讓女兒和他辦了婚事。李沆說：「這小子，就算這次不及第，將來也是做宰相的料！」王曾沒辜負他老人家，剛完婚，就考中了狀元，在當時這可是名副其實的雙喜臨門。

「雲淡風輕近午天，傍花隨柳過前川。時人不識余心樂，將謂偷閒學少年。」您讀過這首詩吧？這首〈春日〉的作者，是宋朝的大學問家和大教育家程顥。程顥在參加科舉考試時，就是被當時的御史中丞彭思永榜前擇為女婿的。前面提到的狀元馮京的岳父富弼，其實也是宰相晏殊榜前擇婿選定的。

榜前擇婿雖然是先下手，但萬一失手，已成婚姻事實的女婿沒考中進士，那可能就追悔莫及了。榜前擇婿的這種風險性，決定了它沒有榜下擇婿那麼普遍。當然也有人想出一個辦法，取兩者之長，既先下手，又暫時沒有婚姻事實，這就是榜前約定，榜後成婚。

有位富豪王生，看中一名叫黃左之的太學生。王生在經濟上給黃左之很大的幫助。王生和黃左之約定：「如果你將來考中了進士，那麼，我就把女兒嫁給你。」約定後的第二年，黃左之就進士及第，依約定迎娶了王生的女兒。

您會想，榜前約定，榜後成婚還真不錯。可您想過沒有，這也存在兩個風險。第一，萬一準女婿總是考不中呢？那女兒豈不是耽誤了？所以，有的人家看希望渺茫，女兒也等不起了，就把女兒嫁給別人了。第二，萬一準女婿考中卻反悔了呢？沒有事實的婚姻，也勉強不得。

山東一個考生王魁和敫桂英就約定好，如果王魁考取功名，就回來迎娶敫桂英。兩人還在海神廟前發誓。王魁說：「如果我變心了，老天爺懲罰我。」結果呢，王魁高中狀元，卻聽從父命，娶了一個崔姓之女。敫桂英知道此情後，悲憤交集，揮刀自刎了。這個故事，讓您對王魁這樣的書生充滿厭惡吧？有才，可是不靠譜啊。

還有兩個相反的故事，會讓您感動一下，相信絕大多數的讀書人，對信守承諾還是看得很重的。

北宋時，劉庭式京城趕考失敗。回到家鄉時，有人就給他介紹了鄉下的一個姑娘做對象，約定了將來的婚事。後來劉庭式進士及第，可惜那個鄉下姑娘因病眼睛瞎了，家道也貧窮了。姑娘家知道條件不好，也就沒再提這個婚約。這個時候劉庭式不缺追求的人。有人就勸他另作他謀，可劉庭式斷然說：「我心裡已經許下這個誓言，怎麼可能違背我的初心呢！」於是和鄉下盲女成婚。後來這位劉庭式，在密州還和蘇軾做過同事。想來蘇軾一定也會喜歡這位人品與才能俱佳的同事吧。

南宋時，黃龜年還沒有考取功名時，十分貧困。當地的縣令看中他的才華，願意等他及第後將女兒許給他。黃龜年榮登紅榜之時，這位縣令已經去世了，家道沒落，家裡的東西都賣得差不多了。不僅周圍的人勸黃龜年，就連他的準岳母也跟他說：「孩子，你還是找個好人家的姑娘做媳婦吧。」黃龜年卻正色道：「我和準岳父早已立好誓約。他現在去世了，我就違背誓言，那我怎麼擔當得起一個『人』字？」於是婚禮如約舉辦。

從這兩個故事，您能讀到哪一個字？「士」字。士，是中國古代對讀書人，對為官的高標準要求。才華學問，只是士的一方面，更重要的一方面是品格氣節。雖說，和榜上有名的士子締結婚姻關係，確實有功利的目的，但誰又能說，這裡面不包含對士子從小耳濡目染的那種品格氣節的尊重和放心呢？文天祥、陸秀夫、辛棄疾……這些我們欽佩的宋朝文人，就是士！

榜下捉婿讓您這樣的登科進士，一舉拿下事業前程和高品質婚姻，但也要您付出一定的代價。您會說，不就是認真讀書嗎，懸梁刺股那種精神我有！可不止這些，您要付出的代價可能是您及第的時候，已經是大齡男青年了。根據史料記載，宋朝進士及第的平均年齡是三十六歲左右，基本上比法定結婚年齡大了二十歲。所以，不僅要刻苦攻讀，您哪，還應耐得住寂寞。

不僅是您，有些女子和家人，還挺固執，非進士不嫁。進士畢竟是少數，宋朝每三年舉行一次科舉，每屆進士及第的也就幾百人。僧多粥少，結果就出現了一批耐心等待的大齡剩女。更有甚者，一輩子不降低條件，終身未嫁，比如程顥的女兒。所以當時的人也覺得這是個社會問題啊，「豈有處子終不嫁人乎」？

榜下捉婿，真是幾家歡樂幾家愁啊！

③ 媒人是單身狗的終結者——民間婚俗

皇室、達官顯貴、富紳豪門家的婚姻，靠的是地位、資本，顯然他們占據著婚姻市場的主動權。可是您也會明顯感受到，怎麼他們的婚姻跟感情都沒有最直接的關係呢？擺在首位的都是利益，那還不如做一個普通百姓呢！我看中隔壁青梅竹馬的小倩，就跟她過一輩子知冷知熱、有共同語言的小日子。就算不富不貴，這不也挺幸福嗎？

其實您這樣想，是對的。人就這一輩子，幸福與否全在內心感覺，知足常樂。但無論您是什麼身分，在封建時代，結婚都不是一件簡單的事情，光那些禮俗就會讓您覺得頭大頭疼。等您了解了宋朝民間的婚俗，您會覺得還是現代的結婚流程來得簡潔高效。

自打先秦以後，婚姻禮俗都要遵循「六禮」：

1.納采：合媒。2.問名：協商婚事。3.納吉：訂婚。4.納徵：過大禮。5.請期：

定婚期。6.迎親。

到了宋朝，經濟昌盛，中下層的市民活躍了，婚姻禮俗發生了較大變化。南宋的時候，這種變化尤其突出。士大夫們覺得這是破壞祖宗的禮法，於是報請皇帝說：「這要整頓啊，規範啊，否則不成體統啊云云。」於是官府出面頒布了新的婚儀規定。到了朱熹那個年代，他又說：「六禮太複雜，應該簡化成納采、納徵、迎親三禮。」規定在變，上層社會的婚禮可能嚴格按著官禮進行，民間一個百姓之家結婚，難道官府還派人來視察監督嗎？所以，各個階層實際操作的婚姻禮俗都不盡相同，但無論怎麼變，傳統婚姻那些最基本的程序還是得到保留。

婚俗第一步：說媒

您相中隔壁青梅竹馬的小倩，這姑娘看著也對您有那麼一層意思，這事兒靠譜啊！您這麼想。司馬光在《書儀》裡說，宋朝男子到了十六歲，女子到了十四歲，即可談婚論嫁。這也就是宋朝的法定結婚年齡。

您琢磨著自己和小倩的年齡都符合法定婚齡。有一天您一衝動，提著禮物就直奔小倩家，跟她父母說：「張六丈，小的想娶您家小娘子小倩為妻。請相信我，我會一輩子對她好的。」您精神可嘉，可您猜得到的結果會是什麼？人家拿起掃帚就把您打出來了。

為什麼呀？因為沒請媒人！古時候的人行嫁娶之事，講究的是明媒正娶。不請媒人是對人家最大的不尊重！而且還不能是您本人去請媒人，得徵得您的父母同意，由他們親自出面請媒人。這才算是基本的禮節。這就是所謂「父母之命，媒妁之言」。

婚姻的序幕就是媒人拉開的。古代的媒人，跟今天的紅娘一樣，一般都是女性，俗稱「媒婆」。因為是女性，所以出入男女雙方家庭都比較方便。男方家庭自不必說，媒人可以進到女孩子的閨房，和女孩子聊聊天，套套口風，蒐集一些情報信息。

宋朝的媒人，是分等級的，從穿著上就能區分出來。上等的，是替名門望族撮合婚事的官媒。她們一般戴著紫色的頭蓋，穿著紅色的褙子，衣著華麗。中等的，頭戴冠子，黃包髻，穿褙子，手裡拿把清涼傘，衣著齊整乾淨。下等的，就沒那麼多講究了，就是一個普普通通的婦人。

無論哪個等級的媒人，都必須有這樣的共同素養：善於察言觀色，思維敏捷，口才出眾。您可能意識到，這不是推銷員嗎？還真說對了。她們來往於男女雙方之間，對男女雙方的家庭狀況、長相、品格、習性、特長都得了解，然後伶牙俐齒地向男方推銷女方，向女方推銷男方，促成一樁婚事，就完成一項業績。所以您說得對，從某種程度來說，媒人，就是推銷員。

您的父母，為您請了媒人到隔壁小倩家裡提親。都是看著您長大的，您未來的岳父母也就順水推舟同意了，但接下來的程序，還得一樣不落地一件一件來。小倩的父母，會擬一個草帖子，做一些基本情況的說明，內容包括小倩的出生年月日時，祖上三代的名諱，嫁妝會有多少等。媒人會帶著這份草帖子又來到您家裡。

接下來，您得為您的願望在心裡祈禱了。古人講到婚事，八字合不合是個關鍵因素，幾乎是一票否決制。在我們現代人看來這是迷信，但是因為時代的局限，這是當時的人們擇婚流程裡很看重的一項。

小倩的生辰八字就在草帖子上，您父母把你們倆的八字放一起，要麼到廟裡、觀裡求籤，要麼請算命先生測算。總之您和小倩的未來，就在那根籤上，或者算命先生的嘴裡。

好險哪！您和小倩的生辰八字，還真通過了考驗，您沒有白祈禱啊！媒人一看也樂了，這第一關過了呀。媒人現在會把您的草帖子送到小倩家，並且把您家的聘禮和小倩家的嫁妝正式提上議事日程。這個過程，媒人是很辛苦的，要來回跑腿，反覆傳遞消息，多次磋商，直到您家和小倩家達成一致共識。很多貌似般配的婚姻，就是因為在聘禮和嫁妝問題上沒有溝通好而告吹。所以在這個方面，尤其考驗媒人的水準。

「媒者，謀也；妁者，酌也」，說的就是媒人的信息溝通功能。因為您家裡和小倩家，是不能直接對婚事進行交流的，否則會被人笑話，也容易引起矛盾。媒人在當中，既是傳聲筒，也是緩衝帶，更是調和劑。

婚俗第二步：訂婚

您家和小倩家達成初步協定後，便要交換細帖，又叫定帖，這等於簽訂了訂婚意向書。

交換細帖的形式也是有規矩的。在宋朝，您家裡要派人挑著「許口酒」送到小倩家，配上插著八朵大紅花、用彩色網子裝飾的酒瓶。擔子裡通常還得有羅絹若干或者八枚銀勝（銀箔製成的頭飾）。擔子上也得插上紅花，謂之「繳擔紅」。

小倩家會在您送來的酒瓶裡裝上水，放進三、五條活魚，再插上一雙筷子，回送給您家，這叫「回魚箸」。

在宋朝之前，男女雙方家庭如果本來不相識，雙方彼此的了解全憑媒人一張嘴，甚至連媳婦長什麼樣都只有到洞房花燭夜的時候才揭曉。到了北宋，城市中開始流行相親活動了。細帖是交換了，但是正式訂婚之前，為了使得這樁婚事更加牢靠，一般媒人要陪著男方父母到女方家去相親，就是對未來兒媳婦過過眼。但是，婚姻當事人的男女雙方並不見面。如果您恰巧在南宋，您倒是可以親自出馬，再去相一相小倩，反正自打您家提親以後，您和小倩也被限制見面了，正好去瞅一瞅，解一解相思之情。通常這種相親安排在園圃、畫舫或者酒樓茶肆。根據女方意願，您可能只能在一個角落裡偷偷地看一看您的小倩，也可能直接和小倩見面，甚至互相敬酒。您需要吃四杯，小倩吃二杯，以顯示男強女弱的封建觀念。相親的過程，男方，也就是您占據絕對的主動地位。如果您對小倩滿意，就把您的釵子插在冠髻中，名曰「插釵」。假設您對小倩不滿意，那您得送給小倩彩緞二匹，表達您的歉意，謂之「壓驚」。

相親過程雙方都滿意，接著您家就要下聘禮正式訂婚了。如果您家境殷實，當時流行的送「三金」是少不了的。所謂「三金」，就是金釧、金鐲、金帔墜。另外，高級衣裙、珠寶首飾、彩色匹帛，以及花茶果品、糕點，羊，酒，您家只要置辦得起盡量去辦。因為按當時的風氣，這是男女雙方都挺有面子的事情。假設您家並不那麼富裕，那基本的首飾、衣帛還是要送的，這叫「兜囊」。《夢粱錄》裡記錄，即使是下等人家的聘禮，絹一、二匹，官會銀錠一、二封也是必須的。

訂婚，雖然沒有去官府登記註冊，領取證明，但是在宋朝仍然受到法律保護。假設您訂婚以後悔婚了，那要把您拿到官府衙門，打您六十大板。假設小倩家父母悔婚了，把小倩許給其他人家，一樣拿到官府，打一百大板。

婚俗第三步：迎親

您和小倩的大喜之日，是在訂婚過程中就選擇吉日定下來的。在吉日的前一天，小倩家會派人到您家去「鋪房」，掛上帳幔，把陪嫁的嫁妝都擺出來。並且有專人看守新房，不准別人進入。這種風俗宋朝以前是沒有的。這主要是顯示新娘娘家的經濟實力和重視程度。這個可以理解，宋朝畢竟是最富有的朝代，當生活富裕了之後，禮儀上的講究和張揚就會多些。

迎親是婚禮的高潮。宋朝城市裡的普通居民雖然沒有皇室、達官顯貴家的婚禮那麼豪華，但是都會盡可能製造喜慶的氣氛。甚至可以說，民間的婚禮更加活潑接地氣。

迎親的當天，您家的迎親隊伍，拿著或者抬著花瓶花燭、香球羅紗、洗簌梳妝用具和各種箱匣，朝新娘家進發。您家裡一定預備了把新娘抬回來的花轎，因為這在宋朝很流行。您要知道，在宋朝之前，都是用車子迎親的，但是宋朝的城市居民很會玩，花轎抬起來悠悠蕩蕩，還可以捉弄嚇唬一下新娘子，豈不熱鬧？您家要是沒抬著花轎去迎親，街坊鄰居會覺得您家跟不上潮流，不趕趟。

迎親的隊伍裡，樂隊也是件新潮的事物，一路吹吹打打，歡快的曲子傳得老遠。咱們說過宋朝是個開明的朝代。迎親奏樂在宋朝之前，是被視為破壞禮法而禁止的。即使到了宋朝前期，皇室的婚禮也是不允許奏樂的。但宋朝的百姓在那個開明時代，就用了這種形式讓民間婚禮更加熱鬧了。宋哲宗結婚的時候，宰相說：「不能用樂隊，不能在高層婚禮中壞了禮法。」結果太后不高興了：「尋常百姓家娶個媳婦都能搞個樂隊伴奏，怎麼咱們就不能用？你們可真夠迂腐的！」自此，皇室婚禮用樂隊也就有了開端。

總之，在物質上、氣勢上把迎親弄得夠氣派，是宋朝城市裡的尋常之事。雖然有虛榮和炫富的成分，可是如果宋朝的天下窮得叮噹響，普通人家連解決溫飽都成問題，就是想辦熱鬧的婚事也只能是妄想。從另外一個角度講，這也印證了宋朝經濟的繁榮。

一般來講，新郎迎親來到新娘家，會受到女方親友的捉弄，甚至拿著竹棍追打。場面狼狽而好笑，人們圖的就是這個樂子。到了宋朝，新郎受到的捉弄就文雅多了，會被「索詩」。女方親友會攔著您，現場命題作詩，考驗一下您的才華。但是有的新郎沒多少文化怎麼辦呢？他乾脆不參加迎親，由媒人帶著迎親隊伍前去接新娘子。這在宋朝也是允許和常見的。當然您作為一個文化人，還是應該親自去迎接您的小倩姑娘。

您親率迎親隊伍來到小倩家，小倩的家人早做好準備，端出酒來款待，並拋撒花紅、銀碟和利市，實際就是發紅包的意思。這時候，您家請的樂隊起勁地奏樂，催促新娘上轎，名曰「催妝」。新娘終於上轎了，抬轎子的哥們又開起了玩笑，就是不起轎，一起念叨一些詩詞民謠。小倩的家人明白這個意思，這是討紅包啊！發了紅包，抬轎的哥們喜笑顏開地起轎出發。

抬著小倩的轎子到了您家門口，大家又攔著新娘不讓下轎。於是您家又來一番紅包，新娘才下得轎來。喜慶之日，「敲詐」紅包的，和被「敲詐」的都是樂不可支。

有的人家，還要在門前拋撒五穀、銅錢和彩果，引得看熱鬧的孩子們嘰嘰喳喳哄搶，迎親的氣氛更添一份熱鬧。據說，這還有一層含意，就是驅邪，保佑新娘子平安順利地進入您家大門。

婚俗第四步：成婚

您的新娘小倩入門後，要完成一連串的活計：進了前門，要「跨馬鞍」；進了中門，要「坐虛帳」；進入洞房，要「坐床富貴」，總的寓意，就是為未來的生活討個吉利。

洞房的門楣上，掛著一段彩帛，下面被剪破。當您走進洞房的時候，鬧婚的人就爭著扯碎彩帛，又討要紅包，這叫「利市繳門」。您進了洞房以後，和新娘並肩坐在床上，等待接下來的拜堂。

您手執木笏，兩匹結成同心結的紅綠彩絹一頭掛在您手上的木笏上，一頭牽在新娘手裡。您倒退著把新娘牽到堂前。您家裡的一位女性親屬，會用秤桿或者機杼挑開新娘的頭蓋。您和小倩要先參拜您家的祖先牌位，然後再參拜您的父母長輩。之後，新娘倒行牽著您回到洞房。

您和新娘回到洞房，又要完成一番重要的程序：

一、夫妻對拜，然後坐於床上。

二、禮官撒帳，把金銀線、彩錢、雜果撒在床上，祈願富有的生活。

三、用彩絲連接的兩只酒杯喝交杯酒。喝完後，兩只酒杯一仰一覆放在床下，寓意大吉大利。

四、禮官各取您和小倩的一束頭髮，結在一起，名曰「合髻」，象徵生死相隨、白頭偕老。所謂結髮夫妻的說法就是這麼來的。

五、您摘下新娘頭上的花，新娘解開您衣服上的綠拋紐，然後掩上帳子，新人換裝。

六、禮官領著您和新娘來到中堂，參謝各位親友，接受他們的祝賀。而後舉行酒宴，男女雙方的親友互相敬酒，行「新親之好」禮。

您以為整個婚禮就這麼結束了？還沒有。在成婚後的第三、七、九天的某天，新娘要回門，您要帶著禮物參拜您的岳父母，岳父母也會準備一匹布作為回禮。岳父母準備了酒席招待您這位新女婿。吃完喝完，岳父母請的樂隊奏樂把您和新娘送回家中。

到了您和小倩結婚一個月後，岳父母會帶著禮物而來，您家裡置辦酒席，再次招待感謝親朋好友，這叫「賀滿月會親」。至此，您和小倩的整個婚禮才算圓滿

④

都是千年的狐狸，玩什麼聊齋——妻妾關係

一、地位迴異都是源於男權思想

親身體驗了一樁婚事的整個流程，您會感慨：在宋朝結個婚挺不容易，繁文縟節暫且不說，光結婚的費用也是一筆不菲的開支。幸運的是，我在對的時間，娶了一個對的人，我就和小倩一輩子相互扶持，好好過日子，白頭偕老，人生就滿足了。可有人不滿足啊，這樣的人還大有人在。在封建夫權社會，一個有地位有資產的男人，擁有多個配偶，這種現象非常常見。在那個時代，這是一個「成功」男人的面子，同時也受到法律的保護和風俗的肯定。宋朝也不例外，達官顯貴、富紳豪門的男人們，幾乎家家有好幾個配偶。

咱們現在說封建時代的婚姻是一夫多妻制，其實還不夠精確，應當說一夫一妻多

妾制。因為這樣表達，才能將一個封建家庭的地位等級涵蓋在內。

什麼是妻？父母之命、媒妁之言、明媒正娶的叫妻。妾，一般來說都是買來的，俗稱納妾。男人的配偶中，還有一種叫婢，要麼是買來的，要麼是雇傭來的，丫鬟使女指的就是她們。

妻、妾、婢在一個家庭中的地位是不同的。

同一個家庭裡，在同一時段，只有一個妻。如果沒什麼死亡、離婚的意外事件，妻是終身制。妻的地位是受法律保護的。夫權時代，男人在家庭中處於主導地位，是家裡的主人。妻以為這個男人服務、打理好家事為自己的使命。同時，妻也是家裡的主人，名曰「主母」，沒有意外這個主人的地位不能變更。

妾和婢相比，地位要高些，通常是上層社會的男子，結婚後看中的年輕貌美、善解人意的女性。婢，其實就是傭人兼任男性的配偶。相對於妻的主人地位，妾和婢處於「奴」的地位。本質上，妾、婢屬於同一個階層，婢就是地位最低的妾。所以咱們說妻妾關係的時候，會把妾婢放在一起說。

妾婢屬於男人的私有資產，可以買賣轉讓。您看很多戲劇影視，妾婢往往出自貧寒人家，實際情況也確實如此。您想，家境好的女孩，哪個父母會願意把自己的女兒許給人當妾婢啊？

您站在時間軸上現代這個點，想像古代婦女的地位和命運，會有籠統的印象，就是覺得她們處於完全不平等的地位，但具體到什麼程度，您可能並不清楚。那咱們來看看宋朝關於家庭的一些法律條款，您的認識就具體起來了。

按照宋朝的法律規定，丈夫甭管什麼理由把妻打傷了，比打傷常人罪減二等；丈夫打傷妾，比打傷妻罪減二等；丈夫打傷婢，無罪。

無罪？您無語了吧？還有讓您更無語的：作為家裡的主人之一，妻子打傷妾婢，仿照丈夫打傷妻一樣減罪。根據規定，妻行使主人權力，對妾婢進行管教，連丈夫都不能干預。

按著這些法律條文，只要沒有出人命，「家暴」不算個大事兒。宋朝就是這麼規定的。其實放眼整個封建時代，這也是一以貫之的。

宋朝法律還規定，婢在一定條件下可升格為妾，妾在任何情況下不能升格為妻。您想想，這說明什麼本質問題？說明「主」和「奴」的地位是不能顛倒轉換的。假設您把妻休了，立個妾婢為妻，您等著吧，官府的大牢就是您為期一、二年的暫住地。

那咱們總結一下，在宋朝的一個家庭裡，夫和妻是家庭的主人，丈夫對妻擁有絕對的支配權力，而妻對妾婢擁有絕對的支配權力。這一總結，在一個家庭中，妻和妾婢關係的主旋律就出來了：壓迫、競爭！

二、鬥爭是妻妾關係主旋律

假設您是一位妻妾婢俱全的所謂「成功人士」，別人當著您的面誇讚您：「哎呀，您真是坐享齊人之福啊！」您可別得意洋洋，這背後家庭裡如火如荼的鬥爭絕不會讓您省心，甚至您自己都把控不住。

南宋有一位宰相周必大，他的身分在那個時代自然會納妾的。有一天，周宰相的妻把他的愛妾用繩索拴在庭院曝曬於烈日之下。宰相大人嚴格遵守法律規定，沒去干預。愛妾跟他說要渴死了，於是宰相大人端了一碗水給愛妾喝。結果宰相大人受到妻的一頓高調奚落和嘲笑，他還只能賠著笑臉插科打諢。

妻和妾婢之間那種爭鬥，連處理國家大事都遊刃有餘的宰相都沒辦法擺平，所以說清官難斷家務事呢！齊人之福並沒有想像中那麼快活輕鬆。

您可能會說，有妻妾婢的家庭，各方面條件應當都不錯，怎麼這些女人之間不能和平共處呢？如此大家心情愉快，家庭和睦多好！

咱們得說，您這是理想主義，只要有妻妾婢的存在，她們之間的宅鬥就是從人的本性來說，妻和妾婢之間的爭鬥反映在對丈夫的情感爭奪。一個男人納妾婢，說明在感情上他對妻不再專注，妻失寵了。封建時代，一個女性一旦成為男人的配偶，她的活動範圍基本就是在家裡了，以男人為中心度過餘生。對於女性而言，爭奪丈夫對自己的關注，就是爭奪丈夫對自己的感情，爭奪家庭中的地位。妾婢具有年輕貌美的優勢，在這場爭奪中往往容易抓住丈夫的心，因此，自然會引發妻和妾婢之間的矛盾衝突。根據法律和傳統，妻在家庭中處於強勢地位，所以在爭鬥中，尤其是男主人企圖對妾婢進行保護時，妻更容易藉著地位對妾婢進行打壓和虐待。

當然，從男性角度看，妻和妾婢之間的衝突是她們的嫉妒心在作怪，因此，許多士大夫還著書立說，要求配偶具有不嫉妒的美德。司馬光就說：「婦人之美，無如不妒。」其實，男主人們把妻和妾婢之間的矛盾簡單地歸結於嫉妒心，也許就是自己逃避責任，因為正是他們為自己的私欲納妾婢，更複雜的鬥爭何止在嫉妒心層面，

從人的社會屬性來講，妻和妾婢之間的爭鬥反映在家庭財產的分割。通常情況下，

妾婢都是受寵的一方。她們很容易懷孕生子，勢必將影響家庭財產分割和子女對財產的繼承。關於子女繼承問題，宋朝法律規定，丈夫死了以後，守節的妻和妾婢如果沒有子女，那她們有同等的財產繼承權。如果家庭中有子女，無論是妻所生，還是妾婢所生，在父親死後，都有財產繼承權。圍繞財產繼承問題，妻和妾婢之間的矛盾衝突當然在所難免。在這場爭鬥中，儘管丈夫在情感上可能偏向於妾婢，但鑑於妻子在家庭中所具有的支配權力，往往以妻子的勝利而告終。

宋朝的史料中，有很多妻為保全財產而虐殺妾婢及其孩子的事例。鹽官馬中行的妻非常剽悍善妒。家中一婢女產子後才斷奶，這位悍妻就把這個孩子沉塘淹死。悍妻還不解恨，又用雜糠穀熬成粥，逼迫婢女趁熱喝下，結果婢女犯病而死。

您現在知道，齊人之福往往也是家庭禍根了吧？妻作為主母，壓制、虐待妾婢是家庭衝突中最普遍的現象。您可能很同情妾婢的悲慘命運而這樣問：「那妾婢就一定得這樣忍氣吞聲、甘受虐待甚至丟掉性命而不反抗嗎？」當然會有一些反抗，但這些反抗多數時候顯得比較微弱，也不是普遍現象。

妾婢對主母的反抗，有很多無奈地體現在精神勝利法層面。宋朝流傳下來的女鬼故事中，結局多為被虐殺的妾婢鬼魂找主母復仇成功。咱們更傾向於認為這是妾婢群體面對主母的虐待進行的一種變相反抗形式。因為鬼怪世界往往是現實生活的一種投射，對現實的無力感使得她們對侵害自己的主母用一種近乎於幻想的方式進行報復，並且希望借助通過這種「善惡有報」的觀念來影響、約束主母對於妾婢的虐殺行為。

咱們從宋朝筆記小說的女鬼故事中給您摘選兩個，您感受到的不會是恐怖，而是悲哀和嘆息！

《稽神錄》裡，有位名叫魯思鄖的官員納妾。不久之後妾為他生了一個兒子。魯思鄖的妻內心憤恨不已，趁丈夫外出時，把妾和她兒子推到井裡，然後用石頭填上。冤死的妾的鬼魂回來報復，沒想到魯妻死了並且托生成魯思鄖的女兒。然而，妾的鬼魂仍不肯甘休。魯思鄖的女兒出嫁後，妾的鬼魂報復得更加厲害。最後，魯女不堪精神折磨，被嚇死了。

《青鎖高議前集》裡，譚洲李正臣是位游商。他的妻子生病，肚子裡有一個巨大的腫塊，還經常在肚子裡動彈。李正臣請了很多醫生來看也無法醫治。不得已，他只好帶著妻去看仙姑。仙姑說：「你的妻，曾經殺了你懷孕的婢女。她肚子裡的腫塊正是那個婢女的冤魂來報復的。冤有頭債有主，這沒得救。」果然，李妻肚子裡的腫塊越來越大。結果，李妻痛苦不已，最後肚子爆裂而死。李正臣仔細一瞧，妻肚子裡的確是個女子，身體上被虐打的痕跡還清清楚楚。

除了這種可視為精神、輿論反抗的女鬼復仇故事外，妾婢在現實生活中確實也有反抗。

不用提醒您也知道，妾婢反抗主母的行為，在法在禮都得不到支持。因為地位的懸殊在那裡擺著。所以，妾婢想要反抗主母談何容易。正所謂：宅鬥不是你想鬥就能鬥。妾婢第一需要豁出性命的勇氣。因為萬一宅鬥失敗，她自己就完了。第二需要一定的藝術手腕。

妾婢對主母的反抗方式多依仗於男主人的寵愛。史料記載，有位小妾，為男主人生下一個兒子。這個兒子深受男主人寵愛。男主人的妻死了以後，又續娶一位姓高的女子為妻，當然衝突矛盾是少不了了。這位小妾就利用自己和兒子受寵的優勢，唆使兒子陷害身為主母的高氏，最終使得高氏「竟罹決絕」。

宅鬥鬥起來確實夠狠吧？還有一些妾婢，由於無法忍受主母的虐待或是擔心家產的繼承問題，便採取更為極端的方式，在主人不知情的情況下，殺害主母。不過，像這樣妾婢反抗妻子的事例很少。比如前面說到的宰相周必大的事例，即使深愛小妾，但在妻子的地盤——家庭之中，也無法對其加以袒護。換言之，大部分妾婢即使受寵於男主人，但在家中仍然得聽從主母的支配，也必須忍受主母的種種虐待。因此，為避免妻和妾婢之間起衝突搞宅鬥，男主人納妾婢之後，有的乾脆在外面租買房子安置妾婢，減少妻和妾婢的見面機會，從而降低雙方發生衝突的概率，這也可以算作妾婢的一種勝利吧。

妻和妾婢的關係講到這裡，如果您有納妾婢的想法，估計現在頭都大了，這家庭矛盾衝突是您能解決的嗎？妻、妾婢的鬥爭看著可真像千年的狐狸在玩聊齋呢！可能您也想問，那真的就沒有妻和妾婢相處融洽的例子嗎？

咱們也不隱瞞，當然有，但這種事情概率很小，是件稀罕事兒。

史料記載，有位姓趙的男人，路遇一無家可歸的女子，將其帶回家中做妾，丈夫與妻、妾同床共枕，相安無事。

有位叫史浚的，結婚以來一直沒生孩子。他家老爺子想抱孫子，他的妻就主動叫他納妾生子。史浚大為感動，說：「設心如此，何患不昌？」你有這麼善良寬容的心，咱們家怎麼可能不昌盛呢？人們把史家的昌盛歸功於史浚之妻的寬容大度。從史浚本人的角度看，一個良好的妻和妾婢關係無疑是家族興旺的前提。

從史料看，妻和妾婢關係和睦的情形非常稀少，一般情況下總是充滿各種矛盾。

其中，妻對妾婢的日常責罵，甚至一些不傷筋骨的責打總是難以避免的。但虐殺妾婢的情況也不多，因為這畢竟是刑事案件，總歸是會帶來無盡麻煩的。

⑤ 餓死事小，失節事大？這得是多大的誤解——再婚

一、程朱理學並非主流

咱們掰扯妻妾婢關係的過程中，您會有這麼一種感覺：封建時代，即使是妻這種擁有主人地位的女性，也是男人的附屬品，更別說妾婢了。然後您又會聯想到「餓死事小，失節事大」「從一而終」「嫁雞隨雞嫁狗隨狗」等說辭。特別是這一條，您覺得封建時代的女性一旦結婚，萬一嫁給一個無賴，或者嫁的人死了，整個人生就完了。這也太不人道了。

咱們只能說，您說對了一半。在封建夫權時代，女性是男人的附屬品這沒錯。但女性一旦結婚，就沒有第二次婚姻的可能，這不是歷史事實。尤其在宋朝，女性改嫁在法禮上都是被允許和受保護的，甚至得到提倡。

「餓死事小，失節事大」「從一而終」「嫁雞隨雞嫁狗隨狗」這些說辭，是程朱理學提倡的。程朱理學派的人物，都是維護夫權的強硬分子。「餓死事小，失節事大」來自於北宋理學家、教育家程頤一次和別人的談話。程頤的哥哥，您在前面已經認識過，就是被宰相榜前擇婿的程顥。這兄弟倆史稱「二程」，是理學的創始人。到了南宋，朱熹把「二程」的理論重新翻找出來，作為勸人守節的工具。簡要地總結一下「餓死事小，失節事大」就是：您要是個女人，被丈夫休了，或者丈夫死了，哪怕您窮得衣食無著，也不能改嫁。改嫁就是失節，您的名聲人品算到頭了，還不如餓死呢！

您會反問，理學形成於宋朝，可宋朝女性改嫁被寬容地對待，這不是矛盾嗎？

不矛盾，您只是在時間節點上產生誤解了。其實自打先秦，女性改嫁就是傳統。唐朝也有人提倡女性守節，可是影響力微乎其微。唐朝皇家的公主就有二十六位改嫁的，其中還有改嫁三次的。後周太祖郭威，娶的四位后妃，都是嫁過人的。最講究禮法的皇室都能接受，民間女性的改嫁更不奇怪。

到了宋朝，程頤的「餓死事小，失節事大」，是在非正式場合偶然提出的。他自己並沒有反覆地大肆宣揚。朱熹呢，他自己一直是個地方官，沒有在中央擔任過職務，政治地位在那兒擺著，他提倡的也沒有被政府承認和重視。還有更重要的一點，「程朱」的思想在宋朝的地位和影響力其實沒多大。您想啊，宋朝的文人士大夫，那不是一個兩個，是井噴，哪個人沒有自己的獨立見解？憑什麼就你們「程朱」說的就對？

比如你理學歧視女性，三從四德就圓滿了，可人家司馬光就說，女子可以讀書。在宋朝，司馬光的影響比你「程朱」大吧？

比如你理學反對改嫁，人家范仲淹的母親就是改嫁的。他兒子純祐早死，兒媳守寡。後來他的學生王陶喪妻，於是老師把自己的兒媳婦改嫁給學生了。范老爺子還立下家規，以後凡是家族中的女子改嫁，一律資助二十貫到三十貫。在宋朝，范仲淹這種地位的人，提倡支持女性改嫁，那社會影響力是當時的理學能匹敵的嗎？

其實就是程頤自己，也沒有做到遵守自己所說的。他的外甥女喪夫之後，他怕姊姊過度悲傷，就把外甥女接到家中，然後再讓她嫁給他人。

那為什麼程朱理學對婦女的束縛和壓迫在歷史上有那麼大影響呢？其實那是宋朝之後的事情。元明兩代，尤其是明代，一幫傢伙把程朱理學拿出來一看，嘿，這個好啊，至理名言啊！於是大肆宣揚，發揚光大，程朱理學於是成為金科玉律了。

咱們把歷史線索這麼一捋順，您現在明白了，程朱理學在宋朝，就是個發源，一支細流，當時沒起多大作用，占不了主導地位。咱們還告訴您，宋朝女性的地位，在中國古代歷史上相對來說那是高的。比如法律規定，未出嫁的女子和男子一樣享有繼承權；兄弟姊妹之間打架，兄弟把姊妹打傷了，輕則打板子，重則坐牢甚至流放；阻止女子改嫁也是被法律認為有罪的。

二、離婚與再嫁有法律保護

談到改嫁，只能是離婚和喪夫之後的事兒。喪夫不用解釋了，在宋朝，離婚分為三種形式：七出、義絕、和離。

七出就是咱們經常聽說的休妻。妻子如果有這七種情況發生，丈夫有權力休妻：

1.無子：妻子到了五十歲，而沒有生出兒子，可以休妻。

2.淫泆：有婚外情，淫亂。

3.不事舅姑：不孝順公公婆婆。

4.口舌：說閒話，搬弄是非。

5.盜竊：偷盜別家財物，或者拿不屬於自己嫁妝的夫家財物借給或者送給別人。

6.嫉妒：不能和睦處理妻妾婢關係，擾亂家庭。

7.惡疾：患殘疾。

以上七條，是丈夫可以休妻的理由。另外，宋朝法律也規定了三種情況丈夫不得休妻：

1.經持舅姑之喪不去。妻子在公婆去世後服過喪的，不得休妻。

2.娶時賤後貴不去。妻子在丈夫貧窮時嫁給他，丈夫富貴發達後不得休妻。

3.有所受無所歸不去。如果妻子被休之後，沒有生活來源，娘家也無人可依，不得休妻。

您看，這三條在一定程度上保護了女性的權益，也阻止了類似「陳世美」之流的惡行。

宋朝夫妻離婚的第二種方式是義絕，法律規定也比較詳細。簡單來說，如果夫妻毆殺對方長輩和親人，夫妻雙方的長輩和親人之間互相殺害，妻子和丈夫近親通姦，妻子想要謀害丈夫等，這幾種情況發生，官府會強制判決夫妻離婚。

夫妻離婚的第三種方式是和離。從字面您也能猜出來，就是和平分手。大家在一起總是驢唇不對馬嘴，沒有共同語言，只要雙方自願，可以離婚。還有一種情況，就是丈夫等，做得實在不咋樣，比如三年不歸家，逼妻子為娼，犯罪流放外地的，妻子可以提出離婚。

封建時代，允許離婚和禁止離婚比較，是一大進步。宋朝的三種離婚方式，總的來說，對男性有利的條款居多，但咱們也看到了女性的權利在法律上有所體現。

女性在離婚或者喪夫之後，根據自己的意願可以另嫁他人，這是受宋朝法律明文保護的，任何人不得阻撓。

包括皇帝在內的宋朝人，把女性再婚看得很自然，很淡定。太祖趙匡胤時，孟昶帶著妻子花蕊夫人來到京城。他死了以後，趙匡胤就把花蕊夫人納為嬪妃，並且極為寵愛。宋哲宗的生母、宋神宗的朱皇后，她的生父姓崔，母親改嫁姓朱的人家，她本人則由養父養育。哲宗皇帝繼位後，就給母親的生父、繼父、養父一起贈與官職。

宋孝宗年間有一位女性，先嫁給單氏，生了一個兒子，後改嫁耿氏，又生了一個兒子。後來，兩個兒子都做了大官。母親死後，兩個兒子因爭著葬母而相持不下，最終由孝宗出面為二人葬母。

您想想看，社會風向都是跟著上層轉的，上層社會尚且沒有把女性再婚看得大逆不道，理所不容，那平民社會的女性再婚肯定就更為平常了。史料記載了一位叫阿區的女子三易其夫之事：阿區的第一任丈夫叫李孝標。李孝標死了以後，阿區改嫁李從龍。不幸的是，李從龍又死了，阿區後來要再次改嫁梁肅。這下，第一任丈夫的弟弟李孝德不幹了，說：「你不能再改嫁了。」並且把此事告上公堂。當時處理此案的官員說：「阿區現在的丈夫死了，至於她再嫁與否，都是她個人的事情，官府不能干預。」

平民之中，甚至還有這種情況，給死去的丈夫服喪還沒到期限，就急著改嫁的。一位女子叫張宗淑，嫁給了襄陽城裡一個叫董二十八的秀才。秀才死了以後，她隨母親到了南陽，生了病。古時候人的科學常識有限，生了病並不一定會請醫生，有時候會請巫師巫婆弄些神神叨叨的東西來祛病。結果請來的巫師以董秀才的口吻警告張宗淑：「你不可再嫁。如果再嫁，我就殺了你！」估計張宗淑也是位性格強悍的女子，她大聲斥責：「我平生為你所累。如今你死了，還來纏著我，簡直不可理喻！就算我再嫁他人，與你何干？你死都死了，就別作孽了！」也許是被所謂丈夫的話刺激了，張宗淑後來隨著哥哥到揚州，服喪期限沒滿就改嫁了。您說這倒楣巫師可氣不可氣，不僅沒能阻止人家再嫁，還把人家陰陽相隔夫妻那點情分弄沒了。估計這位巫師是程朱理學的鐵桿粉絲。

宋朝的法律還規定，女子喪夫，如果她立志守寡，她的祖父母和父母有權力強令她改嫁。您可能還想像不到，如果不令寡婦改嫁，反而會授人以柄，成為別人攻擊的藉口。

宋仁宗時，高官吳育有個弟弟，娶了媳婦。弟媳生下六個孩子後，弟弟去世了，弟媳婦決定不再改嫁。官員唐詢上奏皇帝攻擊吳育時，其中一條罪狀就是他沒有讓弟媳婦改嫁。

三、再婚也是有風險的

您已經意識到，程朱理學所謂的貞節觀念，幸好沒有在宋朝燃起燎原之火，所以宋朝的女性在離婚上享有一定程度的權利，也有改嫁再婚的自由。所以，在漫長的封建時代，宋朝女性相對而言還是幸運的。

但是再婚是種基本權利，在任何時代，再婚的結果都不一定是幸運的。

咱們給您說宋朝兩位再婚知名女性的不幸結局。

李清照，您一定熟悉得不能再熟悉了，被譽為「詞家一大宗」，中國文學史上最偉大的一位女詞人。您肯定能背誦出她的一些名篇，婉約如「尋尋覓覓，冷冷清清，淒淒慘慘戚戚」，豪邁如「至今思項羽，不肯過江東」。

李清照出生於愛好文藝的士大夫家庭，她的父親是蘇軾的學生。受父親影響，李清照從小就工詩善詞，顯示出極高的天分。

十八歲時，李清照與趙明誠結婚。婚後，她與丈夫情投意合，如膠似漆，過著幸福美好的生活。幸福的生活最終沒有等到白頭偕老，在戰亂的逃亡途中，趙明誠死了，夫婦二人平生所蒐集的金石書畫在顛沛流離中幾乎喪失殆盡。

在李清照孤苦伶仃之時，有個叫張汝舟的人出現了。他為騙取李清照錢財，乘虛而入，對李清照百般示好。李清照當時無依無靠，便再嫁張汝舟。婚後，二人發現自己都受到了欺騙。張汝舟發現李清照並沒有自己預想中的家財萬貫，而李清照也發現了張汝舟的虛情假意，甚至到後來的拳腳相加。之後，李清照發現張汝舟的官職來源於弄虛作假，便狀告張汝舟。在當時的社會環境下，妻子告發丈夫，即使印證丈夫有罪，妻子也要同受牢獄之苦。李清照入獄後，由於翰林學士綦崇禮援手，九天後便被釋放，但這段不到百天的婚姻也就此結束。

李清照的這次再婚失敗，使她對婚姻心灰意冷，此後一人終老在江南。

咱們說的另一位再婚名女子，也會作詞，她的名字叫唐婉，是南宋愛國詩人陸游的第一任妻子。

唐婉是陸游的表妹，兩個人自小青梅竹馬，情投意合，並且兩人詩來詞往在傳遞情意中也展示了非凡的才華。兩家人覺得這是天造地設的一對，於是這一對表兄妹攜手走進了婚姻的殿堂。婚後，兩個人魚水和諧，沉醉於自己的小天地中。這引起了陸游母親的不滿，認為唐婉讓陸游成為一個沒有志向的人，連功名都不在乎了。加上一些迷信言語的火上澆油，陸游的母親最終認定唐婉就是個掃帚星，會給陸游帶來厄運。一段美好婚姻就此被陸游的母親狠心拆散。

隨後，陸游被母親安排再娶妻，唐婉也由家人作主嫁給了同郡士人趙士程。陸游省試失利，回到家鄉紹興。家鄉風景如舊，但物是人非，陸游心中倍感淒涼。當他在沈園和再婚後的唐婉迎面相遇時，千般心事，萬般情懷卻無從說起。於是他提筆在粉壁上寫下那闋千古絕唱〈釵頭鳳〉：

紅酥手，黃縢酒，滿城春色宮牆柳。東風惡，歡情薄，一懷愁緒，幾年離索。錯！錯！錯！

春如舊，人空瘦，淚痕紅浥鮫綃透。桃花落，閒池閣，山盟雖在，錦書難託。莫！

莫！莫！

陸游離開家鄉的第二年春天，唐婉再一次來到沈園，忽然瞥見陸游的題詞不由得淚流滿面，心潮起伏，也和了一闋〈釵頭鳳〉，題在陸游的詞後：

世情薄，人情惡，雨送黃昏花易落。曉風乾，淚痕殘，欲箋心事，獨倚斜欄。難！

難！難！

人成各，今非昨，病魂常似秋千索。角聲寒，夜闌珊，怕人尋問，咽淚裝歡。瞞！

瞞！瞞！

唐婉再婚的丈夫趙士程是一位寬厚的士人，也給唐婉帶來許多精神的撫慰，但和陸游那份刻骨銘心的愛情始終駐留在唐婉的內心世界。自從看到了陸游的題詞，她的心就再難以平靜。在對世事無常、情愛無望的感嘆中，唐婉積憂成疾，年輕的生命在一個蕭瑟的秋天隨風而逝。

第四篇

舌尖上的大宋，且吃且珍惜

① 有錢就是任性，飯局就是身分——社會階層飲食

一、宮廷大食堂烹的都是銀子

咱們帶您在宋朝兜兜轉轉挺忙乎的，一口氣沒歇，您不免有怨言：咱們就不能吃點喝點，歇口氣充充電，滿血了再闖下一關嗎？

說到吃吃喝喝，您來宋朝還真是趕著了。宋朝在歷史上就是美食的天堂。您要是用力過猛，不小心穿越到宋朝之前，甭說美食，就是不餓肚子都成問題。因為只有到了宋朝，一日三餐才普遍起來。

宋朝之前，平民百姓大多吃不起三餐，實行的是二餐制，上午下午各一餐。也只有宮廷和顯貴之家才有能力置辦三餐或者四餐。到了宋朝，農業產量大為提高，食物變得豐富，而且史無前例地取消了宵禁，夜生活豐富多彩，一日三餐才為普通人家所

享受得起。

吃飽之後，人們便會追求吃得精緻、吃出水準、吃出文化。宋朝人對於飲食非常講究。富貴人家，「凡飲食珍味，時新下飯，奇細蔬菜，品件不缺」，甚至「不較其值，惟得享時新耳」。為了嘗到新鮮，吃得驚豔，在花錢方面在所不惜。

宋朝的城市中產階層，都不習慣在家做飯，而是下館子或叫外賣。因為宋朝城市中的美食店太多了，「處處各有茶坊、酒肆、麵店、果子、油醬、食米、下飯魚肉、鯗臘等鋪」。有人統計過，《東京夢華錄》共提到一百多家店鋪，其中酒樓和各種飲食店占了半數以上。您要是展開〈清明上河圖〉，仔細數數圖中描繪的一百餘棟樓宇房屋，您會發現經營餐飲業的店鋪有四、五十家，基本上就接近一半了。所以，即便是城市下層人士，也能從飲食店找到物美價廉的食品。

宋朝的飲食文化，不光咱們國人可以從歷史上了解到，還名揚海外。美國漢學家安德森在《中國食物》中說：「中國偉大的烹調法也產生於宋朝。唐朝食物很簡樸，但到宋朝晚期，一種具有地方特色的精緻烹調法已被充分確證。地方鄉紳的興起推動了食物的考究：宮廷御宴奢華如故，但卻不如商人和地方菁英的飲食富有創意。」一九九八年，美國《生活雜誌》曾評選出一千年來影響人類生活最深遠的一百件大事，宋朝的飯館與小吃入選第五十六位。

這麼一說，咱們似乎聽到了您肚子咕咕叫和嚥口水的聲音了。看您在宋朝奔波得辛苦，也不吊您的胃口了。咱們先帶您去飽餐一頓頂級的美食。咱們哪，先直奔皇宮。

說到皇宮裡的吃吃喝喝，您首先想到的是御膳房。憑著您的想像也知道，這是天下第一廚房。

咱們還是先說個笑話，瞧瞧御膳房的分工有多細緻吧。羅大經《鶴林玉露》裡記載了一件事：有位士大夫在京城買了一個小妾。這位小妾曾經是蔡京家裡做包子的廚娘。有一天，這位士大夫嘴饞了，想試試看蔡太師家包子的不凡，於是吩咐小妾做包子。小妾說：「我不會做包子。」士大夫生氣了：「你不是說你是太師府上做包子的廚娘嗎？你是不是懶啊？」小妾很委屈：「我真不會做包子的。我只是太師府上做包子的人裡面負責切蔥絲的。」一連官員家裡的廚房分工都細緻到如此地步，那皇宮裡御膳房的隊伍有多龐大，也可以想像吧。

光有御膳房哪兒夠啊，它只是皇宮膳食機構的一部分而已。在宋朝，設有光祿寺負責宮廷膳食，它的二級機構有法酒庫和酒坊，太官物料庫、翰林司、牛羊司、乳酪院、油醋庫、外物庫等等。機構裡的這幫人，成天忙碌著就是以「食不厭精、膾不厭細」

為原則伺候皇家成員的嘴巴。

您要是能看到皇宮裡的菜譜，那就等於在讀一本書了。用料精細、製作工藝複雜的菜點能有幾百種。名菜名點令人眼花撩亂，看著看著您就口舌生津了。

咱們給您列一份皇帝賜給太子的「玉食」菜單。記得這只是太子一天裡的一部分菜單而已：

酒醋三腰子、三鮮筍炒鵪子、烙潤鳩子、蹟石首魚、土步辣羹、海鹽蛇鮓、煎三色鮓、煎臥鳥、焐湖魚糊、炒田雞、雞人字焙腰子糊、燠鯰魚、蝤蛑簽、麂膊、浮助河蟹、江珧、青蝦、辣羹、燕魚干、蹟鰡魚、酒醋蹄酥片、生豆腐、百宜羹、燥子、炸白腰子、酒煎羊、二牲醋腦子、清汁雜、熰胡魚、肚兒辣羹、酒炊淮白魚之類。

僅僅這一份菜單，天上飛的，地上跑的，水裡游的，全都有了。您會問，這一個人吃得完嗎？一樣一口，也就飽了。吃不完也得做出來，這不是皇宮嗎？太子尚且如此，皇帝吃的喝的排場就更不得了了。宋神宗在宮裡宴飲，一頓動輒花費十數萬文，令人咋舌。

宮廷伙食不僅捨得下本錢，製作上更是精益求精到不厭其煩。您注意到剛才菜單裡的「蝤蛑簽」這道菜嗎？蝤蛑，就是梭子蟹；簽，就是羹。在御膳房，用梭子蟹肉做羹，只取兩螯的肉，剩餘全都扔在地上作廢，太奢侈了吧？

二、官宦土豪奢靡得都矯情

奢侈已經成為御廚的習慣，從皇宮也傳到達官顯貴家裡。南宋後期有一位知府，雇了一位曾服務於高官府上的京都廚娘給家裡做飯，每次都要轎子迎送。這位廚娘置辦羊頭簽五份，需要羊頭十個，只取羊頭兩腮的肉，其餘全部扔掉不要。用五斤蔥，只取蔥心像韭黃的部分，用淡酒、醯（醋）浸噴，剩餘的部分棄之不用。知府家的僕人覺得可惜啊，撿起剩下的羊頭，結果被她譏笑：你們這群狗輩，沒見過市面！當然，這位廚娘這樣做出來的菜，沒辦法不好吃，家人客人一律豎大拇指。但廚娘的酬金也非比尋常。這位知府用了兩個月之後，終於明白這種品味等級的廚娘不是自己能消受得起的，於是辭掉了廚娘。

咱們盡在這裡介紹了，您還沒來得及吃上一口，那咱們現在就趕往宋徽宗趙佶的生日宴，讓您享受一頓饕餮大餐。

落座之後，您和每位客人一樣，面前先是有環餅、油餅、棗塔、果子這些餐前點心。為了優待遼、西夏的使臣，還有豬、羊、雞、兔、鵝等熟肉作為涼碟，當然您也跟著有份。

生日宴上，美酒自然少不了，皇帝用玉盞，高官用金盞，其餘人等都用銀盞。按著生日宴的程序，君臣們一共要飲九盞御酒，共用美食。

第一、二盞酒，是大家恭賀皇帝生日快樂、壽比南山這樣的儀式。兩盞酒一下肚，宴會的氣氛就活躍起來了。接下來，每一盞酒，就會新上幾道菜，這也是宋朝酒宴的習俗。

第三盞酒倒滿，四道菜點就擺在您面前：下酒肉、鹹豉、暴肉、雙下駝峰角子。您慢悠悠地吃，別撐飽了後面的大菜只能乾瞪眼吃不下。

第四盞酒，給您配的菜是：炙子骨頭、索粉和白肉胡餅。

第五盞酒，您會品嘗到：群仙炙、天花餅、太平畢羅乾飯、縷肉羹和蓮花。

第六盞酒，端上來的是：假黿魚、蜜浮酥捺花。

第七盞酒，配菜是：排炊羊胡餅和炙金腸。

第八盞酒，儘管可能您已經酒足飯飽，但還是嘗嘗：假沙魚、獨下饅頭和肚羹。

第九盞酒，該吃飯了：水飯和簇飣下飯。生日宴會圓滿結束。

在整個生日宴會過程中，和菜品一樣，每一盞酒，都會伴著不同的文娛表演。內容有雜技雜劇、歌舞器樂等，好不熱鬧。

皇宮裡食不厭精、氣派奢華的飲食風氣，達官顯貴們競相模仿，奢侈成風。高官們的家裡仿照皇宮設有「四司六局」的膳食機構，即使南宋偏安江南也是如此。對美食的研究和追求，在高官群體裡，更是到了讓人驚異的地步。

宋哲宗時的宰相韓縝喜歡吃烤乳鴿，而且一定要吃白色的那種。如果有人故意烤灰色的給他吃，他一下就能憑口味辨別出來。

韓縝還愛吃驢腸。每次宴客，驢腸都是必不可少的一道菜。烹調驢腸需要很高的技藝，腸入湯鍋，時間短了煮不熟，咀嚼不動；時間長了又會糜爛，變得寡淡無味。而且驢腸必須新鮮才行，過夜就會變質。廚師擔心做不好，便想了一個點子：每逢宴會，事先準備一頭驢子拴在廚房旁邊，待賓客入座，斟酒傳杯時，即提刀豁開驢肚，抽出驢腸，洗淨切碎後立刻下鍋，如此便可保證驢腸味美而新鮮。

宰相呂蒙正喜歡喝雞舌湯，每天早晨都要喝。一天晚飯後，呂蒙正到後花園散步，朦朧中看見牆角處有一堆凸起，以為是假山，問左右：「這山是什麼時候弄的？」僕人回答：「這不是山，是殺雞時褪下來的雞毛。」您說這得殺多少雞？

蔡京喜歡吃黃雀鮓，家中專門有三棟房子裝黃雀鮓，堆積直至房梁。蔡京還愛吃鵪鶉。宋徽宗大觀年間，天降瑞雪。為了慶祝好兆頭，皇帝準備到蔡京家吃個飯。這是莫大的榮譽啊。蔡京於是大擺筵席，命廚師宰殺了一千多隻鵪鶉。當天夜裡，蔡京夢到鵪鶉給他念了一首詩：「啄君一粒粟，為君羹內肉。所殺知幾多，下箸嫌不足。不惜充君庖，生死如轉轂。勸君慎勿食，禍福相倚伏。」蔡京心裡頭架不住犯嘀咕了，自此再不吃鵪鶉了。

宋高宗有次駕臨大將張俊府，酒席上光是「下酒十五盞」，就有三十道菜，如「第一盞」是「花炊鵪子、荔枝白腰子」，「第二盞」是「奶房簽、三脆羹」，「第三盞」是「羊舌簽、萌芽肚」。此外，還有炒白腰子、炙鵪子脯、潤雞、潤兔等「插食」，「砌香果子」「雕花蜜煎」等「勸酒果子庫十番」，煨牡蠣、蝤蛑簽等「廚勸酒十味」，蓮花鴨簽、三珍膾、南炒鱔等「對食十盞二十分」，真可謂是山珍海味，琳琅滿目。

南宋宰相賈似道喜歡吃苕溪的鯿魚，為此專門建造了一個大池塘，養了一千多頭鯿魚，用大盤絞水灌溉。這個池塘，明明就是小型的湖，有好幾條船穿梭往來打魚送上岸。

當然，也不是所有高官都這麼奢侈。那些有情懷比較文藝的士大夫，不講究奢侈，但講究精緻，把普通的食材做出水準，吃出文藝範兒。

蘇軾被貶黃州後，吃不起羊肉，便常去市場購買豬肉，回來切成方塊，輔以作料，然後上鍋燒煮。為此他還寫過一首名為〈豬肉頌〉的打油詩：「黃州好豬肉，價錢等糞土。富者不肯吃，貧者不解煮。慢著火，少著水，火候足時它自美。每日起來打一碗，飽得自家君莫管。」其中「慢著火，少著水，火候足時它自美」，便是「東坡肉」的烹飪方法了。蘇軾還喜歡吃豬頭，把豬頭煮至稀爛，再澆上一勺杏酪調味，即成一道爽口的美餐。

還有對吃根本不以為意的，比如王安石。有朋友在王安石家做客，王夫人向其抱怨，說弄不清王安石究竟喜歡吃什麼菜。朋友很奇怪，說：「王大人喜歡吃鹿肉絲啊。剛才進餐時，便見其將一盤鹿肉絲吃了個精光。」王夫人問道：「那盤鹿肉絲放在什麼位置？」朋友答：「就在王大人眼前。」王夫人說：「你們明天把鹿肉絲放得遠一點試試。」第二天再聚，朋友故意將鹿肉絲放得遠一些，而將昨天王安石一箸未動的一樣菜擺在他面前。結果王安石又將眼前那盤菜吃了個乾乾淨淨。飯後朋友詢問，王安石竟不知餐桌上還有一盤鹿肉絲。

所以，在文人士大夫中，吃也是分級別的。王安石基本算幼稚園級別，吃飯哪盤菜離著近吃哪盤，「夠不著站起來」根本不會。司馬光算小學水準，吃飽就行、不求精細。黃庭堅算中學水準，作為「二十四孝」之一的著名孝子，為老媽搗騰幾個可口菜挺用心，自己則馬馬虎虎。林洪是大學水準，愛吃懂吃還能有所創新，發明了火鍋。而蘇軾屬於教授、博導，把普通的食材弄成千古名菜，那是需要用心和天賦的。

皇宮、達官們的飲食水準自然非民間可比，吃也分三六九等，這和一個人的地位與收入成正相關。但宋朝藏富於民，老百姓並不窮，飲食業的發達，物美價廉的食物也能令普通平民吃飽吃好。

今天任何一名廚師必須熟悉的烹、燒、烤、炒、爆、溜、煮、燉、滷、蒸、臘、蜜、蔥、拔等烹飪技術，正是在宋朝成熟起來的。現在我們能夠品嘗到的火腿、東坡肉、火鍋、刺身（宋人稱為「膾」）、油條、湯圓、爆米花、各式糕點等美食與小吃，也是發明或流行於宋朝。

餅，是老百姓的主食。宋朝的餅，並不只是現在咱們經過燒烤加工成的那種圓形食品。餅的意義在宋朝很寬泛，凡是用麵做的食品，都叫餅。像火烤而食的，叫燒餅、胡餅。下到湯水裡的麵條，叫湯餅。籠蒸而食的，叫蒸餅或籠餅、炊餅。《水滸傳》

裡武大郎賣的炊餅，其實就是饅頭。饊子叫環餅……餅的花樣很多，作為主食，又方便又耐餓又好吃。

在宋朝的城鎮，各類餐飲店鋪林立，經營品種繁多。普通的雞鴨魚肉、菜蔬果品經過廚師們的加工，各成美味。按當時的物價水準和普通百姓的收入，用不著花多少錢就可以大飽口福。就拿早餐來說，您只需要二十文錢，就能吃得飽飽的，而且花樣您可以每天輪番變化。

宋朝民間有了早市和夜市，一日三餐您在外解決或者叫外賣回家吃，一點沒問題。宋朝飲食業還特別注意衛生，「凡百所賣飲食之人，裝鮮淨盤盒器皿，車簷動使奇巧，可愛食味和羹，不敢草略」。您在外吃，不用擔心吃出毛病。所以宋朝城市裡的居民樂得省事，自己開火燒飯的少，成為所謂「籠袖之民」。

所以，雖然飲食上宋朝的等級之分非常明顯，但即使是一個普通吃貨，在宋朝也算有口福吧？

2 時間都去哪兒了？吃了唄——美食匯

一、早餐，營養全面不是問題

這是宋朝東京汴梁的五更天，按現在的鐘點就是凌晨三點至五點。您或許還在夢中回味著皇宮盛宴的美味衝擊，而窗外早市的叫賣聲已經隱約傳來，此起彼伏。

東京的早餐正是從五更開始。當然您也不必著急起床，怕錯過早餐時間，餓一個上午的肚子。東京的早餐會從五更一直延續到晌午，很多人的一日三餐的時間安排是這樣的：接近晌午，早餐；傍晚時分，午餐；入夜，晚餐。

您大可睡到自然醒，然後打個哈欠，伸個懶腰，渾身輕鬆地出門，開始一個吃貨的東京一日遊。

比您起得早的人們，家裡不必忙著起灶開火燒水，街面的店鋪有供應「洗面湯」

的，洗簌問題也可以在外解決。而在早市上，「煎點湯茶藥」遍地都是。宋朝人和您的健康觀念一樣，早起補充身體的水分，一般都來自於「煎點湯茶藥」。

一聽到「藥」字，您眉頭皺了一下，怎麼大早晨的就要喝藥？中藥那個味兒啊，唉！其實，「煎點湯茶藥」就是宋朝的保健茶。

宋朝人認為茶就是藥的一種。「煎點湯茶藥」，以茶為主，以常見的「煎香茶」為例，它的製作方法是：每百錢茶葉嫩芽，加上一升去殼蒸熟的綠豆和十兩細磨而成的山藥，摻入腦、麝各半錢，放在一起搗杵二十下，再放入罐中密封好；窨三天後，再把這種香茶放在水裡煮，保健營養成分隨即溶入水中，好似煎藥。

宋朝人對煎茶的流程絕不馬虎，煎茶時間越長，味道也就越好。首先用炭火將茶水燒得滾沸，用冷水點住，茶水再滾沸起，再用冷水點住，如此點三次，才能收到色香味俱佳的效果。

如果您不喜歡有明顯中藥味的煎茶，那咱們給您推薦一盞「阿婆茶」，保證您唇齒留香，喝了一盞還不過癮。「阿婆茶」的主要成分有烤黃的板栗、炒熟的白芝麻、江南連核帶肉的橄欖、塞北去殼的胡桃等，按著前面說的煎茶流程細細煎來，香吧！

咱們想起來了，昨晚您在皇宮喝了不少酒，那您這一大早，一定得來一碗「二陳湯」，這是在宋朝最流行的一種煎茶。「二陳湯」的成分和製作方法挺講究：半夏湯洗七次，橘紅各五兩，白茯苓三兩，甘草炙一兩半。煎茶時，每服四錢，用水一盞，生薑七片，烏梅一個，同煎六份，去滓，熱服，不拘時候。從中醫角度講，「二陳湯」對傷酒肯定能起化解作用。即使您不傷酒，每早起來喝上一盞二陳湯，也會提神養身的。因此，歐陽修還特地寫詩讚美「二陳湯」：「論功可以療百疾，輕身久服勝胡麻。」

早起喝一盞「煎點湯茶藥」，是宋朝城裡人的習慣。根據您的口味喜好，您選擇的餘地也很大：鹽豉湯、荔枝圓眼湯、縮砂湯、無塵湯、木星湯、木香湯、香蘇湯、紫蘇湯、乾木瓜湯、濕木瓜湯、白梅湯、烏梅湯、桂花湯、豆蔻湯、破氣湯、玉真湯、薄荷湯、棗湯、快湯、厚朴湯、益智湯、仙術湯、杏霜湯、生薑湯、胡椒湯、洞庭湯……夠您挑的吧？

東京早上的一兩盞煎茶，使您隔夜的宿醉雲消霧散。神清氣爽的您覺得肚子餓了，而各式美味早點已經在等著您了。

東京人以麵食為主食，在主食上翻出花樣，並且吃出意境。宋朝的人絕不比現代人差，甚至更強。

您先來一份「酥瓊葉」。把夜裡蒸好的饅頭，切成薄薄的片，塗上蜜或油，在火上烤，地上鋪上紙散火氣，烤好後顏色焦黃，又酥又脆。您嚼上一口，就會像詩人楊萬里所說：作雪花聲。

咱們還是得提醒您，別貪吃。為了您這位吃貨能在東京一日遊裡品嘗到更多品種的美味，您吃每一樣東西，最好都是淺嘗輒止。

反正這一天，對您來說就是放假，咱們就在東京城裡穿街走巷，慢慢閒逛。在傍晚午餐之前，您有的是時間品嘗東京的早餐。

您聽到一聲「待我放下歇一歇吧」的叫喚，循聲望去，原來是一位賣環餅的小販，那是他的口頭廣告。這位小販可是有故事的人。最開始，這位小販在賣環餅時別出心裁喊出「吃虧的便是我呀」的廣告語，效果挺不錯。後來這位小販在皇后居住的瑤華宮前這樣叫賣，引起衙役的懷疑，將其抓捕審訊。審後才得知他只是為了推銷自己的環餅，便將他打了一百棍放了出來。此後，這位小販便改口喊「待我放下歇一歇吧」。他的故事成為當時東京的一樁笑料，但生意反而更好了。

環餅，就是現在咱們叫的饊子，油炸而成，鬆脆可口。蘇軾在海南時，曾經為隔壁賣環餅的老太做過廣告詩：「纖手搓來玉色勻，碧油煎出嫩黃深。夜來春睡知輕重，壓匾佳人纏臂金。」夠誘人的廣告詞，您乾脆來一份得了。

您說在穿越之前，早上您會到拉麵館來一份牛肉麵，吃得熱乎帶勁兒，您想嘗嘗宋朝東京城的牛肉麵有何不同。那真對不起您，還真沒有！牛在古代是重要的生產工具。在宋朝，法律規定殺牛是重罪。就算牛老了失去勞動能力，要殺的話也得先到官府備案，市面上的牛肉少之又少。您看過皇家和高官的菜單，那裡面也很少有牛肉吧？《水滸傳》裡動不動切幾斤牛肉下酒的，那是違法犯罪行為。所以呀，您在東京想吃牛肉麵，只能是個想法。

沒有牛肉麵，也沒關係，咱們給您推薦「雲英麵」。「雲英麵」的做法特別，吃法另類，對您來說絕對值得一嘗：將藕、蓮、菱、芋、雞頭、荸薺、慈菇、百合，混在一起，選擇淨肉，爛蒸。用風吹晾一會兒，在石臼中搗得非常細，再加上四川產的糖和蜜，蒸熟。然後再入臼中搗，使糖、蜜和各種原料拌均勻，再取出來，就是一團。等冷了變硬，再用乾淨的刀隨便切著吃。您切下來的薄片，像雪白的花瓣一般煞是好看，所以它叫「雲英麵」，好吃自然是毋庸置疑的。

您要是還沒吃飽，東京城裡早餐品種保管您夠，就怕您吃撐著了：

麵條類有軟羊麵、桐皮麵、鹽煎麵、雞絲麵、插肉麵、三鮮麵……

饅頭類有羊肉饅頭、筍肉饅頭、魚肉饅頭、蟹肉饅頭、糖肉饅頭、裹蒸饅頭……

燒餅類有千層餅、月餅、炙焦金花餅、乳餅、菜餅、牡丹餅、芙蓉餅、熟肉餅、菊花餅、梅花餅、糖餅……

幾樣美食下肚，估計您的早餐也吃飽了。逛著瞧著，天氣漸熱，您覺得有點口渴，這簡單，東京城裡的清涼飲料多的是。

甘豆湯、豆兒水、漉梨漿、鹵梅水、薑蜜水、木瓜汁、沉香水、荔枝膏水、苦水、金橘團、雪泡縮皮飲、梅花酒、五苓大順散、香薷飲、紫蘇飲、椰子酒……

您看到飲料裡有梅花酒、椰子酒，其實與酒沒關係，只是賣的時候，經常用的是酒具，所以名字裡有「酒」字。實際上，這些清涼飲料，大多有營養保健的功效。如「雪泡縮皮飲」具有解伏熱、除煩渴、消暑毒、止吐痢的功效。它的做法是：以砂仁、烏梅肉為主，配以煨蘋果、炙去皮甘草、炒去皮乾葛白扁豆，用水煎成，可冷飲可熱飲。吃完一盞「雪泡縮皮飲」，渴意全無。

既然是吃貨的一天，咱們也不會讓您嘴閒著。路過一家水果鋪子，您來上一把金橘。

宋朝城市裡的居民，對水果的需求量非常之大，在飲食店裡，水果與其他飲食是平分秋色。原來東京的市面上是鮮見金橘的，金橘的主要產地是江西，遠著呢！可是皇宮裡人的愛吃啊，金橘的生意在市場上就活躍起來了。在東京城裡，您一年四季都可以吃到金橘。因為遠道而來的金橘不容易啊，所以宋朝人又發明了把金橘儲存在綠豆裡的方法，可以保持長久新鮮不敗。

二、午餐，必須有硬菜

美好的時光總是過得很快。這不，您在東京城就這麼溜達著，吃著喝著，眨眼到了下午三、四點，接近傍晚，午餐要開始了。

好不容易來一趟，咱們建議您直奔東京城最著名的豐樂樓。這可是當時最高大上的酒樓，不是一般人能消費得起的。

您剛踏進豐樂樓的門檻，迎面就殷勤地湊上一個人。他的身分是「閒漢」。「閒漢」不是酒樓的雇員，但是他可以為您張羅一切：選包廂、點酒菜、叫外賣、招歌姬等等。為了省心，您也不在乎給他那點服務費。當然，您也可以直接叫酒樓裡的「大伯」（青年男性服務員）和「焌糟」（女性換湯斟酒服務員）直接為您服務，對您來說就是麻煩點而已。

落座之後，按著宋朝的飲食習俗，您得先點一份開口湯和幾碟按酒的果子。

開口湯在宋朝就是各種羹。鵪子羹、螃蟹清羹、蓮子頭羹、百味韻羹、雜彩羹、群鮮羹、豆腐羹、青蝦辣羹、蝦魚肚兒羹、蝦玉鱔辣羹、小雞元魚羹、三鮮大熬骨頭羹、筍辣羹、雜辣羹、捽肉羹、骨頭羹、鴨羹、蹄子清羹、黃魚羹、肚兒辣羹……您任選。

給您推薦一份瓠羹。如果您在後廚房，會看見大廚們這樣操作完成一份瓠羹：瓠子削皮切好，熟羊肉切成薄片，拌上生薑汁，和細細的麵絲一起下鍋炒，然後加上鹽醋蔥調和成羹。想著都開胃，據說對消渴症（糖尿病）很有好處，還利小便。宋朝的人在飲食上，似乎無處不保健。本來嘛，中醫講究的就是藥食同源。

按酒的果子可不僅僅是您想像的新鮮水果，一般是水果或者其他食材炮製的甜點。您可以在這些常見的果子裡，選上幾碟：皂兒膏、瓜萎煎、鮑螺、裹蜜、糖絲線、澤州餳、蜜麻酥、炒團、澄沙團子、十般糖、甘露餅、玉屑膏、爊木瓜、糖脆梅、破核兒、查條、橘紅膏、荔枝膏、蜜薑豉、韻薑糖、花花糖、二色灌香藕、糖豌豆、芽豆、栗黃、烏李、酪麵、蓼花、蜜彈彈、望口消、桃穰酥、重劑、蜜棗兒、天花餅、烏梅糖、玉柱糖、乳糖獅兒、薄荷蜜、琥珀蜜……

喝了羹，吃了果子墊墊肚子，您可以招呼上酒了。在宋朝，從皇帝到普通百姓，酒是生活必須品。

按後人的研究，當時的酒可分黃酒、果酒、配製酒和白酒四大類。

黃酒以穀類為原料，粳、糯、粟、黍、麥等皆可釀製。黃酒是宋朝消費最多的酒類。

果酒包括葡萄酒、蜜酒、黃柑酒、梨酒、荔枝酒、棗酒等，其中以葡萄酒的產量較多。但宋朝的果酒製作技術還比較原始，在酒類消費中的比例不大。

配製酒多屬滋補性藥酒，如酴酒、菊花酒、海桐皮酒、蝮蛇酒、地黃酒、枸杞酒、麝香酒等。有人統計過，宋朝的配製酒有一百多種。

白酒，在宋朝叫蒸酒、燒酒、酒露等，可能製作工藝要求較高，不是市面上銷售的主要品種。

酒上來了，您自己就那麼大肚量，應該本著精緻而節約的原則，招呼上幾道特色名菜，不枉來豐樂樓一回。

東坡肉您必須得來一份。前面給您說過東坡肉的來歷和做法，後人在東坡先生的基礎上不斷嘗試，就成了今天無論哪家飯店都會有的紅燒肉。您可能也常吃，但紅燒肉最初的滋味您還沒嘗過吧？

河豚來一份，別怕，宋朝的人已經知道怎麼烹製河豚而吃不死人。梅聖俞曾寫詩讚河豚：「春洲生荻芽，春岸飛楊花。河豚於此時，貴不數魚蝦。」

河豚吃魚蝦而自身肥美誘人。東坡肉的發明者蘇軾有次到一位官員家裡赴宴，其中就有河豚。主人家裡的女人和孩子都跑到屏風後，想聽聽蘇軾先生對河豚的評價。只見蘇軾筷子不停地大嚼，但一句話不說。家人大失所望之際，蘇軾放下筷子說：「也值一死！」於是全家大樂。足見河豚確是無比的美味。

河豚確有劇毒，食之奪命並非胡言。宋朝人知道河豚的眼睛和魚子都有毒，必須剔除，魚肉也要洗幾十遍到色白如雪，才能烹製。蘇軾也提出：煮河豚用荊芥，煮三、四次，換水就無毒了。

您再來一份蟹。蟹在東京有兩種經典吃法。簡單一點的是洗手蟹：將生蟹拆開，調以鹽梅、椒橙，然後洗手再吃，所以這種蟹叫「洗手蟹」。如果您就是要蟹那最原始質樸的鮮美味兒，那您選「洗手蟹」。

藝術一點的吃法是「橙釀蟹」：將黃熟帶枝的大柳丁，截頂，去瓤，只留下少許汁液，再將蟹黃、蟹油、蟹肉放在柳丁裡，仍用截去的帶枝的橙頂蓋住原截處，放入小甑內，用酒、醋、水蒸熟後，用醋和鹽拌著吃。這種橙釀蟹，不僅香，而且鮮，更主要的是它使人領略到了新酒、菊花、香橙、螃蟹色味交融的藝術氛圍。

螃蟹雖好，可是也得吃得有節制。《養屙漫筆》記載，宋孝宗喜歡吃螃蟹，因為吃得太多而得了痢疾。眾太醫醫治都不見效果。最後請來一家小藥鋪的醫生，診斷說：「此冷痢也。其法用新采藕節細研，以熱酒調服。」照此辦法，還真給治好了。

地上跑的，水裡游的，您都吃到了，再給您來一份天上飛的：黃雀鮓。前面說了，這可是蔡京的最愛之一，也只有豐樂樓這樣的高級酒樓，才可能有這樣的美味。鮓，就是醃製品。黃雀收拾乾淨後，用熱水洗，擦乾，再用麥黃、紅麴、鹽椒、蔥絲調和，在扁罐內鋪一層黃雀，上一層料，裝實。用篾片將筍葉蓋固定住，等到罐中醃出鹵，便倒掉，再加酒浸泡，密封好，可以慢慢吃很長時間。

葷菜是夠了，您再點幾樣蔬菜就齊了。東京城裡的蔬菜供應豐富，苔心、矮黃、大白頭、小白頭、黃芽、芥、生菜、波稜（菠菜）、萵苣、薤、韭、大蒜、小蒜、茄、梢瓜、黃瓜、冬瓜、葫蘆、瓠、芋、山藥、牛蒡、蘿蔔、甘露子、茭白、蕨、芹、菌……您現在能吃到的蔬菜，在宋朝大部分都能吃到，可就是沒有辣椒、土豆、番茄，因為這些外來蔬菜，宋朝那時候還沒引進呢！如果您喜歡辣，也別遺憾，宋朝那時候有辣味，都取自辣菜。

最後，咱們給您推薦的主食是大米做的糕點：糖糕、花糕、蜜糕、糍糕、蜂糖糕、栗糕、麥糕、豆糕、小甑糕蒸、重陽糕……或者您來點米線？可以向您確定，宋朝那時候，已經有米線了。

三、晚餐，夜市小吃管飽管好

您看您，吃飽喝足都懶得動彈了，夜裡還有吃的節目呢！來一碗解酒湯吧：香薷飲。香薷飲寬中和氣，治飲食不節，飢飽失時，或冷物過多，或硬物壅駐，或食畢便睡，或驚憂恚怒，或勞役動氣，脾胃不和，三脘痞滯，內感風冷，外受寒邪，憎寒壯熱，遍體疼痛，胸膈滿悶，霍亂嘔吐，脾疼翻胃……統統都在香薷飲的治療之列。尤其是醉酒不醒，四時傷寒頭痛，只要飲上三服，發了汗就可痊癒。沒推薦錯吧？

走出豐樂樓，咱們就慢慢散步到瓦舍、勾欄，去看文娛表演去，權當消化消化食兒。等消化差不多了，咱們趕往州橋夜市，您還得吃，要不真對不起吃貨這個稱號。州橋夜市，就相當於現在大型的小吃一條街，各色小吃讓您目不暇接。宋朝人管小吃叫「雜嚼」，是不是特別形象？

在東京朱雀門附近，這些小吃早早地在恭候著您：旋煎羊、白腸、鮓脯、抹臟、紅絲、批切羊頭、辣腳子、薑辣蘿蔔、夏月麻腐、雞皮麻飲、細粉素簽、沙糖冰雪冷元子、水晶皂兒、生淹水木瓜、藥木瓜、雞頭穰、沙糖綠豆甘草冰雪涼水、荔枝膏、廣芥瓜兒、鹹菜、杏片、梅子薑、萵苣、筍、芥、辣瓜兒、細料餛飩兒、香糖果子、間道糖荔枝、越梅、金絲黨梅、香棖元、冬月盤兔、旋炙豬皮肉、野鴨肉、滴酥水晶鱠、煎夾子、豬臟之類……您真是有口福了！

出了朱雀門，從州橋往南去，當街就有賣水飯、爊肉、乾脯的。王家樓前賣獾兒、野狐、肉脯、雞等食品。梅家鹿家出售的有鵝鴨雞兔、肚肺、鱔魚、包子、雞皮、腰腎、雞碎等食品，每份不過十五文錢。曹家的小食、點心也在此出售。

州橋夜市，從白天一直營業到三更（夜裡十一點到凌晨一點），您說火不火吧？您這位吃貨的東京一日遊，就在這火火的夜市中圓滿結束了！不知不覺，時間全花在吃上了。

③ 一盞香茗，一言不合就是一場較量——茶文化

一、好茶總是向京城進發

您的舌尖在宋朝接踵而至的美食裡徜徉，如果讓您用一個詞來精準地總結宋朝的美食，您會選哪個？精緻？對！即使是最普通的食材，也絕不馬虎對待，而是精心地弄出百般花樣，讓它們成為一種真正的美食文化。

是的，歷史上，宋朝就是精緻生活的形象大使。這個形象在茶文化中更是體現得無以復加。中國的茶文化，「興於唐，盛於宋」。唐朝人也愛喝茶，但在宋朝人眼裡，那簡直太粗糙了。您要是跟宋朝人說起唐朝人喝茶會加生薑、鹽，他們也只會對您呵呵了。

宋朝南方各地幾乎處處產茶，像北宋建州一年產茶就不下三百萬斤。就像王安石

所說茶已經成為和米鹽一樣的生活必須品，一天沒喝茶，都會責怪自己怎麼墮落了。從皇帝到最普通的百姓，各個階層都是茶的忠實消費者，所以城市裡的茶肆遍地即是。有民居的地方，一定有茶肆。

宋徽宗趙佶是宋朝皇帝裡最風雅的一位。他寫過《大觀茶論》，從領導的角度對茶文化提出了自己的理論指導。文人士大夫們關於茶的詩詞歌賦和學術論文也是層出不窮。

說到茶的清心作用，梅堯臣寫道：「一日嘗一甌，六腑無昏邪。」蘇軾詩曰：「一啜更能分幕府，定應知我俗人無。」丁謂稱讚：「煩襟時一啜，寧羨酒說到茶的提神功能。」曾鞏感嘆：「一杯永日醒雙眼，草木英華信有神。」黃庭堅驚奇：「睡魔有耳不及掩，直拂繩床過疾雷。」范仲淹賦詩：「不如仙山一啜好，泠然便欲乘風去。」

說到茶的養生效果，蔡襄稱許：「啜將靈藥助，用於上尊清。」楊萬里提到：「京塵滿袖思一洗，病眼生花得再明。」王令指出：「與療文園消渴病，還招楚客獨醒魂。」

既然茶被描繪得如此風雅，咱們就帶您好好領略一下宋朝茶文化的魅力。

先給您展示一下最高檔的一款貢茶：龍團鳳餅。這是丁謂在出任福建轉運使時，監造創製出來的品種，比唐朝的餅茶在造型和品質上都要高出一大截。精選福建當地好茶，經過蒸清、壓榨、研磨、造型、乾燥等工序，在八餅為一斤的茶餅面上印刻上精緻的龍鳳圖案，簡直就是藝術品。

宋朝的茶，基本都是餅茶。直接沖泡的散茶，在宋朝人那兒的評價就是不懂生活。茶葉經過幾道工藝錘鍊而成餅茶，原本的苦澀味會大大減輕，滋味會更加清新爽口。

隨著龍團鳳餅的出現，後來蔡襄創製了十餅為一斤的小龍團，賈青研製出二十餅為一斤的密雲龍。其後再出現的瑞雲祥龍、龍團勝雪，就越加精貴。比如龍團勝雪，原料用的全部是茶的芽尖。宋徽宗曾經用「名冠天下」來稱讚這些龍團鳳餅。

您從茶製品的不斷創新可以看出來，宋朝人對茶的品質有多高的追求了。當然，這些最昂貴的龍團鳳餅都是作為貢品為皇家享用，可以用黃金有價茶無價來比喻。歐陽修就說過：「金可得而茶不可得。」他還有詩句：「我有龍團古蒼璧，九龍泉深一百尺。」把龍團比喻為青色的玉。蘇軾也有詩曰：「從來佳茗似佳人。」把極品好茶比喻為美少女。由此可見，高級茶製品在宋朝人眼裡是多麼寶貝吧。

除了龍團鳳餅，宋朝各地的官員也會將各種珍貴名茶源源不斷地運往京城，即所謂貢茶。當時珍貴貢茶有：鳩坑茶、七寶茶、雙井茶、寶雲茶、日注茶、臥龍山茶、蒙頂茶、月兔茶、垂雲茶、修仁茶、峨眉雪芽茶、七寶茶、北苑茶等等，多產於福建、浙江、四川、廣西、江西主要產茶區。

宋朝的皇帝，一高興了會拿出一些貢茶賜給親近的臣子，總之都是好茶，市面上、臣子家裡沒有的茶。皇帝賜茶，那是一種恩惠和拉攏的手段。對於臣子來說，那也是一份榮譽，可以拿出來顯擺。畢竟跟皇帝關係不咋樣的臣子，皇帝給你是情分，不給你也是本分。受到皇帝賜茶的大臣們常要作詩或作文章對皇帝的恩賜表示感謝，稱為「謝茶表」。

二、鬥出來的儒雅與品味

既然有好的茶製品，接下來如果隨便對待，將就喝著，就顯得暴殄天物了。宋朝的文人士大夫之間流行「鬥茶」，在茶製品和茶藝上一言不合就一決高低，是他們巨大的樂趣所在。宋徽宗也在他的《大觀茶論》中譽鬥茶為「盛世之清尚」。

唐朝的陸羽因著《茶經》被後人稱為「茶聖」。宋朝文人士大夫對陸羽推崇備至，甚至以陸羽再生自詡。尤其陸游更甚，他寫詩自我誇獎：「水品《茶經》常在手，前生疑是竟陵翁。」所以文人士大夫喜歡鬥茶的心理就可以理解了。

鬥茶氣氛的熱烈和較真程度，范仲淹的〈和章岷從事鬥茶歌〉描寫得十分清楚，鬥茶勝利者很得意，「勝若登仙不可攀」；而鬥茶失敗者則很沮喪，「輸同降將無窮恥」。

鬥茶又叫茗戰，採用了宋朝當時創造的點茶技法，既比試茶質的優次，也比試點茶技藝的高低。

宋朝人對茶的等級標準分為七級，以一級為絕品，七級為末品，評定時不僅僅是依據某一方面，而是各有側重。梅堯臣就作詩加以說明：「七品無水暈，六品無沉槎。五品散雲腳，四品浮粟花。三品若瓊乳，二品罕所加。絕品不可議，甘香焉等差。」

咱們現在就帶著您去參加一場宋朝的鬥茶茗戰。諸般技藝您可得記好了，就算輸也不能輸得太慘。

整個鬥茶的流程是這樣的：

1. 列具。擺出您鬥茶用的傢伙什兒，最主要的有三種：

一是茶盞。一種比碗小的器皿，喝茶所用。宋朝鬥茶要看茶色，以色白為佳。為了易於觀察茶色使用黑釉瓷茶盞最適合，建議您帶上福建建陽窯產的兔毫盞。它是黑釉茶盞中最著名的品種，盞身內外皆有棕色或鐵銹色條紋，尤以閃銀光色的細長條紋者為最佳，狀如兔毛，故稱兔毫盞。

二是湯瓶。宋朝的點茶與唐朝的煎茶最大的不同在於茶末不再放入茶釜裡與水同煮，而是放在茶盞裡用湯瓶煮水來沖點。因此，茶器裡出現了一件陸羽《茶經》中未曾提及的重要器具——湯瓶。湯瓶在點茶時用於燒煮或貯盛開水，並不在裡面放茶末。宋朝的湯瓶有銀製的，但總體上以瓷製湯瓶為主流。

三是盞托。宋朝的盞托材質有金銀銅鐵、瓷器、漆器等，造型也是花樣百出。精美的盞托增添了品茗的情趣。因為要不停地點茶，配以盞托增加了茶盞的穩定性，沒有傾倒之虞，這樣一來可放心點茶。

2.炙茶。用微火慢慢烤茶餅，為的是使得茶的香味更加濃郁，去除水分和苦澀。

3.碾茶。用茶碾子細細地把烤過的茶餅碾碎成粉末，目的是為了後來點茶時，茶的香濃成分充分溶解到水中。

4.羅茶。用絹羅篩茶末，過濾雜質，留下最細的茶粉。

5.候湯。等待適當煮沸的水。水的沸騰程度是點茶成敗的關鍵。如果水煮得不到位，茶末就會浮起來。如果水煮過頭了，茶末就會沉下去。只有分寸把握得恰到好處的沸水，才能點出色香味俱佳的茶水。陸羽在《茶經》裡說，適合烹茶的是「三沸水」：一沸，「沸如魚目，微微有聲」；二沸，「邊緣如湧泉連珠」；三沸，「騰波鼓浪」。水到了三沸之時，就要把湯瓶從火上移開，否則，水老了，點出的茶就會發苦。

《茶經》中說烹茶用的水「山水上，江水中，井水下」。宋朝文人的詩詞中也多次出現泉水這種點茶用的最上等的水，比如谷簾泉、惠山泉、大明泉、報國靈泉、六泉、金線泉等名泉之水。

您知道「三沸」的分寸，也知道什麼水最好，這還不夠。煮水的火也有特別的講究，要用活火。所謂活火，就是木炭燃燒時的明火火焰，不能用木柴等其他燃料，木炭也不能有油污髒物，以免異味污染水質。

6. 熁盞。按著上述要求將水煮好，但還不能立即點茶，需熁盞，即用煮沸的水燙洗茶盞，目的是為了讓茶盞保持一定的溫度。因為茶盞「冷則茶不浮」，也不利於茶水香味的散發。

7. 調膏。將茶末置於茶盞中，用少量沸水調成膏狀，先溶解茶葉的成分為濃汁。

8.擊拂。一邊用湯瓶中的沸水往茶盞中沖點，一邊用竹製的茶筅或者銀製的茶匙在茶盞中來回攪動。這時，茶水表面會泛起一層泡沫，叫餑沫。

9.比試。餑沫能夠長時間停留在茶盞的內壁，則說明茶水濃郁，茶的品質較好。等到餑沫散去，茶盞內壁會出現水痕，水痕先消失的，算敗了。水痕耐久者，勝。當然，光看餑沫決出勝負是不夠的，還要比試茶水色澤。色澤鮮白，純白為勝，其餘名次為清白、灰白、黃白。

咱們現在用瓷杯、玻璃杯泡茶葉，如果看見綠瑩瑩的顏色，會覺得這是好茶，泛著清香。顯然咱們沒有宋朝人更懂茶葉。茶水泛白，說明採茶時選的都是肥嫩的葉子。如果水色泛青，說明蒸的火候不夠；泛灰，說明蒸的火候過了；泛黃，說明採製不及時，茶葉已經老了；如果泛紅，說明在茶餅乾燥過程中烘焙過度了。

宋朝盛行的鬥茶活動中，湧現了許多名家高手，宋徽宗趙佶首當其衝算一個。蔡京《延福宮曲宴記》記載，有一次宋徽宗召集宰執、親王吃飯，「上命近侍取茶具，親手注湯擊拂。少頃，白乳浮盞面，如疏星淡月」。由此可見，宋徽宗的點茶技藝已達到了極高的水準。

宋朝的鬥茶，讓您領略到了那時的文人士大夫對茶秉持的認真細緻的態度。鬥茶、品茗是一種高大上的享受。茶和文人像離不開的兄弟倆：茶給了文人詩的靈感，文人對茶文化的尊崇，又賦予茶更多的詩性。

④

釋兵權、吟詩寫詞之必備，也是醉了——酒文化

一、名樓從來不藏功與名

打個不一定恰當的比方，如果說茶像安靜的處子，那酒就像個粗獷的漢子。「李白鬥酒詩百篇」，文人們借助酒性，思如泉湧，靈感爆發那是常有的事兒。士兵出征，一盞酒可以禦寒，可以激起豪情衝鋒陷陣。政治、生意的問題可以放在酒桌上，好好談，溫和解決，要不太祖趙匡胤怎麼會用杯酒釋兵權這一招呢？

酒與茶比，就體現了一種張揚的態度。這種張揚，在宋朝也是城市生活的一大特色。

您在東京的豐樂樓裡，曾經品嘗過宋朝的酒，可是那天您的主要目的是美食。現在咱們就領著您在宋朝的酒樓裡，再次體驗酒文化的魅力。

宋朝的話本裡，曾經有這麼一闋詞：「城中酒樓高入天，烹龍煮鳳味肥鮮。公孫下馬聞香醉，一飲不惜費萬錢。招貴客，引高賢，樓上笙歌列管弦。百般美物珍饈味，四面欄杆彩畫簷。」說的就是酒樓。您在東京城的街面上走著，會發現這闋詞說的還真不算太誇張。

宋朝城市中的酒樓，都是朝著大街。沿街堂堂的重疊的高樓，是宋朝才開始有的。您會問，難道宋朝以前比如唐朝就沒有高樓嗎？宋朝以前，高樓並非沒有，但都是建在皇宮內府，專供市民飲酒作樂、做酒樓生意的高層建築是不可想像的。酒樓作為一個城市繁榮的象徵，到了宋朝才雨後春筍般發展起來。

您到東京城九橋門街市一段去看看，酒樓林立，旗幡招展，甚至遮天蔽日，您大夏天的都可以站在旗幡下乘涼。有的街道還因有酒樓而得名，比如「楊樓街」。

不少文人在自己的著作裡，詳細地記述了他們所見到的一些城市的酒樓情況。樓鑰的《北行日錄》寫到他入相州時，見到臨街有一雄偉的琴樓，「觀者如堵」。范成大在《入蜀記》中記鄂州南市時，特別說到這裡的「酒壚樓欄尤壯麗」，是外郡未見過的。

當然，酒樓數量最多、規模最大，還是在京城。兩宋的汴梁和臨安，出了名的酒樓您是數不過來的：忻樂樓、和樂樓、遇仙樓、鐵屑樓、仁和樓、清風樓、會仙樓、八仙樓、時樓、班樓、潘樓、千春樓、明時樓、長慶樓、紅翠樓、玉樓、狀元樓、登雲樓、得勝樓、慶豐樓、玉川樓、宜城樓、集賢樓、晏賓樓、蓮花樓、和豐樓、中和樓、春風樓、太和樓、西樓、太平樓、熙春樓、三元樓、五閑樓、賞心樓、花月樓、日新樓、蜘蛛樓、看牛樓……

值得一提的是，您去過所有這些酒樓中豔壓群芳的一家——豐樂樓。豐樂樓原先叫樊樓或白礬樓，北宋後期擴建成豐樂樓。它建築在稠密的店鋪民宅區，所以只能向空中發展。豐樂樓就是一個建築群，三樓相高，五樓相向，高低起伏，參差錯落。樓與樓之間，各用飛橋欄檻，明暗相通，西樓第一層就可以俯瞰皇宮。宋朝皇宮以高大聞名於世的，豐樂樓卻高過它。這一點又說明宋朝的皇帝大多不錯，沒和民間過不去。

您如果懂點建築學，走進京城的酒樓，您會發現有些酒樓已經部分採用了宮室廟宇所專有的建築樣式，這可從酒樓門口排設的杈子看出來。杈子是用朱黑木條互穿而成，用以攔擋人馬。原先只有在京城的御街御廊，官至貴品的衙門和府邸才有資格使用。

只要稍微上點檔次的酒樓，酒樓門口都會紮縛彩樓歡門，像供人觀賞的藝術品。

您還沒進酒樓呢，它那華貴的氣魄就撲面而來。

進入酒樓內，您抬頭往天花板上看，居然有皇家貴胄才可以用的藻井，即天花板上凸出為覆井形飾以花紋圖案的那種木建築。

也許您不太喜歡這種氣派熱鬧但有點嘈雜的酒樓，想要找個安靜雅致的地方，品好酒嘗美食。這好辦，咱們現在奔有私家園林風格的酒樓而去。

東京的私家園林風格的酒樓往往冠以園子之名，如中山園子正店、蠻王園子正店、邵宅園子正店、張宅園子正店、方宅園子正店、姜宅園子正店、梁宅園子正店、郭小齊園子正店、楊皇后園子正店……

您一邁入這樣的酒樓，就會看見如《東京夢華錄》所說的那樣：「必有廳院，廊廡掩映，排列小閣子，吊窗花竹，各垂簾幕。」甚至皇家艮岳園林中，也建設了高陽酒樓。您需要的心曠神怡、賞心悅目全有了吧？

優美的園林環境，周到細膩的服務，使您流連忘返。不要說普通的市民了，連有些高級官員，也偷偷換上便服跑到這裡享受一番。皇帝知道後，大加責怪：「為什麼要私自入酒樓？」他們往往回答：「皇上，實在是萬物俱備，賓至如歸，架不住那個誘惑啊。」

這話一下子道出了宋朝酒樓極具魅力的一個方面，那就是無可挑剔的服務。高大上的酒樓門前往往站著兩個夥計，他們「頭戴方頂樣頭巾，身穿紫衫，腳下絲鞋淨襪」，對人彬彬有禮，往酒樓裡相讓。客人原本不一定進去呢，可見他們拱手齊胸、俯首躬腰的殷勤模樣，也就欣然而入了。

只要您一入座，下酒的羹湯、果子、細菜、主食您隨意點。就算您有十幾位朋友一起聚餐也沒關係，服務人員的記性都被訓練出來了，一個人記幾十種甚至上百種菜也不會出岔子。斟酒換湯上菜，也絕不要您催，高檔服務人員就是有那眼力見兒。

酒樓有「趕趁」的人，就是您吃吃喝喝的時候，給您說唱的人。他們不是酒樓的雇員，但是酒樓對他們也不挑剔，只要會唱個曲兒，能逗個樂，就予接納，讓他們在酒樓謀生。這其實促進了酒樓的生意，實現了雙贏。

酒樓開得多，競爭也就厲害，老闆們也就各出奇招。有間孫家酒店，老闆原先就是酒樓打工的，後來自立門戶。他在酒店牆面裝飾圖畫，几案上陳列書史，還弄些智力遊戲類的玩具，結果吸引了市民絡繹不絕地前來。發財以後，他就建起了酒樓，漸漸在東京有了名氣。

這一真事很有說服力，那就是酒樓要想吸引人，必須要有雅俗共賞的文化娛樂。

有些酒樓之所以歡聲笑語、通宵達旦地營業，就是因為酒樓經營者調動了娛樂的手段，吹拉彈唱樣樣有。

除了酒樓吸引人的環境，您可以關注一下酒樓那些酒具、餐具，這也是一家酒樓檔次的一個體現。假設您請一位朋友共赴高檔酒樓，兩人對飲，一般用一副注碗，兩副盤盞，果菜碟各五片，水菜碗三、五只，都是光芒閃閃的銀製器皿。一桌銀酒器價值大約在一百多兩銀子，更有官辦酒樓供飲客用的價值千餘兩銀子的金銀酒器，也並不鮮見。

您進酒樓的目的主要是吃吃喝喝，酒樓經營者當然明白要想招攬到更多的客人，就須有高超的烹飪技術，推出自己的拿手好戲。有不少的酒樓紛紛以姓氏為名，如鄭廚、任廚、陳廚、周廚、沈廚、翁廚、嚴廚、白廚、郭廚、宋廚、黃胖家、孟四翁等等。當然，宋朝的美食在您的吃貨一日遊中，您已經體驗到了它們的魅力了。

二、名酒以及它的知音們

衡量酒樓的標準，名酒是第一位的。釀售酒類，到了宋朝，不再是政府專營。民間只要向政府買酒麴，就可以自己釀酒售賣。宋朝城市的酒樓不僅賣酒，而且製酒，高級的酒樓都有自家風味獨特的美酒。

東京豐樂樓常備的自釀酒名為眉壽、和旨，忻樂樓有仙醪，和樂樓有瓊漿，遇仙樓有玉液，王樓有玉醖，清風樓有玉髓，會仙樓有玉胥，時樓有碧光，班樓有瓊波，潘樓有瓊液，千春樓有仙醇，中山園子正店有千日春，蠻王園子正店有玉漿，朱宅園子正店有瑤光，邵宅園子正店有法清大桶，張宅園子正店有仙醁，方宅園子正店有瓊酥，姜宅園子正店有羊羔，梁宅園子正店有美祿，楊皇后園子正店有法清……名店出名酒，名酒襯名店，這就是品牌效應。

臨安的名酒則更多，如玉練槌、思堂春、皇都春、中和堂、珍珠泉、有美堂、雪腴、太常、和酒、夾和、步司小槽、宣賜碧香、內庫流香、殿司鳳泉、供給酒、瓊花露、蓬萊春、黃華堂、六客堂、江山第一、蘭陵、龍游、慶遠堂、清白堂、藍橋風月、薔薇露、爰諮堂、齊雲清露、雙瑞、愛山堂、得江、留都春、靜治堂、十洲春、玉醅、海嶽春、籌思堂、清若空、北府兵廚、錦波春、浮玉春、秦淮春、銀光、清心堂、豐和春、蒙泉、蕭灑泉、金斗泉、思政堂、龜峰、錯認水、溪春、紫金泉、慶華堂、元勳堂、眉壽堂、萬象皆春、濟美堂、勝茶、雪醅……

酒文化的普及，使得家家戶戶把飲酒當作家常之事。一批飲酒大師也隨即產生。您看電視劇《水滸傳》，好漢們喝起酒來跟喝水似的，這倒也沒怎麼誇張。一是宋朝的蒸餾酒還沒有普及，酒的度數比較低。您看現在的黃酒，也就十幾度。二是宋朝確實有能喝的人，喝起來您看著都膽寒。帶您去見識幾位：

北宋初年的党進，官職相當於騎兵總司令，每頓能喝一斗酒。一斗您沒啥概念，那換算一下成今天的計量單位：六千六百四十一毫升！

宰相薛居正，據說慢悠悠地喝，幾斗酒下肚，神志還是清醒的。

被宋太宗譽為「智勇無雙」的曹翰，幾斗酒也不在話下。

宋真宗時，侍讀學士李仲容，平常記性很差，但是喝至半酣，竟然對答如流，奇人也！

當然，宋真宗本人也有三斗酒的海量，和李仲容做酒友挺合適的，一邊喝，一邊問答。

《夢溪筆談》裡記述，以詩酒豪放自詡的石延年和另一位超級飲家劉潛在船上喝酒，從白天喝到半夜，酒快喝完了，暫時又不能上岸買酒，於是把醋罈子打開，把一斗醋摻進酒罈繼續喝，第二天一早，酒醋都全喝完了。

有位張道安，因為趣味相投，也加入兩人的戰團。經常出現的場面是，三個人鬥酒，已經不論盞斗了，而是論天。咱們似乎聽到您的驚歎了：天！

宋仁宗愛惜石延年的才能，就吩咐大臣勸他戒酒。石延年倒也聽話，真就戒酒了。可是酒沒了，病來了，石延年結果因病而亡。

當然，您在宋朝喝酒，咱們不建議您這麼沒節制地豪飲，畢竟身體健康重要，還有更重要的，酒文化，不是拚酒，而是品酒。

第五篇

男神女神，時尚達人之路

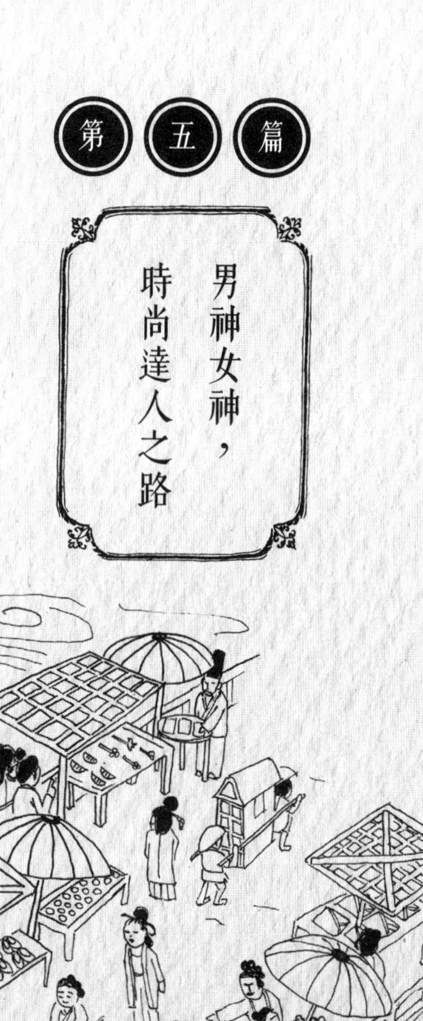

① 兄台，目前流行什麼款——男子服飾

一、朝廷工作服體現著等級

在為這一趟穿越旅行做準備時，您可能發愁，帶什麼衣服呢？最終您決定分場合來準備。正式場合預備了韓版歐版的西裝，中式的立領；休閒場合準備了T恤、夾克、牛仔褲，這基本上是您在現代的著裝路線。

您覺得這是萬全之策，想法自然不錯，可是咱們告訴您，沒用！您的這些衣服，在宋朝就是奇裝異服。您覺得好看，人家還覺得您是不知道從哪兒冒出來的怪物呢！畢竟審美的變化是一個漸進的過程。

咱們建議您到表演服裝租賃店去一趟，您跟老闆說，租一套古裝圓領袍衫、一頂裹巾和一雙布鞋。這是宋朝男子最常見的打扮，儘管現代人隔著千年左右肯定不能做

出和宋朝一樣的服飾，但至少可以減少差距，您落地宋朝的時候，在人們的眼光中，也不顯得那麼另類。

到了宋朝之後，您應該盡快置辦幾套服飾，這樣能在最短時間使得您的第一印象被宋朝的人所接受。因此，關於宋朝服飾的知識，又得給您上課了，要不您瞎搭配，還是會招來嘲笑的眼光。

作為一名男性，您先來了解一下宋朝第一男性——皇帝是怎麼穿戴的。

皇帝的服飾風格就是華貴正統，有大裘冕、袞服、通天冠、絳沙袍、履袍、衫袍、窄袍、御閱服等。

大裘冕是祭祀昊天上帝時的禮服。大裘，用黑羔皮製成，領袖用黑繒。冕，無旒，前圓後方，前低後高，玄表朱裡，以繒製成。

袞服是祭祀宗廟、朝太清宮、受冊尊號、元旦朝會、冊皇太子時的衣著。袞服為青色，繡有日、月、星辰、山、龍、雉、虎蜼七種圖形，紅裙繡有藻、火、粉米、黼、黻五種圖形。冕有十二旒，二纊，並貫珍珠，冕版用龍鱗錦表。

通天冠是大祭祀、大朝會、大冊命、親耕籍田時所戴。宋朝通天冠與唐朝的有所不同，它是用遼東產的北珠鑲嵌。雖說也是二十四梁，加金博山，但它是用金或玳瑁製成蟬形嵌在冠上。冠高、寬均為一尺，青表朱裡。

與通天冠相配的絳紗袍，用雲龍紅金條紗製成，紅色袍裡，黑色袖口。

履袍是大禮完畢還宮、乘大輦時的便裝，以絳羅製成，因著履，故稱履袍。如穿靴，則稱靴袍。履、靴都用黑皮。

衫袍是大宴時的衣著，有赭黃、淡黃、紅色等色。

窄袍用於平時理政時。

御閱服是皇帝的戎服，為騎馬閱兵時的著裝。

總之，皇帝需要分場合穿戴打扮，絲毫馬虎不得。祭祀時要求莊重，理朝時要求神聖，巡視時要求便捷，閱兵時要求威武，無一不體現了皇帝至高無上的權威。

再說說未來的皇帝——太子的服飾，基本路線也仿照皇帝的風格。有袞冕、遠遊冠、朱明衣、常服。

袞冕是祭祀時的禮服。冕，青羅表，緋羅紅綾裡，飾金銀鈒花，前後白珠九旒，二纊貫水晶珠。袞服，青羅衣，繡有山、龍等圖形，紅羅裳繡藻、粉米等圖形。

遠遊冠為受冊、謁廟時所戴，有十八梁，青羅表，飾金銀鈒花。

朱明衣與遠遊冠配套而用，它是用紅花金條紗製成的，裡為紅紗。

常服為皀紗摺上巾，紫公服，配犀金玉帶。您不難看出，皇太子服飾是「準皇帝」的衣著。皇上的寶座是世襲的，皇太子服飾特點反映了他們和皇位的特殊關聯。

宋朝官員的服飾，雖比不上皇家的至尊華美，但也名目繁多。

北宋初年，官員們的祭服為袞冕，其中的九旒冕套裝為：塗金銀花額，犀、玳瑁簪導，青羅衣繡山、龍、雉、火、虎蜼五種圖形，緋羅裳繡藻、粉米、黼、黻四種圖形，緋羅靴或履。這是親王、中書門下的衣著。

七旒冕套裝為：犀角簪導，衣繪虎蜼、藻、粉米，裳繪黼、黻。這是九卿的衣著。

五旒冕套裝為：青羅衣裳，無花紋，銅裝佩劍。這是四品官、五品官的衣著。

朱羅裳是六品官以下的著裝。冕旒越多、圖案越繁，官位越高。

官員的禮服有鷩冕、毳冕、絺冕、玄冕。

鷩冕是宰相的衣著，冕有八旒（每旒八玉），三彩，青纊。衣為青黑羅製成，繡有華蟲、火等，裳為纁表羅裡，繡有藻、粉圖形。

毳冕是六部侍郎的衣著。冕有六玉，三彩。衣繪虎蜼、藻、粉米圖形，裳繡黼、黻。

絺冕是光祿卿、監察御史、讀冊官、舉冊官的衣著。冕有四玉，二彩。衣繪粉米圖形，裳繡黼、黻。

玄冕是光祿丞、奉禮郎的衣著。冕無旒，無佩綬。衣純黑，無紋，裳刺黼。可見，旒、玉多寡，標誌著官位的高低。

您眼花撩亂了吧？總結一句話，您是什麼等級的官員，就穿戴什麼等級的服飾，弄亂了就是不合禮法。還不止這些，服飾的顏色也有禮法的規定：三品以上服紫色，五品以上服朱色，七品以上服綠色，九品以上服青色。後來朝廷也覺得這樣規定太繁瑣了，就簡化了服飾顏色上的限制：四品以上服紫色，六品以上服緋色，九品以上服綠色，四種顏色變成三種。

皇室、官員們按著這種繁雜的規定穿戴，披披掛掛，冬天還可以，挺保暖的；大夏天的可就遭罪了。據說有一位宰相在盛夏穿朝服上朝，差點悶死在朝廷大殿裡。因發生此事，宋朝一度規定，容許百官在盛夏不穿朝服朝見。

宋朝君臣對服飾的華麗也不是無所顧忌。他們認為用珍奇的禽獸羽毛比如翡翠鳥的藍色綠色羽毛來美化自己，有傷自然，違背仁政，因此摒棄。到了南宋，朱熹建議制定祭祀、冠婚之服，「凡士大夫家祭祀、冠婚，則具盛服。有官者襆頭、帶、靴、笏，進士則襆頭、襴衫、帶，處士則襆頭、皂衫、帶，無官者通用帽子、衫、帶」。這種服飾設計方案，竭力趨向質樸，比較符合理學「革盡人欲，復明天理」的宗旨。從克制對華美奢侈追求的欲望，盡量克儉來說，理學還是起到了一定的作用。

二、東坡巾是蘇軾引領的流行風

您跟咱們著急了，怎麼到現在說的都是皇室、官員在正式場合的穿戴，反正都是規定好的，由不得自己的喜好，難道宋朝沒有流行風嗎？

當然有，士大夫們在這個方面，一直是流行趨勢的弄潮兒。宋朝士大夫們最流行的服裝有帽衫、涼衫、紫衫、深衣、襴衫等。

帽衫是北宋士大夫交際時的穿戴，由烏紗帽、皂羅衫、角帶等組成。到了南宋，隨著官員服飾的簡化風，帽衫這一套只有在祭祀、冠婚時才穿戴，平時就很少見了。

涼衫是北宋中期京城的士大夫們為方便騎馬出行而創製的一種服裝，蒙在朝服外面，防止灰塵的襲擊。

紫衫原來是軍人的服裝。南宋初年戰爭頻繁，士大夫也紛紛套上紫衫，結果成為一股流行風。想想也是，軍服可能把士大夫們文質彬彬的氣質襯托得顯出英武之氣。

深衣是一種衣裳合在一起，前後深長的衣服。古代上身的衣服叫衣，下身衣服叫裳。深衣本來始於先秦，後來一度不流行。到了宋朝，深衣又在士大夫們中流行起來。所以您不要以為只有現代才有復古風，人家古代也有復古風。

襴衫多以白細布製成，圓領大袖，下施橫襴為裳，腰間有襞積（皺褶），進士、國子生、州縣生一般都穿這樣的衣服。

袍，一種長大衣，是宋朝男子最為普遍的服裝，不論身分貴賤都能穿，但還是有一些規定：皇帝著龍袍，官員著皂袍，無官著白袍，最普通的百姓著布袍。宋朝的士大夫中曾流行在夏天穿紗袍，輕薄涼爽，但是透視效果讓理學家們受不了，指責說有違正統，流行度才降了下來。

宋朝男子最盛行的服裝叫褙子。其實完全不限於男子，幾乎全民盛行穿褙子。但男子一般把褙子當作便服或襯在禮服裡面的衣服來穿。褙子雖然是隋唐時期就已流行的服裝，但那時的褙子袖子是半截的，衣身不長。宋朝的褙子為長袖、長衣身，腋下開胯，即衣服前後襟不縫合，而在腋下和背尾碼有帶子。這腋下的雙帶本來可以把前後兩片衣襟繫住，可是有的褙子並不用它繫結，而是垂掛著作裝飾用。穿褙子時，在腰間用勒帛繫住。褙子的領型有直領對襟式、斜領交襟式、盤領交襟式三種，以直領式為多。斜領和盤領二式只是在男子穿在公服裡面時所穿。關於褙子的名稱，宋朝還有一種說法，認為褙子本是婢妾之服，因為婢妾一般都侍立於主婦的背後，故稱褙子。穿腋下開胯褙子，行走方便，動作舒展，難怪受到全民所愛。

宋朝的下層人士，一般穿皂衣、布衫。皂衣就是黑衣或者混雜青黑、紫黑、赤黑等不正色的衣服。布衫就是一種粗布上衣，袖子很闊。下層人士的衣服與官員士大夫華麗精緻的絲綢服裝形成鮮明的對比。

與衣相比，宋朝男子的裳（下衣）就要簡單多了。在宋朝，您可以穿褲子，也能穿裙子。男人穿裙子在古代是常見的事情，您也沒什麼不好意思。皇帝的裙子叫纁裳，富貴人家用絹絲製作膝褲、紅裙，士人們喜歡穿襪頭褲，普通男子穿紗裙。

您如果看過《包青天》這部電視劇，會對包大人的形象印象深刻。他老人家上朝或者登堂審案之時，頭上帶著黑色的帽子，兩邊有長長的帽翅，這個形象是符合歷史事實的。只不過，在宋朝，那不叫帽子，叫襆頭；咱們叫的帽翅，其實叫腳。

襆頭是宋朝官吏的首服。首服，從字面也知道意思，頭上的衣服。上自皇帝，下至普通官員，在朝會、處理公務時，都要穿禮服，戴襆頭。這種襆頭多用藤或草編織，外面用紗，塗漆。它與唐朝襆頭相比，有所改進，以直腳為多。起初，兩腳左右平直展開，後來，兩腳伸展加長。有的簪以金、銀、羅、絹的花卉。為什麼弄那麼長的腳？據說是朝廷為了防止官員們在上朝站班的時候交頭接耳。

官員們很多時候也戴頭巾。宋朝的文人士大夫中，又風行起古代的幅巾，用紗羅在頭上裹出許多樣式。依款式而論，有圓頂巾、方頂巾、琴頂巾等；依質料而論，有紗巾、綢巾等；依人名命名而論，有東坡巾、程子巾、山谷巾等。東坡巾原為蘇軾所戴，它有四牆，牆外有重牆，比內牆稍窄些，前後左右各以角相向，戴時則有角，位於兩眉間。有人曾這樣描寫：「麻衣紙扇趿兩屐，頭戴一幅東坡巾。」這是當時一個典型的宋朝文人的形象。

宋朝的武士或者衛兵，流行抹額。抹額就是用不同顏色的布條繫在額頭上，以作標誌。

普通的老百姓通常弄塊黑色的布帛裹頭，所以老百姓又叫「黔首」。

宋朝男性的腰帶，一類是皮革所製，稱為革帶；另一類由綾羅綢緞製成。腰帶上綴以玉、金、銀、犀、銅、鐵、角等飾品。這些飾品，往往是區分男性社會地位的標誌：三品以上的官員，配玉；四品配金；五品六品配銀塗金；七品和內職武官配銀；八品九品配烏銀；流外官員、工商、士人、普通老百姓配鐵、角。

當然，您也會看到達官顯貴們，腰間配有錦囊、玉佩、魚袋等飾物，來彰顯身分。

俗話說，看人的品味，女人看頭，男人看腳。這就說到鞋子了。宋朝的鞋和靴子，最高檔的是絲製的，一般是皇室或者富商大賈才穿得起；一般的官員都穿布鞋或皮鞋。那時候的皮鞋可不是您今天鋥光瓦亮的那種，宋朝的皮革製品工藝還沒進步到這種程度，從外觀看，就類似於您今天穿的絨面皮鞋。一般的平頭百姓，大多穿草鞋、麻鞋、棕鞋，既便宜，又防滑耐磨。

您穿上一雙木屐，頭上綦著東坡巾，穿上一件襴衫，手裡再拿把扇子，在宋朝的街面上溜達。對面來個朋友問您：「兄台，今兒想置辦衣裳來著，請教目前流行什麼款？」您可以指指自己回答他：「瞧這兒，文藝休閒！」

② 都市麗人，主要看氣質——女子服飾

一、衣裳與氣質，李清照很內行

談起男性服飾，作為男性一枚，您不免會嘆口氣：和女性服飾的千變萬化、爭奇鬥妍相比，男性服飾從款式到色彩就那麼幾樣，最多在小細節上做些變化，領帶變窄些，褲腳變小些，夾克變短些，T恤修身些等等，沒見出現過什麼創造性的男裝出現在您的生活了。您不必嫉妒女性在服飾上擁有那麼多的選擇，說到底，古今中外都這樣，宋朝女性服飾也不例外。

咱們知道唐朝女性的服裝豔麗、張揚、開放。到了宋朝，女性的服飾比唐朝收斂很多，一是體現在包裹得比唐朝嚴實了不少；二是顏色素雅很多。唐朝的大紅大紫被淡粉、淡綠、淡紫等淡色取代，只是在下衣的裙裳上體現一些青藍綠黃等豔麗的顏色。

古代女性群體裡處於金字塔頂端的是命婦，女性服飾的奢侈風都是她們引領的。所謂命婦，就是被皇帝賜予封號的女性。宮廷中后妃，稱內命婦；官員受封號的妻、母稱外命婦。宋朝命婦的禮服和常服有：鞠衣、翟衣、霞帔、褘衣、朱衣、大袖等。

鞠衣，皇后每年三月禱告桑事時服之。衣式採用袍製，用黃色的面料，裡襯為白色。

翟衣，這是命婦在受冊封、參加朝會以及出嫁等場合穿的衣服。翟衣上繡有數量不等的花釵，用花釵數量區分命婦的身分等級。

霞帔起源於南宋，是宮中后妃們的常服，後來也被賜予宮外命婦，顏色是象徵尊貴的紫色和紅色。

大袖，衣如其名，兩袖寬博，在婚嫁時要早早準備。如果是喪事，貴婦們也穿這種款式，只不過是用粗布縫製的。

貴婦們在衣料和飾品上一直扮演著奢侈品消費者的角色。衣料一般為美麗華貴的絲綢服裝，上面裝飾有珍珠、金銀等。

就拿全民服裝、沒有性別和年齡之分的褙子來說，原本是身分較低的女性所穿，因為穿著它行走和做事都挺方便，後來從后妃、命婦到平民百姓的女子都喜歡穿用。

但是在后妃、命婦那裡，褙子就不那麼普通了，首選是用料豪華了；其次是顏色豔麗，多用紅黃色；更奢華的是，用珠寶、金銀來裝飾褙子。

在版型上，宋朝女性穿的褙子，長袖，衣長過膝，兩腋開叉，領子為直領對襟式。宋朝宮廷侍女和富家婢女中流行一種短袖上衣——半臂。您不用想也知道，這是適合幹體力活的人的穿著。在宋朝士大夫的眼中，這是非禮之服。

宋朝女性的衫，一般用羅製成，即羅衫。羅，就是輕軟的織造稀疏的絲織品。著名詞人李清照曾在她的〈一剪梅〉中提到羅裳：

紅藕香殘玉簟秋。輕解羅裳，獨上蘭舟。雲中誰寄錦書來？雁字回時，月滿西樓。花自飄零水自流。一種相思，兩處閒愁。此情無計可消除，才下眉頭，卻上心頭。

荷塘裡殘荷零落，玉簟生涼，顯出一派秋意。閒愁難耐之時，輕輕褪去羅裳，獨自駕著一葉蘭舟，在池塘裡撐開一條水路。當她回來的時候，發現書案上放著一封來信，於是欣喜地打開。此時已經月上西樓，一輪皎潔的滿月將銀輝灑在小閣樓上，依在窗邊，展開信箋細細地讀著，忽悲忽喜，兩地相思之情剛剛才稍解，卻因一封來信，又湧上心頭。

閉上您的眼睛，想像這個畫面，那一襲褪去的輕盈柔軟的羅裳，是多麼符合詞人描寫的美麗傷感意境，符合她本人濃濃的氣質。所以這打扮之美啊，主要還是看氣質。

不信，您把羅裳換成半臂或者T恤試試。這說明，像李清照這樣的文藝女青年，是很懂得什麼衣服適合自己的氣質的，這就是品味。跟著李清照這位才女的服飾路線走，一定會清雅脫俗。

宋朝女性的內衣稱為抹胸，因為它只遮擋了前胸，並不包含後背，所以叫這個名字。穿抹胸，腰間有襞積，左右各綴肩帶。通常用羅絹製成，上面往往繡著彩色的花紋。

宋朝女性的下裳以裙為主，通常有長裙、百褶裙、旋裙、上馬裙、石榴裙等。裙子的顏色以鬱金香根染的黃色最為貴重，是貴婦們最喜歡的顏色；紅裙則為歌舞伎樂所穿；老年和農村婦女大多流行穿青色或綠色的裙子。

當然，除了裙子，宋朝女性的下裳也有褲子。上層婦女穿褲子，外面還得用長裙遮掩；一般的女性，尤其是體力勞動者，穿上褲子外面不再穿裙子。

前面跟您說過，宋朝的女性服飾與唐朝相比趨於保守質樸，但也絕不像明清女性，用高高的豎領、緊掩的衣襟，使肌膚、身體全都消失在服飾下。比如宋朝女性經典的兩件套上衣，抹胸加褙子。她們不僅敢於袒露脖頸及前胸，更將古來一直僅用為女內衣的抹胸，轉用在外衣上，坦然任其顯露於睽睽眾目之下。

更有女性特別懂得通過私密性衣裝來展示女性的魅力和生活的情趣。在這方面，文藝女青年李清照又要出場了。

李清照的〈醜奴兒〉這樣寫道：

> 晚來一陣風兼雨，洗盡炎光。理罷笙簧，卻對菱花淡淡妝。絳綃縷薄冰肌瑩，雪膩酥香。笑語檀郎，今夜紗廚枕簟涼。

這首詞寫得十分香豔，描述的是一位佳人——極有可能就是李清照本人——在一個夏天的夜晚撩撥她的丈夫，真是風情無限。她穿得很暴露，「絳綃縷薄冰肌瑩，雪膩酥香」。這種「絳綃縷」應該就是宋朝的一種紅色的透明性感內衣。女子穿上這種情趣內衣之後，那雪白的肌膚若隱若現，一陣陣的幽香不斷散發出來，怎能不令她的愛人心旌搖盪？一對年輕夫妻卿卿我我、柔情蜜語的情態躍然紙上。

二、纏足是變態的審美

宋朝女性頭上戴的冠常見的有鳳冠、九龍花釵冠、儀天冠、珠冠、角冠、花冠、團冠、𩏂肩冠等。

鳳冠是后妃們在受冊封、大朝會、祭祖時所戴的禮冠，是所有禮冠中最為貴重的。九龍花釵冠和儀天冠是皇太后祭祖時所戴禮冠。

皇室的這些禮冠，用「璀璨」和「價值連城」來形容一點不為過。碩大的珍珠，剔透的美玉，金銀製成的龍鳳、花朵和釵子，一起堆砌在禮冠上，彷彿一座小小的珠玉金銀之山。

珠冠是貴族女性所戴的一種冠，望文生義也沒錯，就是鑲嵌珍珠等寶石的冠。

角冠也是貴族女性的一種禮冠，因裝飾有角梳而得名。貴婦們因為在角冠上追求奢靡，冠子的高度甚至達到三尺，最後惹得宋仁宗發火了，說這個太奢侈了，規定冠子的高度不得超過四寸。仁宗時代，就沒人敢違反這個規定。可是後來，奢靡之風再次盛行，飾物又添進了魚枕、象牙和玳瑁。

花冠在民間女性中頗為流行，用像生花（假花）或者鮮花製成。

團冠深受年輕女性的偏愛，用竹篾為骨，後來改為白角，形狀如團。

嚲肩冠是在團冠基礎上發展起來的，因四周的冠飾下垂至肩而得名。

除了冠，宋朝的女性也使用頭巾，比如額巾，用一塊帕巾摺成條狀，繞額一周，繫結在額前。

宋朝女子出行時，也會有蓋頭。新娘子出嫁的蓋頭只是其中一種，還有一種從唐朝帷帽發展而來，寬大的帽子下，用一塊四方的紫羅擋住臉部。

宋朝女性服飾中，也盛行腰帶，美稱為「香羅帶」，大多以布帛製成。腰帶的名稱和種類也很多，如合歡帶、鴛鴦帶、同心帶等，它們往往含有各種不同的美好含意：

以兩種顏色的彩絲交相編織而成的合歡帶，深受年輕女性喜愛，往往把它佩在裙腰，既作為裝飾，又象徵著男女恩愛，情投意合。

以兩種不同顏色絲縷合編而成的鴛鴦帶，常被年輕女子作為定情信物贈給男方，象徵相親相愛，永不分離。

同心帶是指綰有同心結的腰帶。歐陽修曾作詞寫道：「金泥雙結同心帶，留與記情濃。」

香纓是女子出嫁時繫在衣襟或腰間的彩色帶子，上面繫有香囊。在出嫁那天，通常由新娘子的長輩為她繫上香纓，寓意是身有所繫。新娘子過門後禮拜男方長輩，需要手托香纓，這是商周就傳下來的禮節。

宋朝女性腰間佩飾，除了腰帶之外，還有玉佩、玉環、繡囊、香囊、流蘇等。

玉佩常常出現在貴婦的佩飾中，一般佩戴在裙子兩側。玉環既是裝飾，又起到壓裙的作用。古代要求女性儀態行不露足，為了避免女性邁步時裙幅散開，有礙觀瞻，所以用玉環壓住裙角。一般左右各佩戴一個。

繡囊，類似於今天的口袋，放手巾、錢幣等物品。一般都是佩掛在腰間。香囊比繡囊多了一樣東西，就是裡面貯放了香料。香料的作用一是散發香氣，二是驅蟲除穢。

流蘇是用五彩的羽毛或者絲線編織而成的帶穗，是一種垂飾品。

以上這些，您可以從中感受到宋朝女性在服飾上體現的細緻和美麗，但要是說到宋朝女性的鞋子，以您現在的審美眼光，一定不敢苟同。因為宋朝的婦女纏足。

纏足是歷史上對女性性別歧視和壓迫的代表作，也是變態的審美。

因為纏足的關係，所以適合纏足女性的鞋子，樣式必須是小頭鞋子。弓鞋就是其中一種。纏足的女性，穿著小小的弓鞋，踽踽獨行。您看到她們的樣子，就能聯想到一個成語：裹足不前。

但就是這樣的鞋子，製作上也有講究。高檔的，有金縷鞋、珠鞋、花靴等，無非是用金絲線、珠寶、繡花裝飾而成。

不知道李清照是不是纏足的，但願沒有。想來她自年輕時候，就自由灑脫，遊歷各地，應該沒有纏足。嗯，這才是一位宋朝都市麗人的完整健康形象嘛！

③ 所謂顏值，也得靠捯飭——髮型與美妝

一、美還是要從頭開始

自打民國以來，咱們中國男性的髮型就簡單多了。就算到了今天，男子髮型最大的差別也基本反映在頭髮長度上。這沒什麼不好，好打理啊，方便又節約時間。所以，很多男性朋友難以理解他們的愛人、女友能耐著性子在美髮廳耗去幾個小時洗剪吹染燙一番，就為了一個新的髮型。

咱們公平地說，現代女性髮型樣式種類，比宋朝女性要少很多，平日打理的時間也比宋朝女性少得多。

宋朝女性髮型之多之複雜，讓人嘖嘖稱奇。

宋朝很重視笄禮，即女性的成人禮，把少女的髮型改為髮髻作為成人標誌。行禮

之時，親戚們紛紛來慶祝，贈送禮品，可見笄禮在一位女性人生中的重要地位。

宋朝女性的髮型承襲了晚唐五代遺風，以高髻為美、為時尚。但一個人的頭髮就那麼多，也有長短疏密之分，所以為了梳出時尚美麗的高髻，往往摻有從他人頭上剪下來的頭髮，加添在自己的髻髮中。甚至直接用他人剪下的頭髮編結成各種不同式樣的假髻，需要時直接戴在頭上，類似於今天的假髮頭套，在宋朝時稱為「特髻冠子」或「假髻」。各種不同式樣的假髻，可供不同層次的人物，在不同場合選擇使用。由於假髻使用範圍的日益廣泛和普及，因此在宋朝的一些大城市，已經設有專門生產和銷售假髻的鋪子。

朝天髻就是富有時代性的一種高髻。朝天髻的梳法：先梳髮至頂，再編結成兩個對稱的圓柱形髮髻，由後朝前反搭，伸向前額。另外還需要在髻下墊以簪釵等物，使髮髻朝上高高聳立。然後再在髻上鑲飾各式花飾、珠寶。整個髮式造型渾然一體，別具一格。

懶梳髻，又叫懶梳頭、懶梳妝，樣式是把頭髮梳於頂部，分成數綹，盤挽成髻。這種樣式的髻，通常都是梳好的假髮，用的時候直接套在頭上，所以叫懶梳髻。

羅髻流行於民間婦女，其樣式由頭髮盤辮而成。

流蘇髻，相傳是一位叫輕雲的長髮美女所創。這位女郎的頭髮茂盛，站在床上梳頭，長髮還要拂在地上。她綰成髮髻後，還要在兩側各垂下一縷髮綹至肩，飄飄蕩蕩，彷如流蘇。

同心髻在宋朝也是無論尊卑都非常流行的髮型。在有些地區，同心髻只限於未婚的女子。同心髻最高可達二尺，插銀釵六只，後面插的象牙梳，能有手那麼大。

鸞髻，是形似鸞鳳的髮髻，或者是在髮髻上裝飾著鸞鳳釵。《宣和遺事》記載宋朝青樓女李師師的清雅美麗，就說：「鞾眉鸞髻垂雲碧。」她一直垂到肩上的鸞髻，如烏雲一般濃碧。

螺髻，因樣式如螺殼而得名，是宋朝成年女性採用的髮式。

墮馬髻是宋朝最為通用的一種髮式。挽一個高髻，然後垂向一邊，再加上小梳和珠飾，顯得慵懶可愛。

芭蕉髻，橢圓形髻，四周飾有綠翠，豔如芭蕉，嬌美多姿。

包髻，製法是在髮式造型已經定型以後，再用絹、帛一類的布巾加以包裹。此種髮式的特徵在於絹帛布巾的包裹技巧上，將其包成各式花形，或做成一朵浮雲等形狀，裝飾於髮髻造型之上，並飾以鮮花、珠寶等裝飾物，最終形成一種簡潔樸實，又不失為精美大方的新穎髮式。

雙蟠髻，又名龍蕊髻。髻心特大，在雙根處紮以彩色之繒。

雙髻，在少女中最為常見。由頭頂正中分髮為左右兩股，先在頭頂兩側各紮一結，然後將餘髮彎成環狀，將髮梢編入耳後髮內。

一窩絲，流行於已婚和老年婦女中。把頭髮聚集在腦後，盤成一個圓髻，上面插簪釵等飾物。

鴉鬟，宋朝又稱丫鬟，流行於民間未婚女子中的髮式。將頭髮分成兩縷，編成結，左右各一個，或貼在雙鬢，或垂於兩肩。

盤福龍髻，髻大而扁，對睡覺不妨礙，所以又叫便眠覺。

盤好的各種髮髻，自然還需要首飾。宋朝金銀、翡翠、珍珠為材料的首飾只能用於貴族命婦，民間不得使用。但民間家庭比較富裕的女性，可以用玉質和水晶的首飾，琉璃首飾則在民間大行其道。頭部的飾物還有各色鮮花、布帶。

繁雜的髮式，各種各樣的首飾，搭配起來像一項小小的工程，目的無非為了一個字：美。從咱們的經驗看，一個相貌平凡的女性，如果願意並且主動學習怎麼打扮自己，會越來越懂得選擇適合自己的妝容，因而更加自信，進而真的美起來。

二、顏值直指化妝品

頭上腳上身上的問題，都解決了，現在就剩下臉了。咱們來看看宋朝女性是如何化妝的。

與唐朝的濃妝豔抹相比，宋朝女性的化妝傾向於淡雅之美。文人士大夫譏諷濃妝豔抹的女性為「鼓子花」，即「米囊花」，一種以花色濃豔著稱的罌粟花。

宋朝女性臉部妝式有額黃、紅妝、薄妝、素妝、佛妝等。

所謂額黃，就是在額部塗抹黃色的顏料。這種妝式出自皇宮，所以又叫宮黃。

紅妝是在頰間塗抹紅粉，唇點口脂。這種妝式深受仕女的喜愛，紅粉佳人指的就是這種妝容的女子。

薄妝又稱淡妝，就是在臉部略微施以淡淡的粉，顯得極其雅致。

素妝就是在臉部敷上白色的鉛粉或者米粉，這種妝式在宋朝頗為鮮見，被當時的人們認為是服妖。

佛妝在寒冷的北方很流行，冬天的時候，以栝蔞塗面，一直不洗去，到了春暖花開才卸妝，因為很久不受風日侵襲，所以臉上的肌膚潔白如玉。

此外，還有淚妝，即用白粉抹在臉頰或者點染眼角，其狀如啼哭，因此得名。

檀暈妝是一種素雅的妝式，先用淺赭鉛粉打底，然後施以檀粉，面頰中部微紅，並逐漸向四周暈染。

梅妝，是指在眉額上點畫梅花，或者黏貼梅花形的花鈿，是一種很受文人士大夫欣賞的妝式。

鉛粉是宋朝女性主要的化妝品，又稱「鉛華」。所以，「洗盡鉛華」最原始的意義是卸妝。

鉛粉的特點是色澤潔白，質地細膩。但從今天科學的角度來講，鉛的確有漂白的作用，但是也會引起鉛中毒，所以鉛含量一直是監控化妝品安全性的一項重要指標。可惜宋朝的人當時並不懂這個科學道理。

花粉，因為製作時加入花卉等植物的香汁而得名。

雪丹，即高級的白色鉛粉。

玉女桃花粉是宋朝女性化妝常用的一種妝粉，用石膏、滑石、蠟脂、蚌粉、殼麝和益母草等調配而成，祛斑養顏的功效很好。

除了粉之外，宋朝女性化妝所用的油脂主要有茶油和花子油。

香脂具有濃郁的香氣，通常是用麻油、鮮花和香料配製而成。

太真紅玉膏又稱龍膏，因其敷在臉上面若紅玉而得名。做法是：杏皮、滑石、輕粉等份蒸過，再加入腦麝少許，用雞蛋清和勻。

孫仙少女膏是洗面用的油膏，用黃柏皮三寸、土瓜根三寸、大棗七個研磨而成。洗臉的時候，把膏子稀釋在水中，經常洗，駐顏效果明顯。

網路上親切地稱呼年輕的女性，往往用「美眉」這個詞，原本只是取諧音，想不到歪打正著，崇尚眉的美，確實是自古以來的傳統。眉，直到今天也是女性化妝的重點區域，在宋朝那更是備受重視。

說是打理眉毛，其實沒有眉毛。宋朝女性在眉妝上繼承了前人的研究和實踐成果，第一步就是剃掉眉毛，然後才用墨來畫出新的眉形。

後周之前，女性們都是用石黛等顏料描畫成各種式樣的眉形，宋朝已經不用青黛來畫眉了，代之以墨。

您可不要誤以為，宋朝的女子就是握著一支毛筆，蘸著墨水往剃過的眉部直接描上去。這水淋淋的能留得住嗎？這裡說的墨，是墨塊。但也不是拿墨塊直接畫眉。而是選上等的墨，用火煨烤，然後用手指先染上墨色，再在眉部描出眉形。這個流程在宋朝又被稱為「熏墨變相」。

宋朝女性的眉式，大有濃廣、細淡之分。您可以從當時的文學作品中看出來。比如描寫眉毛濃廣的，吳渭在〈春遊詩〉中寫道：「今朝出閣去，拂鏡濃掃眉。」比如描寫細淡的，蘇軾寫道：「春來贏得小宮腰，淡淡纖眉也嫩描。」

宋朝女子的唇妝，方法和今天一樣，用唇脂塗抹。但在顏色上可能沒有今天那麼豐富，主要就兩種顏色：紅色或者檀色，顏色有深淺的區別。不像今天女性的口紅，一個品牌甚至有幾十種顏色可供選擇。

在富庶的宋朝，一位女性只要不是懶婆娘，就有條件把自己打扮得得體而漂亮，給她所生活的那個時代添加一份靚麗的色彩，顏值也是要靠捯飭的。

④ 聞香識美人，上流奢華風——香道

一、香料基本都是進口貨

您一定聽過這樣一種說法，精緻有品味的生活，往往就是做很多「沒用」的事情。比如不為考試升職而讀一本閒書，偷得浮生半日閒品一杯好茶，不為應酬自己弄點可口小菜自斟自飲等等。您在宋朝也做了不少「沒用」的事情，在東京城無所事事閒逛品嘗美食，慢條斯理地和人鬥茶，在豐樂樓上一邊看著街景人流一邊獨酌，都算是您在宋朝的精緻有品味的生活。自然，這都是一種生活享受。

現在輪到您的鼻子，準確一點說還得加上肺腑去享受了，這就是宋朝極具藝術品味的香道。

凡是能被稱為「道」的，就已經從「術」上升到「藝」了，比如茶道、棋道、劍道、柔道、跆拳道等，宋朝的香道絕不亞於這些道的藝術。

在宋朝的皇室貴族、文人雅士中，焚香、熏香（以香熏衣）就跟每日衣食一樣不可或缺。進入他們的居所，或濃或淡的香味沁人心脾。哪怕您在街上遇見他們，他們的衣服上也會有幽幽香氣散發。有位被宋真宗視為奇才的名喚梅詢的官員，誇張到只要一抖官服的袖子，香氣就在滿屋子裡瀰漫，這已經不是一般的香道粉絲，而是升級成「香癡」了。

您可以再次為宋朝驕傲，宋朝有史料記載的香料就多達一百多種，其中最常見的香料有乳香、龍涎香、龍腦香、沉香、檀香、丁香、蘇合香、麝香、茴香、藿香。這一百多種香料，有很大一部分都是進口貨。宋朝海上絲綢之路的船隊，把宋朝特產賣到國外，回來的時候絕不空返，運回的進口貨物中香料是很重要的物資。船隊歸航，泊進沿海港口，等待的商人便把這些香料源源不斷運往內地。

龍涎香的名字來自於古老的傳說。傳說中天上的巨龍枕著海裡的礁石睡著了，流出的口水便凝結成龍涎香。現代科學研究揭開了謎底，龍涎香並沒有那麼多故事性，其實就是抹香鯨腸胃裡吐出來的分泌物。

龍涎香的顏色是區分它品質等級的重要指標。抹香鯨剛吐出它的時候是淺黑色或灰色，在海水裡浸泡的時間越久顏色越淺淡。白色的龍涎香價值千金。史料記載上等的龍涎香「每兩不下百千」。

這麼貴的龍涎香一定很香吧？您可能這麼認為。其實龍涎香並不非常香，它的主要功能是聚合香味，加入其他香料中，能使香味經久不散。如果貯存得當，甚至在幾十年後香味仍在。

說到龍腦香，自然也不是龍的腦子，而是天然冰片。它還被稱為瑞龍腦、梅片、梅冰或者羯布羅香。龍腦香異常珍貴，但宋朝人似乎並不太珍惜，反而用於熏衣，製作香篆（聚合香料、形成各種形狀），還有的做成佛像雕塑，擺設在家中。

沉香是沉香樹的分泌物，多從東南亞進口。沉香樹可高達三十公尺以上。當沉香樹的表面或內部形成傷口時，為了保護受傷的部位，樹脂會聚集於傷口周圍。當累積的樹脂濃度達到一定的程度時，將此部分取下，就是昂貴的沉香。此外，沉香樹脂也會自然形成於樹的內部和腐朽的部位上。因為來之不易，沉香的形成過程很長，所以上等的沉香，價格可以是黃金的幾倍。

您了解了香料，但是會不會香道則是另外一回事。您如果把香料點燃，放置一邊隨它自由燃燒，那還是沒入香道的門檻。既然是「道」，自有其講究的方法和程序，您得跟著學習一下。

在宋朝，品質最佳的香料都是切成骰子大小的丸粒，每次只要焚上這樣小小一丸，就能達到滿室皆香的效果。在焚香的過程中，必須要把香丸的四面依次加以翻轉，讓每一面都能接受到炭火的熏烤，以便其中的香料成分在熱力催動下最充分的發揮出來。這樣，直到香丸燃盡，都不會產生煙焦味。

「玉鼎翻香」就是宋朝人士焚香之道的高度概括。宋朝人習慣從頭上拔下一枚簪子或釵子，用其尖去翻動隔火片上的香丸。宋朝詞人范智聞就這樣描述香道的細節：「煙縷不愁淒斷，寶釵還與商量。佳人特特為翻香。圖得氤氳重上。」

但是另一位詞人高觀國卻有相反意思的詞：「霜天曉角，爐煙浥浥。花露蒸沉液。不用寶釵翻炷，閒窗下，婦輕碧。」

為什麼「不用寶釵翻炷」了？原來宋朝有香水了。

二、香水揮灑出的文雅更氤氳

在咱們的歷史上，香道的「革命」——製作香水，就發生在宋朝。「花露蒸沉液」道出了香水的基本製作方法。

宋朝時就有極少的從阿拉伯進口的香水——薔薇水。熱愛香道的宋朝人自然要去研究一番，根據道家的「升煉」傳統，對獲得的「採花浸水，蒸取其液」的模糊信息加以破譯，進行了自己的探索和仿製。

薔薇，就是玫瑰，那個時候還沒有被引進到中國。於是宋朝人以從印度等地移植到嶺南的素馨、茉莉，乃至本土原有的柚花、柑橘花為原料來製取自己的香水——花露。

南宋的張世南記述了香料蒸餾的流程和方法：「永嘉之柑為天下之冠，有一種名『朱欒』，花比柑橘，其香決勝。以棧香或降香作片，錫為小甑，實花一重，香骨一重，常使花多於香，竅甑之傍，以泄汗液，以器貯之。畢，則撤甑去花，以液漬香。明日再蒸，凡三四易花。暴乾，置磁器中封密，其香最佳。」

從文字記述中，咱們知道用錫做成的甑，就是當時的蒸餾器。把香料與香花一起密封其中，層層鋪滿。然後把錫甑放在熱水鍋上加熱，水蒸氣從甑底的孔眼進入甑內，釋放出香料和香花中的香精。所得到的混合香水——花的「汗液」，一部分當即浸潤了棧香、降香的薄片，一部分則通過甑旁的小孔流出甑外，落到承接的容器中。接下來一步，是把蒸過的香料薄片放在那從甑中流出的花液也就是香水當中浸泡，讓花香更充分地浸入香料之中。這兩個步驟要重複三四次，最後把香料薄片曬乾，再封密收藏，就是最佳的焚香之品。

隨著研究探索的深入，宋朝人知道了珍貴香料一定要經過「蒸」的加工程序才能更好發揮它們的優點。比如將沉香、檀香硬質香料，或浸在蘇合油中，或與香花封密在一起，置於湯鍋之內經以薰蒸，由此讓香料獲得複合性的香味，才算得到了可以入爐的成品。在「蒸香」的加工過程中，一次次蒸出的芳香花液在浸過香料之後，同時還形成了另一項產品，即高觀國詞中所說的「花露蒸沉液」。實際上，這也就是宋朝人製作的「花露」，當時的人們也叫它「薔薇水」。當然，宋朝的香水製作工藝水準，還不能和阿拉伯相比，所以這種「薔薇水」，算是仿製品。

終於，宋朝人有了自己製作的液態香料。於是在香爐中熏「花露」，成為宋朝人生活中頗為時髦的生活趣味，所以自然就「不用寶釵翻炷」了。

液態的「香料」，置於香爐中低燃的炭火上，所升起的細煙自然也在瀰漫的香氣中帶著濕潤的意味，一絲一縷地沁入肺腑。本來就是香道粉絲的宋朝人，怎麼會不愛這種新生事物呢？

宋朝人很快也明白，花露和香丸一樣，也可以用來熏衣，而且簡便得多，直接灑在衣袂上就可以了。當時的史料記載：「灑著人衣袂，經十數日不歇也。」更有人誇張地寫詩形容：「舊恩恰似薔薇水，滴在羅衣到死香。」

時人愛什麼，什麼就會發展。宋朝製香工藝的進步，使得原本只能存在於上層社會的奢靡之風，也影響到中下層的人們，儘管在品質上還是有等級的區別，但普通家庭也可以享受自己的香道了。

像吃飯時每個人的口味不同一樣，人們偏愛的某種香味也有所不同。在愛香迷香的大宋朝，您「憑香識美人」可能真地會發生，只要您的鼻子夠靈。所以千萬不要得過敏性鼻炎，那在大宋朝，可真虧了。

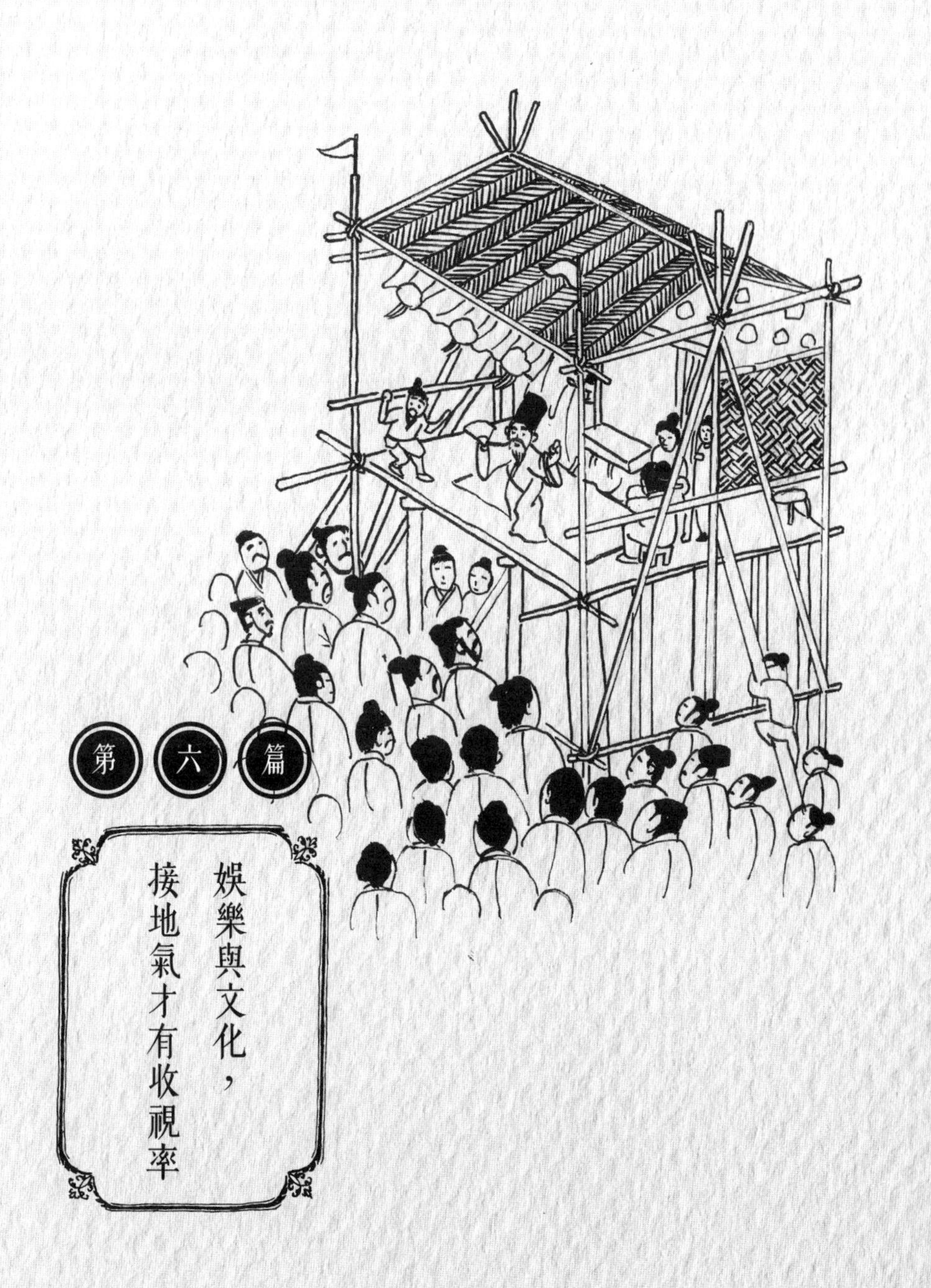

第六篇

娛樂與文化，接地氣才有收視率

1 名士的朋友圈，最愛曬旅行——名勝

一、文人相輕倒是少見

在宋朝盤桓的這些日子裡，您對有些事情已經有了非常清晰的認識。比如在宋朝做個文人，是一種讓人尊敬的選擇。宋朝文人的人生模式看起來有些矛盾，一方面積極進取，渴望走上仕途報效國家，建功立業；一方面又追求自由、個性、曠達的境界。這似乎是單選題，但宋朝的文人把兩者非常和諧地結合起來，縱觀歷史，無出其右者。因此，宋朝文人中，誕生了不少名士。他們寄情山水，留下篇篇文字精美而富有情懷的遊記。他們的朋友圈，經常曬旅行的比比皆是。

文人士大夫在其位，便謀其政，得空的時候，也把山水之樂當作提高自身修為的手段。

落第文人，離開政治核心的士大夫，也能遨遊山水，抒情言志，明性見理，同時不忘民生國事。

總結成一句話，就是「達則兼濟天下，窮則獨善其身」，這是宋朝文人士大夫的信條，也是他們的真實寫照。

姜夔，就是宋朝名士典型的代表。他精通音樂，擅長鑑賞，工於詩詞文，可謂多才多藝。但他命運多舛，年少喪父，四次科舉均以失敗告終。仕途不順的姜夔四處遊歷，曾涉足揚州、江淮一帶，後來又客居湖南。遊歷中，他結識了詩人蕭德藻，因為情趣相投，遂成忘年之交。

蕭德藻是福建人，進士出身，擅長作詩，與范成大、楊萬里、陸游齊名。由於賞識姜夔的才華，他特將自己的侄女許配給姜夔。蕭德藻調任湖州時，姜夔也決定隨行。途經杭州，蕭德藻介紹姜夔認識了著名詩人楊萬里。楊萬里對姜夔的詩詞讚歎不已，說他「為文無所不工」，酷似唐代著名詩人陸龜蒙，也和他結為忘年之交。之後楊萬里還專門寫信，把他推薦給范成大。范成大曾官任參知政事（副宰相），當時已經告病回老家蘇州休養。他讀了姜夔的詩詞，也極為欣賞，認為姜夔高雅脫俗，翰墨人品就像魏晉時期的名士。

因為得到文壇大家的激賞，姜夔聲名鵲起，此後寓居湖州達十多年。湖州弁山風景優美，他曾居住在弁山苕溪的白石洞天，朋友潘德久於是稱他為「白石道人」。姜夔為人瀟灑不羈，以陸龜蒙自許。當時的名流士大夫都爭相與他結交。連大學者朱熹也對他青眼相加，不但喜歡他的文章，還佩服他深通禮樂。著名詞人辛棄疾對他的詞也深為歎服，曾和他填詞互相酬唱。

在湖州居住期間，姜夔仍舊時時四處遊歷，往來於蘇州、杭州、合肥、金陵、南昌等地。大約三十九歲時，他在杭州結識了世家公子張鑒。張鑒是南宋大將張俊的曾孫，家境豪富。他對姜夔的才華很欣賞。因為姜夔屢試不中，張鑒曾經想出資為姜夔買官，但姜夔卻不想用這種讓人羞愧的方式進入仕途，婉言謝絕。

蕭德藻歸鄉後，姜夔乾脆移居到好友張鑒所在的杭州，並在杭州以布衣身分終老。張鑒是姜夔晚年最好的知己，兩人友誼極深。姜夔自己說：「十年相處，情甚骨肉。」

咱們為什麼給您說了這麼多姜夔的身世經歷？那是因為，從姜夔的一生中，您可以看到宋朝文人之間那種令人動容的情懷。您很少看到文人相輕，只要您有才華，無論您是什麼身分，都會得到欣賞和相助。姜夔作為一名沒有功名的文人，從他的作品中也看不到拍馬溜鬚之詞，甚至和前副宰相這樣的人都平等以待。這種友誼也許就是宋朝的文人之間所特有的。就像王安石和司馬光，他們是政治觀點不同的對手，但從來沒有影響到他們對彼此才華的認可和當對方窘困時付出的關心。

這是宋朝文人的一條主線，您不理解他們的胸襟，也就不能理解他們的為文。

也許是生活經歷的影響，姜夔的文學作品，大多充滿傷感氣息。但即使這樣，他也沒有忘記一個宋朝文人的家國情懷。在揚州遊歷時，他寫下了流傳千古的〈揚州慢〉：

淮左名都，竹西佳處，解鞍少駐初程。過春風十里，盡薺麥青青。自胡馬窺江去後，廢池喬木，猶厭言兵。漸黃昏，清角吹寒，都在空城。杜郎俊賞，算而今，重到須驚。縱豆蔻詞工，青樓夢好，難賦深情。二十四橋仍在，波心蕩，冷月無聲。念橋邊紅藥，年年知為誰生。

這闋詞，緊緊圍繞「猶厭言兵」四字展開，描繪了戰亂後揚州的淒涼景象，並與往日繁華對比，寄託了作者的哀思，揭露了金兵的暴行，格調高絕，韻味深長。

像姜夔這樣，在遊歷山水名城中，依然不忘憂國之情的宋朝文人，舉不勝舉。

二、山水之樂也是家國情懷

那些被貶謫的士大夫，雖然還沒有脫去公務員的身分，尚有閒職傍身，但已經遠離政治中心，精神上和布衣沒有太大的差別。他們一邊遊歷四方，一邊替社稷擔憂。

宰相寇準被貶地方任職時，常以旅遊來寄託鬱結心懷的政治苦悶與邊患未平、社稷未固的憂思。他在遊河陽（今河南孟縣）河心亭時，不僅遊而不能忘情，而且更添憂愁。他在〈書河上亭壁〉中寫道：「岸闊檣稀波渺茫，獨憑危檻思何長，蕭蕭遠樹疏林外，一半秋山帶夕陽。」

慶曆年間，范仲淹任參知政事（副宰相），立即提出十項政治改革主張，主持「慶曆新政」。但因頑固派阻撓，新政未能實行。被貶謫的范仲淹登上岳陽樓，寫下千古名篇〈岳陽樓記〉。在對湖光山色進行精準而美妙的描寫後，范仲淹發出這樣的感嘆：

> 嗟夫！予嘗求古仁人之心，或異二者之為，何哉？不以物喜，不以己悲。居廟堂之高則憂其民；處江湖之遠則憂其君。是進亦憂，退亦憂。然則何時而樂耶？其必曰「先天下之憂而憂，後天下之樂而樂」乎！噫！微斯人，吾誰與歸？

「不以物喜，不以己悲」是他對人生修為的態度；「居廟堂之高則憂其民；處江湖之遠則憂其君」「先天下之憂而憂，後天下之樂而樂」是他的政治理想和抱負；「微斯人，吾誰與歸」是他傷感的嘆息。

另一位變法人物王安石，罷相後退居江寧（今南京）半山園，依舊關心新法。他的大量旅遊、登臨之作，如〈旅思〉〈登飛來峰〉〈遊褒禪山記〉〈郊行〉〈泊船瓜洲〉〈桂枝香．金陵懷古〉等，都表現出他在旅遊觀景中的政治情懷。

比如，王安石鄞縣知縣任滿，返回故鄉時路經杭州，寫下〈登飛來峰〉，寓意立志變法革新之心未變：「飛來山上千尋塔，聞說雞鳴見日升。不畏浮雲遮望眼，只緣身在最高層。」

陸游在宦海沉浮中，時而仕時而隱的生活使他的足跡遍及福建、江西、浙江、江蘇、四川、陝西等省。

陸游志向高遠，恢復中原的抱負常使他魂牽夢繞，常感流光易逝，報國無門。他行走過半個中國，山水越美越使他難忘匹夫之責。陸游晚年蟄居山陰，在山明水秀，風景絢麗之處，處處留下他的足跡，並以大量詩詞描述故鄉風物，但他始終不忘國家統一大業。直到彌留之際，仍留言「王師北定中原日，家祭無忘告乃翁」。

辛棄疾一生仕途幾次沉浮，甚至生平所有的各種名銜全部被朝廷削奪得乾乾淨淨。他在瓢泉過著遊山逛水、飲酒賦詩、閒雲野鶴的村居生活。瓢泉田園的恬靜和當地村民的質樸使辛棄疾深為所動，寫下了大量描寫瓢泉四時風光、世情民俗和園林風物、遣興抒懷的詩詞。

六十六歲那一年，辛棄疾被啟用任鎮江知府。這位期望北伐抗金的老人，登臨北固亭，感嘆時光已逝，報國無門。他憑高望遠，撫今追昔，寫下了〈永遇樂．京口北固亭懷古〉這篇傳唱千古之作：

千古江山，英雄無覓，孫仲謀處。舞榭歌台，風流總被，雨打風吹去。斜陽草樹，尋常巷陌，人道寄奴曾住。想當年，金戈鐵馬，氣吞萬里如虎。

元嘉草草，封狼居胥，贏得倉皇北顧。四十三年，望中猶記，烽火揚州路。可堪回首，佛狸祠下，一片神鴉社鼓。憑誰問，廉頗老矣，尚能飯否。

名士們也總是可以從山水這本「無字之書」中，追求真知卓識，領略自然與人生的意義。

程頤的老師周敦頤，晚年退居廬山蓮花峰下。面對滿池蓮花，他能體悟到景物教給人們的為人之理：

晉陶淵明獨愛菊；李唐來，世人甚愛牡丹；予獨愛蓮之出淤泥而不染，濯清漣而不妖，中通外直，不蔓不枝，香遠益清，亭亭淨植，可遠觀而不可褻玩焉。予謂菊，花之隱逸者也；牡丹，花之富貴者也；蓮，花之君子者也。

周敦頤在〈愛蓮說〉中借景寓意，在讚美蓮花品格的同時，諷喻追求富貴顯達的世俗風尚，表現了不願與世沉浮的情操。

唐宋八大家之一的曾鞏，一生極愛風景名勝之旅，僅在濟南就遊樂舜泉、趵突泉、金絲泉、大明湖等幾十處景致。他在〈城南〉中寫道：「雨過橫塘水滿堤，亂山高下路東西。一番桃李花開盡，惟有青青草色齊。」

曾鞏通過桃李之花容易凋謝與小草青色長久相對比，暗示了這樣的一個哲理：桃花、李花雖然美麗，生命力卻弱小；青草雖然樸素無華，生命力卻很強大。

王安石遊安徽含山縣褒禪山，作〈遊褒禪山記〉，把他從自然中領悟到的勵志之理留給了後人：

入之愈深，其進愈難，而其見愈奇。

世之奇偉、瑰怪、非常之觀，常在於險遠，而人之所罕至焉，故非有志者不能至也。有志矣，不隨以止也；然力不足者，亦不能至也。有志與力，而又不隨以怠，至於幽暗昏惑而無物以相之，亦不能至也。

蘇軾的〈題西林壁〉：「橫看成嶺側成峰，遠近高低各不同。不識廬山真面目，只緣身在此山中。」蘊含著觀察事物因為不同的角度會得出不同的結論，當局者迷、旁觀者清的辯證道理。

歐陽修作〈朋黨論〉後，被認為是范仲淹等改革派人物的同黨，被貶作滁州（今安徽滁州）太守。第二年遊滁州琅琊山，他留下了膾炙人口的〈醉翁亭記〉。文中記敘了琅琊山的勝景：「若夫日出而林霏開，雲歸而巖穴暝，晦明變化者，山間之朝暮也。野芳發而幽香，佳木秀而繁陰，風霜高潔，水落而石出者，山間之四時也。朝而往，暮而歸，四時之景不同，而樂亦無窮也。」也表達了他被貶後寄情山水的心理——「醉翁之意不在酒，在乎山水之間也」，還有他與民同樂的為政。

隨著名士們的足跡，他們具有的經邦緯國的濟世情懷，或者從山水中追求人生真諦的精神，也留在各處名勝。當您來到這裡，如果能想起他們曾經抒發的感慨，這裡的名勝就彷彿散發著不一樣的光芒。

所以，在宋朝，當一個名士去遊山玩水，與其說是山水之旅，不如說是靈魂精神之旅更為貼切。

② 在這裡，柳永安靜地做著美男子——青樓

一、去青樓找個詞人多半不落空

說到宋朝的文化，就不能不提宋詞。宋詞是宋朝文化的形象代言。

如果您是一位宋詞愛好者，那您到宋朝就可以親身膜拜宋朝詞人活生生的非凡才華。您會發現，在宋朝大凡有些名氣的詞人，大多與青樓有著直接的關係。歐陽修、蘇軾、秦觀、周邦彥、晏殊等文壇大家的青樓詞無不是寫得酣暢淋漓。至於柳永就更不用說了，一部《樂章集》十之八九寫的是青樓風光。如果宋詞離開了青樓，沒有了婉約派的「楊柳岸曉風殘月」，只剩下豪放派的「大江東去，浪淘盡，千古風流人物」，那也是不完整的一個文化形象。

當然，您也得客觀理性地認識到，青樓是封建時代特有的一種文化現象。隨著時

代的進步，青樓及其蘊含的人與人之間的不平等、對女性的歧視和壓迫在現代社會已經被法律所禁止，為道德所抵制。

關於宋朝文人和青樓的關係，我們的了解可以從一代文學宗師歐陽修開始。歐陽修在揚州作太守時，巧遇兩名汝陰美貌青樓女。酒席筵上兩位青樓女戲約歐陽修以後來汝陰作太守。幾年後歐陽修果然自揚州調任汝陰太守，此時兩名青樓女早已不知去向。歐陽修一次酒後留詩曰：「柳絮已將春色去，海棠應恨我來遲。」可見他對那兩名青樓女是何等的眷戀。

也就是在歐陽修的一次宴會上，晏殊認識了洛陽青樓女張采萍。兩人一見鍾情，互生情愫。晏殊回到京城，離別後的思念與傷痛折磨著他。他悔恨自己沒有留下張采萍的聯繫方式。其實，晏殊此時心裡很是矛盾，要找也能找到張采萍，可是自己能納青樓女為妾嗎？徹夜未眠想著遠方的張采萍，最終他痛定思痛，提筆寫下了這首〈蝶戀花〉：

檻菊愁煙蘭泣露。羅幕輕寒，燕子雙飛去。明月不諳離恨苦，斜光到曉穿朱戶。

昨夜西風凋碧樹。獨上高樓，望盡天涯路。欲寄彩箋兼尺素，山長水闊知何處？

晏殊決定向張采萍表白。他心想：只要真心相愛，又何必在乎禮教名分呢？

還沒等晏殊去洛陽，歐陽修已經成人之美將張采萍送來了。晏殊正式納張采萍為妾，老夫少妻很是恩愛。晏殊去世後，張采萍隱居起來，再未嫁人。她守著晏殊的愛終老一生。

在青樓情結上，蘇軾更勝於他的恩師歐陽修。他曾為一位名叫秀蘭的青樓女寫下一首〈賀新郎〉。詞中寫道：

乳燕飛華屋。悄無人，桐陰轉午，晚涼新浴。手弄生綃白團扇，扇手一時似玉。漸困倚，孤眠清熟。簾外誰來推繡戶？枉教人，夢斷瑤台曲，又卻是，風敲竹。石榴半吐紅巾蹙。待浮花，浪蕊都盡，伴君幽獨。穠豔一枝細看取，芳意千重似束。又恐被，西風驚綠，若得待君來向此，花前對酒不忍觸。共粉淚，兩簌簌。

蘇軾在臨安時，一有閒暇，就約許多賓朋遊西湖。活動節目安排一般是這樣：早晨在山水最佳的地方吃飯，吃完飯，讓每位客人乘一隻船，選出隊長一人，再各領著幾位青樓女，隨便到哪去。吃完中午飯後，再敲鑼集合在一處，登上望湖樓、竹閣等處歡鬧。一直到深夜他們才拿著燭火回城，引得人們夾道觀看。

蘇軾一次出遊就可集合起千餘青樓女，可想而知當時臨安的青樓文化有多發達。臨安各處都有青樓，從上、下抱劍營、漆器牆、沙皮巷、清河坊、融和坊、薦橋、新街、後市街，到金波橋等兩河以至瓦市，有三十六條花柳巷。作為北宋首都的東京，青樓則如同市民日常生活必需的食店一樣，觸目皆是。像「院街」的曲院街西，竟都是青樓。尤其在繁華地段，像御街東西朱雀門外，還有下橋南、北兩斜街，都是青樓。這些街均為東京最長、最寬之道，可設置多少青樓，您不難想像。有史料記載，早在北宋初年，東京登記在冊的青樓女達到萬數之多。

由於青樓女多，青樓女就分為不同層次。

一類是最好的青樓女，從她們的住處就能見識其品味。起居為寬靜房宇，三四廳堂，庭院有花卉假山，怪石盆池；臥室都是帷幕茵榻，擺放經史書籍……她們個個能文詞，善談吐，懂應酬，評品人物，答對有度。她們的門前，貴族和士人的車馬絡繹不絕。

另一類青樓女，大多出身職業演員家庭。達官顯貴們的宴聚，必有這樣的青樓女攜樂器而往的身影。她們在閒暇時，便聚到東京較大的金蓮棚中，各自表演拿手好戲，用絲竹管弦、豔歌妙舞，炫人耳目，動人心魄。向她們求歡的，多是膏粱子弟。他們一看上眼，等到宴席散去，便會追逐到這樣的青樓女之家。

這兩類色藝並重的青樓女，是東京也是整個宋朝城市青樓女的主流。她們是官方登記在冊的。官府有公私宴會，她們會被招去應酬。她們的一個重要使命是點綴官府主辦的商業和娛樂等重大活動。臨安一年一度的官府開煮新酒，都要做宣傳推廣工作。酒庫雇來許多有名的、秀麗的青樓女以振聲勢。這支由青樓女組成的美酒專賣宣傳的隊伍，引動得成千上萬的市民駐足街頭觀看，一時形成了「萬人海」的場面。

文人士大夫，會用精妙的詞藻，絕佳的情思，根據細緻入微的觀察，調動一切美化手段，對宋朝城市青樓女作精確的描寫。人們都可以從這類描寫中了解當時文人士大夫的心態，也會理性思考這種特有的文化現象的根源。

在宋朝城市裡，一個值得注意的現象是，這裡聚集著以數十萬計的讀書和準備考試的莘莘學子。也可以說，天下讀書種子的精華都集中在東京、臨安這樣的大城市裡。

有一位叫沈君章的士子，喜歡並常去青樓。有一天他宿在青樓，結果不小心感冒，兩腿特別疼痛。回家後母親按著他的腿說：「你讀書太辛苦了，經常讀到深夜，又沒有炭火烤，凍壞了。」沈君章聽到這話，無地自容，於是下定決心從今以後再也不去青樓了。

二、柳永的情歌攝誰魂魄

在與青樓女眉目傳情，而能使自己的心靈有所寄託的感情遊戲中，柳永是當之無愧的形象代言人。在存世的兩百餘首柳詞中，您能看到，在柳永的筆下，青樓女像彩虹，像輕風，像神仙，像精靈，使人似乎忘記了這是肉慾的交易，相反，卻是精神上甜美的夢境，減一分狎昵，添一分癡情。

柳永在家排行老七，人稱柳七郎。當時能和柳七郎產生一段似水因緣，已成了青樓歌女們的夙願。

不願穿綾羅，願依柳七哥；不願君王召，願得柳七叫；不願千黃金，願得柳七心；不願神仙見，願識柳七面。

這首打油詩正是當時流行於青樓時尚的真實寫照。在青樓女子眼裡，柳永是如此安靜的一個美男子。

作為宋朝排行第一的青樓詞人，柳永雖然才高八斗，學富五車，但他卻把青樓女看成是知己和知音，把真情實感寄託在她們的身上。柳永曾給一個叫荔枝的歌女寫了一封情書。這封情書其實就是一首詞，叫做〈荔枝香〉，十分經典。他在詞中寫道：

甚處尋芳賞翠，歸去晚。緩步羅襪生塵，來繞瓊筵看。金縷霞衣輕褪，似覺春遊倦。遙認，眾裡盈盈好身段。擬回首，又佇立，簾幃畔。素臉紅眉，時揭蓋頭微見。笑整金翹，一點芳心在嬌眼。王孫空恁腸斷。

〈望海潮〉是柳永筆下的另一種風月場面，也是宋詞中彰顯青樓文化的最高水準。詞中寫道：

東南形勝，三吳都會，錢塘自古繁華。煙柳畫橋，風簾翠幕，參差十萬人家。雲樹繞堤沙，怒濤卷霜雪，天塹無涯。市列珠璣，戶盈羅綺，竟豪奢。重湖疊巘清嘉。有三秋桂子，十里荷花。羌管弄晴，菱歌泛夜，嬉嬉釣叟蓮娃。千騎擁高牙，乘醉聽簫鼓，吟賞煙霞。異日圖好景，歸去鳳池誇。

上有天堂，下有蘇杭，柳七郎給人們留下了一個美色無限、風月無邊的超大娛樂場的無窮想像。

由於青樓女所處的市井地位，柳詞經青樓女之口，很快就傳向了社會的各個方面，以至「凡有井水處，即能歌柳詞」。這不能不歸功於青樓女的傳唱，柳永從青樓女那裡獲得了遠高於科舉場上所能夠得到的稱譽。柳永通過青樓女擴大了詞的影響，而青樓女也在與柳永的交往、傳唱柳詞的過程中提升了自己的文化品味，於是便出現了這樣的場景：

一日，柳永從樊樓前過，青樓女張師師召喚他上樓，請柳永為她填詞。柳永正要寫，一叫劉香香的青樓女也上樓來，讓柳永為她作詞。柳永也答應了。正在這時，又一青樓女錢安安上樓，也向柳永提出寫詞的要求。真虧了柳永，如果沒有才華，還真應付不來。

青樓女們就是這樣如飢似渴地要求柳詞，因為柳詞有名。如果柳七郎能為她寫詩，那身價肯定看漲。所以青樓女對柳詞的追逐，甚至不惜金物。同時，青樓女在演唱柳詞時，也能漸漸悟出個中三昧，學得填詞技法。像張師師就會填詞，她可以即席借柳詞韻律，與柳永唱和，其詞境竟也會使柳永欣賞。而且，青樓女填詞作詩不讓鬚眉，不獨張師師，可謂極為普遍。比如臨安的青樓女周韵，笑著向一位官員要求脫離青樓女的戶籍。那位官員提出：可作一絕句才能允許。周韵幾乎不假思索，將自己所穿的白衣服及當時的心情融入詩中：「隴上巢空歲月驚，忍看回首自梳翎。開籠若放雪衣女，長念觀音般若經。」

寫得還真不錯，於是周韵得以「落籍」。在臨別之際，同輩青樓女都揮毫寫詩，為周韵送行。

南宋將領張俊得錢塘青樓女張穠後，他的往來公文，都交給張穠書寫。拓皐戰役時，張俊曾在前線寄信給張穠，希望她照看好家事。可張穠回他一信，博引霍去病、趙雲等名將殺敵的事，讓張俊莫以家為念，堅定報效國家的信念。張俊將此信上奏給皇帝。皇帝閱後大喜，親下手諭，加封張穠為雍國夫人。

當然，像張穠這樣由青樓女轉變為貴夫人，又參與公務機要，並得到皇帝褒獎，是極個別的。

您看《水滸傳》時，知道宋徽宗愛慕青樓女李師師，這是真實的歷史。宋徽宗對李師師出手慷慨。他拿出內府珍藏的紫茸皮衣、四支彩色的細毛布、兩顆珍奇的瑟瑟珠、白金廿鎰為進見禮，後來竟然將國寶「蛇跗琴」賜給了李師師，至於各種燈盞、奇茗、名飲、辟寒金鈿、舞鸞青鏡、金虬香鼎、端溪鳳咮硯、玉管毫筆、剡溪綾紋紙、玉彩珊瑚鉤，等等，則不計其數。

青樓女們獲得的這些好處，帶來很多負能量的影響。南宋南方城市中的許多小戶人家，有女便日夜盼望長成，長成後便不惜重金送女兒去才藝培訓班，目的是為了讓女兒得到官宦的傳喚或賣給富家為妾，用女兒的身體換取利益。

您可能在想，那政府也不管這事兒嗎？有位官員陳潤道有感於這一社會風氣的毒害，曾專作一首〈吳女〉詩，大聲向政府疾呼，讓他去南方做官，去整頓這一惡習。但是，青樓女在宋朝城市中已經形成了行業，是其繁盛的標誌，又怎麼能觸動得了？

正是由於政府默許甚至支持的態度，才使青樓陰暗的一面越來越發揮著作用。在宋朝筆記小說中所描寫的城市生活中，許多犯罪活動，都有青樓女參與其間。在青樓女參與的犯罪活動中，最為常見的就是《武林舊事》所說的「美人局」，即以青樓女為姬妾，誘引少年上當。

在封建時代那個特殊環境中，青樓能成為一種文化現象，在後人看來是時代的局限，它留給歷史的絕不像青樓詞裡那般美妙，大多是斑斑血淚。

3 美男天團，皇家人真會玩——蹴鞠與馬球

一、足球，皇宮杯錦標賽

作為一名男性，您是足球迷的可能性很大。也許您和大多數足球迷一樣，對巴西的藝術足球佩服之至。您需要知道的是，在足球上，咱們的宋朝，就相當於今天的巴西。

您對宋朝足球的壞印象，可能就源於《水滸傳》的高俅。高俅以足球發家，成為宋朝歷史上最著名的奸臣之一，確實給宋朝足球抹了污點。加上宋徽宗不務正業丟了江山做了俘虜，宋朝足球在您眼中，就是不務正業的代名詞。

客觀來講，足球是宋朝全民健身的一項主要運動。

足球，古代叫蹴鞠。宋朝蹴鞠的規則和技巧已臻成熟，上自皇室、臣僚，下至黎

民百姓、垂髫小童都喜愛蹴鞠。蹴鞠運動中心也從唐代的長安、洛陽移到了當時世界上最大的城市、人口過百萬的汴梁，南宋時移到臨安。中國足球史上最重要的幾部古書，比如《蹴鞠譜》《群書類要事林廣記》，就成書於宋朝。

宋朝足球的大發展，首先在製球工藝上比之唐朝更為先進。《蹴鞠譜》中描述，其原料是「香皮十二」「香胞一套」「熟硝黃革，實料輕裁」。用十二片皮做球，比唐代的八片皮更接近圓形。工藝是「密砌縫成，不露線角」，也就是縫好後翻轉，球殼的表面不露線頭，叫做裡縫法。球的重量也有了標準，「正重十四兩」。宋朝十六兩是一斤，一斤相當於現在的六百多克。十四兩約合五百五十克，與四百三十七克的巴西世界盃用球「桑巴榮耀」相差並不太大。

宋朝足球運動在硬體上的另一個值得炫耀之處，是他們不再用嘴而是用「氣筒」給球充氣。當時打氣還有要領，叫做〈打揎訣〉：「打揎者，添氣也。事雖易，而實難，不可太堅，堅則健色（健色是足球的雅稱）浮急，蹴之損力；不可太寬，寬則健色虛泛，蹴之不起；須用九分著氣，乃為適中。」揎是一種皮製的小型鼓風器，原本用於冶煉。宋朝人不僅善加利用，而且頗有心得，說給球充氣不可太飽。太飽球跳得太快，踢著費勁不好控制。也不可太軟，太軟球疲沓，踢不起來。給球灌九成氣最為合適。如果再精確的話，是不是就差一個壓力計了？

蹴鞠運動的普遍開展，就需要大量的用球。汴梁城東南角的瓦市勾欄中，不僅有大量蹴鞠表演藝人，也有不少專賣蹴鞠的皮匠鋪。

更讓人驚訝的，宋朝不僅有專門製球的作坊和商品球，還出現了大量足球品牌。《蹴鞠譜》中就記載了四十一個牌子，有六錠銀、虎掌、側金錢、八月圓、旋螺虎掌、曲水萬字、滿園春、葵花、天下太平、風調雨順、六如意，等等。

《蹴鞠譜》裡還專門收錄了一首評價各種品牌球的詞：「梨花可戲，虎掌堪觀，側金錢縫短難縫，六葉桃樣兒偏羨，斗底銀錠少圓，五角葵花多少病，得知者切莫勞用。」

這段文字堪稱當時的「精品購球指南」，大意是說，梨花和虎掌這倆牌子的球好看耐用，側金錢牌的做工不行，六葉桃樣子最好看，斗底和銀錠牌的圓度不夠，五角和葵花牌的毛病多，千萬不能用。

品牌眾多，說明當時對球的需求量很大。不同品牌之間也存在競爭，這促使足球工藝進一步提升。宋朝的一些足球品牌流傳久遠，到了元代仍然存在。關漢卿有一首專門寫女足球藝人的〈女校尉〉，說「錦纏腕，葉底桃，鴛鴦扣，入腳面帶黃河逆流。

鬥白打賽官場，三場兒盡皆有」。元末明初的楊維楨寫有〈蹴鞠篇〉，提到「江南女兒花娟娟，五彩繡出葵花圓」。葉底桃、葵花都是宋朝就有的足球牌子，能堅持到元末，是名副其實的百年老字號。

除了球，宋朝蹴鞠需要用到的另一種設備是球門架。那時的球門架是活動的，可以臨時安裝，用完了撤走。球門設在場地中央，首先要立起兩根高三丈二尺的竹子或木頭柱子，兩根柱子相距九尺五寸，頂端結網，網中間留一個直徑二尺八寸的洞，這就是球門洞，當時叫做「風流眼」。關於「風流眼」的尺寸說法不一，也有說一尺多點兒的。後人推測可能在宮裡表演的球門洞較小，刻意增加了難度。

這種奇怪的小尺寸球門洞，大概會讓今天的球迷想起貝克漢練自由球時掛在球門上的那只汽車輪胎——窟窿大小是差不多，想把球踢進去也不容易。

唐朝宮裡就有踢球的傳統，到了宋朝變本加厲。而且皇帝不論幹得好壞，都喜歡蹴鞠。其中既有開國兩任皇帝趙匡胤、趙光義，給岳飛平反、締造「乾淳之治」的宋孝宗，也有奢靡無度的宋徽宗。所以，並不是蹴鞠誤國，其實是事在人為。

開國之初，趙匡胤等一幫打天下的君臣身體都比較好，特別喜歡蹴鞠這種動靜比較大的運動。古代足球研究史上，有一幅著名的〈宋太祖蹴鞠圖〉，畫的就是他們。

原畫失傳，作者是汴梁人蘇漢臣，北宋末年在皇家畫院工作過。現在上海博物館的同名畫，是宋末元初錢選的臨摹之作。畫中有六人，宋太祖趙匡胤、宋太宗趙光義和大臣趙普、党進、石守信、楚昭輔圍在一起踢球，玩法是不用球門的「白打」。宋太宗也有個跟足球有關的段子。當時有個球星叫張明，在河北定州任有軍職。他的同事王榮不體恤下情，還不孝順。張明經常指責他。王榮很煩。他的好友王斌知道後就誣告張明，官方調查後發現並無憑據。後來，宋太宗聽說了這個事，大怒。他先和左右回憶了跟張明的足球友誼，說張明出身卑微，潔身自好，有口皆碑，然後賞賜給張明一大筆錢，將王榮調到了其他崗位。

至於宋徽宗趙佶，通過《水滸傳》大家都知道他是個大玩家，字寫得好，畫作得好，球也踢得好。他看了宮女踢球後寫了一首〈宮詞〉，說「近密被宣爭蹴鞠，兩朋庭際角輸贏」，在後世足球研究文章中引用率居高不下。

北宋宮廷裡的球場設在哪兒呢？據記載，宋太宗趙光義和親王、宰相等人在大明殿踢球。在宮廷內設置球場的做法延續到南宋。

皇室對蹴鞠的喜愛，也使蹴鞠被列入朝廷宴會表演的禮制之中。宋朝沿用了唐朝教坊司的辦法，設有專門機構管理蹴鞠藝人，外交場合的宴會上必須有蹴鞠表演。當時宮廷中的蹴鞠藝人平時在左右軍中生活，遇到大型宴會，就按照節目表安排到場演出。

當時，官方機構若來不及安排人手，還可臨時選派民間職業藝人參加，但宴會中要遵守禮數，由教坊司派人提前給他們做禮儀培訓。

如今的足球比賽，奧運會每隊十八人，世界盃每隊二十三人，上場隊員都是十一人。那宋朝每支隊伍有多少人呢？當時每隊十六人，正式上場比賽時是七人。

宋朝足球的比賽規則和今天差別很大，或者說難度更大。一方開球，要在本隊隊員中踢幾次，將球傳給球頭（隊長），由球頭施展臨門一腳，對方接到穿過「風流眼」的球後也是如此。如果球頭沒有把球踢過「風流眼」，球撞在網上落下來，只要本方隊員接住球不落地，比賽就繼續進行。任何一方的射門飛出場地，或者射門落網沒有接住，就算輸。最後統計比分，以多者勝。贏了的隊伍，會被賞賜銀碗和錦緞。

這樣一看，宋朝足球一支球隊成績怎樣全看球頭的水準和狀態。球頭的責任也很大，贏了受賞，賞賜是大家的，輸了則由隊長獨自承擔後果，挨鞭子不說，臉上還要抹白粉，吃飯時不給添葷菜。這種奇特的獎懲辦法應該是宮裡的規矩。在民間，《蹴鞠圖譜》中只提到對獲勝球隊的獎勵，「眾以花紅、利物、酒果、鼓樂賞賀焉」。

在宋朝，不用球門的蹴鞠也非常流行，俗稱「白打」，從一人到十人都可以玩。其對場地要求不高，平坦無磚砂石就成。

您別以為「白打」不用球門就簡單了，其實更難，「白打」的人數也不一。一個人踢，就是一人場戶，是個人控球能力的表演，除了腳，頭、肩、臀、胸、腹、膝等部位都可以觸球。使球高起落下叫做「飛弄」，使球起伏於身上叫做「滾弄」。

二人場戶是兩人對踢，也有很多種玩法。每人連續踢兩腳叫「打二」。如果嫌難度不夠，第一腳可以加一個空中停球動作，叫做「捻」，第二腳再傳出。兩人還可以同時對踢兩個球，叫做「日月過宮」。

三人場戶叫官場，這也是從唐至明代都比較流行的玩法。有按順序傳球的，叫「轉花枝」。也有隨意傳的，叫「三不顧」。

再往下，人越多，踢法也越複雜。四人踢叫流星趕月，五人踢叫小出尖，六人踢叫大出尖，七人踢叫落花流水，八人踢叫八仙過海，九人踢叫踢花心，十人踢叫全場。「白打」也有比賽，採用的是失分制，可以跟單球門比賽一樣分勝負。如果沒按規則踢，或者踢的球不到位，就要扣分，達到一定分數就算輸了。

二、馬球，從軍訓項目到娛樂運動

與第一運動蹴鞠一樣，馬球在宋朝也很受歡迎。

馬球在宋朝又稱為「打毬」或「擊鞠」「擊丸」。馬球運動在宋朝不僅只是專屬於帝王將相的貴族運動，更是軍營將校的軍訓活動，甚至發展成為民間的娛樂活動。宋朝的皇帝愛運動，宋太祖、宋太宗、宋仁宗、宋神宗、宋徽宗、宋孝宗、宋光宗、宋寧宗等都十分重視和喜愛馬球運動，經常參與馬球比賽。

《宋史》記載了宋太宗親自與諸王大臣們打馬球的盛景：「帝（宋太宗）擊球，教坊作樂奏鼓。球既度，颭旗、鳴鉦、止鼓。帝回馬，從臣奉觴上壽，貢物以賀。賜酒，即列拜，飲畢上馬。帝再擊之，始命諸王大臣馳馬爭擊。旗下擂鼓。將及門，逐廂急鼓。球度，殺鼓三通。球門兩旁置繡旗二十四，而設虛架於殿東西階下。每朋得籌，既插一旗架上以識之。帝得籌，樂少止，從官呼萬歲。群臣得籌則唱好，得籌者下馬稱謝。凡三籌畢，乃御殿召從臣飲。」

宋徽宗對馬球運動的最大貢獻是組織成立了技藝高超絕倫的宮廷女子馬球隊，而且每到佳節都組織女子馬球比賽給百姓們觀賞。這使宋朝馬球運動的影響與觀眾基礎大幅度擴大。

馬球運動在南宋時也十分興盛甚至發展壯大。宋孝宗就是一個癡迷於馬球運動的人。宋孝宗時常駕臨御球場，他不僅讓武士們打馬球，還命令太子宋光宗與他們一起打馬球。宋孝宗癡迷於馬球，甚至風雨無阻，用油布遮雨，以細沙墊球場，堅持與諸將一起比賽馬球。馬球運動對抗激烈，壯馬奔飛，鞠球電馳，是一項十分危險的運動。群臣們因擔心宋孝宗受傷，屢次上書，請求他不要從事這項高危運動。而宋孝宗根本不聽，以致因打馬球而使眼睛受傷。

宋孝宗還命令各地兵營開展馬球運動。大詩人陸游曾在南鄭的軍中服役。他多次寫詩回憶讚美當時軍營開展的熱烈的馬球運動。比如：「從軍昔戍南山邊，傳烽直照東駱谷。軍中罷戰壯士閒，細草平郊恣馳逐。洮州駿馬金絡頭，梁州球場日打球。」再比如：「打球駿馬千金買，切玉名刀萬里來。」這些詩歌足以證明當時馬球運動的空前盛況。

宋孝宗從各方面說都是中國歷史上最熱愛馬球運動的皇帝。

宋朝馬球發展到民間，這是唐代所沒有的。宋朝首都汴梁城有專供人們比賽馬球的場地。

東京汴梁正月十五元宵節，臨安城百姓八月觀潮，都有馬球表演，增加了節日歡慶的氣氛。南宋臨安城還出現民間的馬球團社「打毬社」，這些都是宋朝城市平民馬球運動盛行的證明。

宋朝的馬球運動與蹴鞠運動一樣，從繁盛流行、全民參與的角度來講，都是咱們的歷史上空前絕後的競技體育運動。

4 奇葩的粉絲就是那麼多——瓦市勾欄

一、繁華都市的娛樂中心

咱們曾經帶您去過宋朝的美食夜市，想必這一段日子您也經常流連其中。儘管宋朝的美食著實讓您長了見識，給了您舌尖上巨大的享受，可是您也不能光是吃啊，多少得增加點精神食糧吧？咱們就帶您去宋朝的文化夜市——瓦市勾欄去逛逛。瓦市勾欄是宋朝市民文化娛樂活動的重要場所，它標誌著宋朝市民文化的蓬勃發展。

瓦市，史料中有瓦舍、瓦子、瓦肆多種別稱，是當時的大型文化娛樂中心。《夢粱錄》解釋了瓦市名字的由來：「瓦舍者，謂其來時瓦合去時瓦解之義，易聚易散也。」北宋都城汴梁和南宋都城臨安是瓦市最為興盛的城市，景象熱鬧非凡。

勾欄是指用欄杆或繩索、幕幛等圍成的演出場所，設有戲臺、後臺和觀眾席。《東京夢華錄》記載：「街南桑家瓦子，近北則中瓦，次裡瓦，其中大小勾欄五十餘座。內中瓦子、蓮花棚、牡丹棚、裡瓦子、夜叉棚、象棚最大，可容數千人。」可見當時的盛況。

勾欄裡的觀眾席分為神樓、腰棚。神樓是正對著戲臺而位置比較高的地方，放著供奉的梨園神之類的牌位，也設有觀眾席；腰棚就是圍著戲臺的木製觀眾席。觀眾席中還有等級，有「金交椅」，還有「青龍頭」「白虎頭」。金交椅是留給皇帝坐的，當然是在舞臺正中最近處。按照古代「左青龍、右白虎」的說法，「青龍頭」在舞臺的左側下場門附近，「白虎頭」在舞臺右側的上場門附近，都是最好的位置。觀眾席裡是沒有站席的，每個觀眾都有座位，座位是不編號的，先到先坐。

瓦市的娛樂活動，也帶動了商業的發展，《東京夢華錄》裡說：「瓦中多有貨藥、賣卦、喝故衣、探搏、飲食、剃剪、紙畫、令曲之類。經日居此，不覺作為固定的演出場所，瓦市擁有固定的專業演出隊伍，保證了娛樂節目的品質。演出不受時間、天氣的限制，早場的節目從凌晨五更便開演，晚場一直延續到深夜。

瓦市勾欄的演出主要分曲藝、戲劇、雜技和武術等幾大類。

二、曲藝是說唱的藝術

說唱不是您今天聽到的 RAP、HIPOP，分說與唱兩種形式，主要的節目有：

講史，說歷史故事。蘇軾《東坡志林》裡說道，家長煩孩子調皮，就會給他們錢，打發他們去聽講史。藝人講三國故事時，小孩子聽到劉備戰敗就會跟著皺眉流淚，聽到曹操戰敗就會高興地又唱又叫。

說經，指的是講說儒佛經書。南宋臨安張廷叟就是以說《孟子》而出名的藝人。《大唐三藏取經詩話》是當時人們最喜愛的說經節目。

小說，由講史發展而來，題材以煙粉、靈怪、傳奇、公案等為主，表演時有樂器伴奏，當時又稱小說為「銀字兒」。

鼓子詞，說唱時用鼓作為伴奏而得名。伴奏樂器除了鼓以外，還有管、弦樂，並有和聲，它是文人士大夫尤為鍾愛的節目。北宋時，〈元微之崔鶯鶯商調蝶戀花詞〉將說與唱，伴奏與和聲完美結合而達到很高的藝術水準。

諸宮調，採用不同宮調的曲子組成敘事小單元，演唱傳奇靈怪的故事。合生，以說為主，中間穿插歌舞。最具特色的是，它有即興表演的成分，能指物題詠，根據觀眾的要求隨機應變，滑稽玩諷是它的風格。

商謎，類似於今天猜謎遊戲的節目，會先用鼓聲招攬觀眾參與猜謎。

說諢話，以滑稽幽默的十七字詩為主要形式，類似於今天的單口相聲。

吟叫，將原本商販叫賣之聲昇華為娛樂表演，以響亮優美，悅耳奇特為最佳。

嘌唱，以擊鼓敲盞等打擊樂伴奏歌唱的令曲小詞，因為內容比較低俗，受到文人士大夫的批評。

唱賺，吸收了當時流行的各種樂曲以及少數民族音樂之長的說唱藝術，形成自身獨特的錯落有致的風格，內容涉及很廣，山水之情、風花雪月、金戈鐵馬無所不包，所以不僅盛行於瓦市勾欄，也常常出現在士大夫的宴席和寺院的盛會上。

三、戲劇才算「大片」

人文社會的氛圍，使得宋朝的戲劇在前人基礎上獲得高度發展，主要有雜劇、南戲、傀儡戲和影戲等形式。

雜劇，一種相對獨立的舞臺藝術，從過往的散樂或百戲中擺脫出來，風格以滑稽諷刺、插科打諢見長，角色多為官人、狀元進士。雜劇主要流行於都城及其周圍地區，史料記載四川等地也有，如南宋蜀地僧人大覺禪師有詩云：「戲出一棚川雜劇，神頭鬼面幾多般。夜深燈火闌珊甚，應是無人笑倚欄。」

南戲，南宋長江以南的戲劇，它最早產生於兩宋之交的溫州，故又名溫州雜劇或永嘉雜劇，流行於浙江、福建等沿海地區。南戲中的歷史戲《鴻門宴》《霸王別姬》《東晉》《西都》等，故事戲《夸父追日》《崑崙奴》《趙貞女》《王魁》等，都算的上當時的「大片」，為人們耳熟能詳。難能可貴的是，南戲藝術和之前單純的歌舞戲或諷刺劇迥然不同，故事內容、人物角色、音樂唱腔、表演技術、服裝道具和臉譜化妝等元素一應俱全，作為完整的藝術形式給人們帶來巨大的藝術享受。

傀儡戲，就是木偶戲，在宋朝極為流行。「懸絲傀儡」用線提牽，「杖頭傀儡」用木棍操縱，「肉傀儡」則是手舉小兒模仿傀儡，「藥發傀儡」用火藥燃燒爆炸增強表演效果，「水傀儡」在船上或水上表演，可謂形式豐富。《夢粱錄》中記載，傀儡戲的內容，主要「敷演胭粉、靈怪、鐵騎、公案」及「史書、歷代君臣將相故事」。傀儡戲不僅在民間廣受歡迎，甚至走入宮廷。比如在宋理宗的一次祝壽宴上，傀儡戲

《踢架兒》《鮑老》和《群仙會》就曾連續進行了三次表演。

影戲，即皮影戲，在宋朝風靡一時，內容以講史為主，正史野史相伴。宋仁宗時，有影戲藝人表演三國故事，當演到關公敗走麥城被斬之時，觀眾紛紛落淚感慨。對於影戲的這種高超的藝術表現，洪邁在《夷堅志》中讚歎道：「三尺生綃作戲臺，全憑十指逞詼諧。有時明月燈窗下，一笑還從掌握來。」

四、雜技玩的是驚險刺激

雜技在宋朝，表演的重點由宮廷走向民間，因此獲得更廣泛的擁躉，節目也更是花樣百出：

爬竿，別稱緣竿，宋朝常見的雜技節目之一。表演時，先將幾丈長的竿子固定在地上，表演者緣竿而上，並在竿上作出各種驚險優美的動作。

口技，最具代表性的當推「百禽鳴」。《夢粱錄》記載，在宮廷祝壽宴席上，口技藝人表演「百禽鳴」時，「內外肅然，止聞半空和鳴，鸞鳳翔集」。這種維妙維肖的口技，恐怕今人也很難企及。

動物表演，主角則是大象、熊、猴子、馬、羊、驢、烏龜、魚、蛇、螞蟻等，有著無限新奇的樂趣，比如熊耍棒子，魚鱉起舞，烏龜迭塔等。

幻術，即魔術。《鐵圍山叢談》記載了一位幻術表演藝術家，幾十個人抬舉的一艘船，他能瞬間變消失。在禦樓前表演時，「上下莫不駭異」。

踏索，類似於今天的走鋼絲。當時的人們驚歎於表演者踏索居然「快若風雨」。

馬戲，在駕馭馬的同時，做各種驚險動作，比如射箭，耍兵器，倒立，鐙裡藏身等等，時時引得觀眾歡叫驚呼。

五、武術，從戰鬥到表演

宋朝戰事頻仍，因此民間有高昂的尚武之風。濃厚的氛圍，使得傳統武術上升到一個新的階段。武術作為一種社會娛樂活動，已經獨立存在，不僅有專業表演武術的藝人，他們甚至還成立了專業組織，比如「英略社」，他們的表演也已經形成套路。

與為戰爭而訓練的實用性武術不同，娛樂性質的武術表演更講究精采激烈的場面。

在《夢粱錄》等書的記述中，宋朝的武術表演主要有棹刀、真刀、劍棒格鬥以及刀槍與蠻牌對陣、徒手奪刀等攻守技藝。為了增加觀賞性，甚至有男女棍棒對打；刀槍與蠻牌對陣時，「兩人出陣對舞，如擊刺之狀，一人作奮擊之勢，一個作僵仆」；刀棒對打時，格鬥雙方用黃、白粉分別塗臉，兩邊各人手執木棹刀，成一字排列，兩兩出陣格鬥。

相撲是從皇帝到普通市民都喜愛的武術娛樂項目。更為奇特的是，宋朝的瓦市勾欄出現了廣受追捧的女相撲手，雖然被嚴肅的文人士大夫視為破壞社會風氣，但即使到了南宋也一直得以延續。這也證明了一點，無論何時，人們的好奇心都趨向奇葩，奇葩就是那麼容易吸粉。

瓦市勾欄裡這些讓人目不暇接、心馳神往的文化娛樂活動，使得宋朝大城市的夜晚散發出活色生香的煙火之氣。它如此親近每一個普通市井居民，讓他們在一天辛苦勞作之後，於妙趣橫生中身心得以放鬆和享受。

⑤ 什麼相撲士，弱爆了，且看相撲寶貝——女子相撲

一、相撲曾是岳家軍的練兵祕訣

您在宋朝的瓦市勾欄裡，會看到廣受追捧的相撲比賽，那激烈的場面，不由得您不跟著觀眾們一起　喊叫好，成為一名忠實的啦啦隊員。

咱們很多人認為相撲是日本的國粹，日本人玩得最好，可是在千年以前，相撲就是咱們宋代流行度非常高的一項競技運動。宋朝的相撲，又稱為角抵或爭交。

和馬球一樣，宋朝的相撲也起源於軍營，相對於馬球來講，相撲手之間角逐的場面要更為刺激。

宋太祖領兵打仗的時候，為了訓練官兵們的身體素質，提高作戰素養，就不時弄場相撲比賽，勝者會獲得錢物和升職的賞賜。這激發了官兵們通過體育鍛鍊提高身體

素質的鬥志。

奪取政權之後，宋朝仍然繼續執行這條規定，皇帝時常從地方上徵召勇武之士，專業培養相撲高手，並且把他們的身分劃歸軍隊建制。

相撲強身健體，有利於軍隊戰鬥力的提升。南宋著名將領岳飛和韓世忠在軍營中以相撲之法訓練士兵，軍中相撲比賽也是常事。比賽的獲勝者，另冊登記，軍中押隊「旗頭」缺員之時，便從登記冊中選用。這些士兵之間，再次比賽獲勝者，即可有副將之銜。

岳飛、韓世忠的軍隊，有親隨軍的設置，其中軍士，個個強健剛猛，氣魄非凡。被選拔進親隨軍的軍士，都會得到優厚的犒賞，這更增加了軍中將士相撲健身的熱情。親隨軍衝鋒陷陣，勢如破竹，強敵難當，因此岳家軍、韓家軍成為南宋最為精銳的部隊。

皇帝尤為讚賞這種通過相撲角力選拔人才的方式。天子身邊就有「內等子」，皆是從軍營裡選出的威武之士，因嚴於標準，一次至多一百二十人。他們日夜苦練，只為在之後的相撲升級賽中贏得乾脆，獲得等級不等的職位，而皇帝本人也樂得做這種選拔比賽的主持人。

開國之初，有件有趣的事兒：士子陳識齋和王嗣宗同時進入殿試，不分伯仲。太祖趙匡胤於是想出通過相撲一決高下的想法。正所謂文科生幹了武科的事兒，最終陳識齋在相撲比賽中遺憾出局，狀元自然讓與王嗣宗。

這事兒有點搞笑，但也確實證明了相撲在天子心中的重要性。宋高宗在觀看比賽後，對於優勝者也是不吝封賞職位和財物。皇帝主持的相撲比賽可以決定未來的前途和生活水準，因此激烈程度有駭人之風，於是有人用詩句來形容：「疑是嘯風吟雨處，怒龍彪虎角虧盈。」

國家慶典等重大活動，外交盛宴之上，少不了的節目也是相撲角力。「角抵罷時還罷宴」說的就是這回事兒，如果沒有這個節目彷彿顯得不夠隆重氣派。

皇家相撲手可以有著常侍這一職位，伴隨皇帝行走各處，既增添了皇家的威嚴之勢，還有一個作用自然不說您也知道，保鏢。

由於皇室的提倡，民間也就有了習練相撲之術的風氣。史料記載，六名考生自吳興往東京趕考，晚上行至汴河大堤，被幾個持刀強盜攔截。有一位平日就勤練相撲，有「霍將軍」綽號的考生，擋在同伴們身前，毫不客氣地還擊。因為他平時練習相撲之時，懂得膝蓋是人的脆弱部位之一，於是用手中短棒擊打強盜膝蓋，結果強盜們一一倒地不起，一時傳為笑談。

民間的相撲手眾多，其中很多以在瓦市勾欄中進行表演謀生。為了增加娛樂性和票房，他們時常用滑稽可笑的動作姿勢招徠生意，市民趨之若鶩，這種表演方式又叫「喬相撲」。

史料中記載了宋朝最為出名的相撲高手，有撞倒山、鐵板踏、宋金剛、曹鐵凜、周急快、楊長腳、金重旺、韓銅柱、鄭排、廣大頭、黑八郎、蓋來住、武當山、一拔條，等等，個個技藝都有非凡之處。

您要是打聽相撲手中那些有名的人物，常常會聽到某關索這樣的名號。關索是三國時關羽之子，貌美體健，武藝高強，想來一定是相撲手們的偶像，被稱為某關索，肯定是一種認可與讚揚。《水滸傳》裡就有一名好漢叫病關索楊雄，可能有一定的搏擊本領，但也不太大，要不怎麼叫關索，又病了呢？

二、女子相撲，撲到的都是觀眾眼神

在相撲表演賽上，您還可以見到挺香豔的場面，那就是女子相撲。

女子相撲在當時堪稱京城的一絕，是最能吸引看客眼球的一項娛樂表演。為什麼？稀罕！與說書唱戲不同，相撲是個力氣活兒，極具競爭性，「賽關索」「囂三娘」「黑四姊」……這些香豔加粗獷的女相撲士藝名就足以引人好奇，再加上碩大無比的玉體相互角力，而且是赤膊上陣，在那個還沒有比基尼模特比賽的時代，想不叫座都難。

當時的女子相撲多安排在男子相撲比賽前進行，主辦方的目的很明確，打女人牌熱場子、聚人氣。還別說，效果就是好，身懷絕技的「女颭」（女子相撲手）們往擂臺上驚豔一立，立馬會惹來成群的看客。不過最吸引人的看點還不是比賽本身，而是選手們勁爆火辣的裝束。

從出土的宋朝相撲陶俑、宋墓壁畫的相撲圖來看，男相撲手都是只穿一條短褲，戴著頭巾，腳穿靴子，赤膊光腿，展露出矯健的肌肉。女相撲手不像男相撲手那樣暴露，但也身穿短袖無領的服裝，袒胸露腹。這些大姊個個輕裝上陣，引得市井小民裡三層外三層地爭看稀罕不足為怪，因為他們原本就見識少。可見多識廣的皇帝也不顧高貴身分來湊熱鬧，就有些令人費解了。不過費解歸費解，人家宋仁宗就是不顧世俗開眼界來了。

有一年元宵節，仁宗和后妃到宣德門廣場與民同樂。當時，廣場上正進行熱鬧的百戲表演。宋仁宗東瞅瞅西看看都沒興趣，無意中發現了火爆進行中的女子相撲表演，一下來了興致，很投入很著魔地觀看起來。估計「女颭」們的靚麗風采和精湛技藝打動了仁宗，他當即指示對這些選手賜銀絹予以獎勵。皇上的賞賜令選手們振奮不已，表演更加賣力，精采片段不時出現。

巾幗力士們的相撲秀讓仁宗皇帝著實受用了一回，但卻激怒了一位頗有名望的大臣——司馬光。老先生認為仁宗此舉太不應該，在宣德門如此神聖的地方上演這種很「黃」很「暴力」的遊戲，那還宣什麼德啊？皇上不僅不取締，反而在大庭廣眾下帶頭觀賞，不但自己看，還讓后妃一同看，這事兒說不過去！往輕裡說叫有傷大雅，往重裡說就是有傷風化。於是司馬光憤然遞上一道摺子〈論上元令婦人相撲狀〉，對仁宗皇帝的「不檢點」提出公開批評，並強烈建議有關部門加強市場環境治理，對此類傷風敗俗的演出開展一次集中「掃黃」行動，嚴令「今後婦人不得於街市以此聚眾為戲」。

司馬光的批評建議使仁宗皇帝心裡不爽，但也不好反駁，畢竟人家說得在理。皇帝嘛，本身應該給全國人民做個好榜樣。

但是說歸說，皇帝可以不看女子相撲了，民間的女相撲表演卻並未受到限制，南宋臨安的瓦舍勾欄內，一直都有女相撲比賽。《夢粱錄》和《武林舊事》收錄了臨安瓦舍中最著名的幾位女相撲手的名號：「賽關索」「囂三娘」「黑四姊」「韓春春」「繡勒帛」「錦勒帛」「賽貌多」「僥六娘」「後輩僥」「女急快」等。這些女相撲手跟男相撲手一樣，在瓦市勾欄中打響了名頭。

您可以想像，如果單從票房角度來講，女相撲士是可以跟男相撲手得瑟的：你們弱斃了！

第七篇

節假日黃金周，這盛世如你所願

①

一年之首，此元旦非彼元旦——春節

一、一年之首的國家慶典

您在宋朝的美好時光，總是如白駒過隙，不經意間元旦就到了。

宋朝的元旦，並非現在西曆的一月一日，而是咱們傳統節日春節的大年初一。

元旦在宋朝是法定官方節日，朝廷要舉辦朝會，民間慶祝元旦的習俗也是沸沸揚揚，名目繁多。元旦是您在宋朝度過的第一個重大節日。咱們先帶您去朝會瞧瞧熱鬧。

元旦朝會是新年第一天，文武百官和外國使節、各少數民族代表等人，向皇帝朝賀、拜祝新年的大典。

元旦朝會規模宏大，儀式隆重，有一套完整的禮制。

《夢粱錄》中〈元旦大朝會〉記載，新年第一天一定得起早。皇帝大半夜就起來了，穿戴好樸頭、玉帶、靴袍，首先到福寧殿龍墀和聖堂焚香，祈禱豐收之年。然後到天章閣祖宗神御殿給祖先上供。接著皇帝會來到東宮，向自己的老娘——皇太后祝賀。然後皇帝回到福寧殿接受皇后、太子、皇子、公主、至郡夫人、內官、大內以下的新年祝賀。接受完自家人的祝賀後，皇帝才往大慶殿出發。

此時百官和各國使節、少數民族代表早已依次等在宮門外，一直等到天色微明，等聽到蛤蟆梆鼓的響聲和執挺人的傳喚，宮廷役吏才來打開宮門。門外的一眾人等才排隊進入宮中。

大慶殿，可容納數萬人。四名身穿鎧甲雄壯威武的武士站在殿角，稱為鎮殿將軍。兩廊陳列著車駕、鹵簿、儀仗。兵部設黃旗仗五千人，從宮門一直到大殿，金吾軍執大仗黃旗站在大殿內外，殿階列十把清涼傘。

參加元旦朝會的人，有三師、三公、宰執、三省、宣徽院、翰林院、六部、御史臺、祕書省、外正副任等官員，還有各地的舉人，以及各國各藩的朝歲使者。

朝會的儀式性非常強，所以文武百官必須穿戴冠冕朝服，各地舉人都要穿著青邊白袍的士服。

地方各州進奏吏帶來地方獻禮，各國各藩賀歲使人員眾多，如遼、西夏、交州、回紇、于闐、南蠻五藩等。按規矩他們都排好隊耐心等候。

皇帝的御輦來到時，一片清蹕之聲，樂隊奏「乾安樂」。皇帝轉過玉屏，在龍椅上落坐。通常皇帝頭戴通天冠，身穿紅袍，十分威嚴。殿中香煙繚繞，一片肅穆景象。

宰執、樞密使率領百官向皇帝祝壽，行舞蹈之禮，多次跪拜。禁衛人員高聲呼喝，聲如振雷，所以人們說這是「繞殿雷」。

太尉代表百官祝福皇帝「萬壽無疆」，之後皇帝發表新年賀詞，內容基本上是對大家表示感謝，回顧過去，展望未來。

眾人又跪拜舞蹈。最後奏樂，皇帝走下龍椅，百官、賀使退下，朝賀儀式元旦當天皇宮的御膳房會格外忙碌，因為您凌晨就來到宮外等候朝賀，一番儀式下來，也就到中午了。皇帝必須得有人情味啊，要不也顯得小氣，於是皇帝會宴請大家。

北宋時賜宴設在大殿內外。親王、品位高的官員，三師、三公，升殿入席，其他就坐於廊下。群臣宴席上再次向皇帝祝福。

元旦朝會各少數民族代表服裝各異，尤其引人注目。朝見後，皇帝會立即賜給他們漢裝、錦襖之類。

在外交禮節上，宋朝也顯示出大國風範。雖然在戰場上互相廝殺過，宋朝依舊安排了遼國使節年初二去大相國寺燒香，年初三在南御苑射箭。射箭這天，宋朝挑選出善射的武臣伴射。遼國使者用弩子射箭，先由一個裹無腳小襆頭，穿錦襖的遼人，把弩子踏開、舞旋、搭箭、瞄準，後由遼使校正、發箭。宋朝伴射武臣射中目標，皇上會賞賜鬧裝、銀鞍、馬、衣服和金銀器物。射箭活動觀者如堵，如果宋朝的伴射得勝，京城人民在街上爭呼口號慶祝。這也算外交場合中的暗暗較勁吧。

使者完成朝賀任務，入朝辭行，皇帝會賜宴餞行，並賜馬匹、銀、帛等許多

南宋遷都臨安後，朝廷慶祝元旦的大朝會停了十多年，直到紹興十五年才又開始。南宋以文德殿為大慶殿，設黃旗仗三千三百人，比北宋減少三分之一。朝會後次日改去靈隱寺進香。朝廷的元旦朝會更趨於程序化。

二、民間過年熱氣騰騰

儀式性太強的活動，也許您覺得枯燥，那咱們到民間去過元旦。

元旦這一天，宋朝全國上下充滿節日氣氛，帝都東京熱鬧非凡。汴梁城開放關撲

（賭博遊戲）三天。市民們難得這麼囂張，高興壞了，各種和賭博配套的服務可以說盡善盡美，連貴族婦女都到賭場裡參觀，順手賭上一把。您倒是可以小賭一下，權作怡情，跟您現在到澳門去做個小體驗一樣。

元旦，又稱歲首，是一年最重要的節日，宋朝民間慶祝方式既繼承了歷史傳統，又有自己時代的特色。

從繼承傳統來看，老百姓們有這些活動安排：

1. 鳴放爆竹。就是王安石詩中寫的「爆竹聲中一歲除」。放炮，既送舊，又迎新，又有驅邪辟鬼的意義。

2. 更衣拜年。穿上新衣，家人之間、親朋好友之間互相拜賀新年。

3. 飲屠蘇酒。王安石的詩句「春風送暖入屠蘇」說的就是這回事。屠蘇酒為一種防病藥酒，喝了可以不得瘟疫。

4. 進椒柏酒。椒柏酒清香芬芳，可以祛瘴氣、瘟疫。

5. 掛桃符。桃符是一塊桃木板，可插於葦索旁邊，傳說可避邪。王安石詩中就有這樣的描述：「千家萬戶瞳瞳日，總把新桃換舊符。」

6. 貼春聯。從宋朝開始，人們也把桃符由桃木板改為紙張，叫「春貼紙」或「春聯」，既保留了桃符的寓意，又增添了喜慶的氣氛。

7. 乞如願。用細線繩拴一錦人，投入糞堆中，執杖痛打。這個錦人就是一個叫如願的婢女的象徵物，她無所不能，但是在元旦這天晚起，需要打出來，使人如願。乞如願強烈反映了百姓對於美好生活的企盼。

8. 貼鍾馗像。鍾馗可以鎮壓諸鬼，貼於門上諸鬼不敢入門。

與過往傳統比較，宋朝元旦的特點是城市中娛樂活動增多，商業活動形成高潮，慶祝時間延長。

元旦這天，街上搭起彩棚，有各色各樣的貨物出售，還有舞場歌館供人娛樂，更有賭戲，縱人觀賞。

除了親族間的禮儀性拜年外，宋朝已開始流行社交性的拜年活動。一些仕宦之家發明了在元旦這天賀年投刺的風習。「刺」，古代用竹，刻上自己的名字，不親自上門去拜年而是派僕人交給想要拜賀的人，這種習俗後人稱為「拜年飛帖」。周密《癸辛雜識》記載了一件有趣的事情：他的表舅吳四丈，性格滑稽，喜歡開玩笑。迎新年之際，家裡沒僕人可以派出去投刺，正躊躇著呢，朋友沈子公的僕人投刺到門上。吳四丈就招待這位僕人喝酒，暗地裡將一把名刺都換成自己的，結果沈家僕人把他的名刺全都投了出去。隔日與沈子公相見，吳四丈拿出沈子公那一把名刺，說明緣由，兩人相視大笑，這事兒被傳為笑談。

宋朝的元旦活動，不限於元旦一天，從初一到初七，習俗是一天占一物。正月一日為雞日，二日為狗日，三日為羊日，四日為豬日，五日為牛日，六日為馬日，七日為人日。初一畫雞在門上……七日貼人在帳子上。這種風俗表現了人們對於人壽年豐、六畜興旺的期盼。

新的一年，新的一天，在任何時代，總會被人們寄予美好的希望，宋朝三百二十年中的大部分新年，都是這樣美好。

② 踏春，上墳不妨礙遊樂——寒食節

一、擔酒上墳祭祀先人

元旦新年，宋朝大城市的繁盛景象讓您對它的富庶、文明不再懷疑，也許您應該收拾下內心的喧鬧，去做一次郊外的踏青賞春，咱們過一下宋朝的寒食節。

宋朝以冬至後一百零五天為大寒食，寒食節有三天，即冬至後的一百零四天到一百零六天。第一百零六天就是清明，也叫小寒食。

寒食節前一天，宋朝人稱做「炊熟」。《東京夢華錄》記載，那天人們用麵作棗餅飛燕，串起來插在門楣，叫做「子推燕」。無論官民家家插柳，門口屋簷一片青綠，景象十分新鮮。

寒食節，宋朝人會舉行冠禮。我國古代男子二十而冠，女子十五而笄，表示已是

成年人。什麼時候舉行冠禮，古代沒有統一規定，到宋朝形成寒食舉行冠禮的習俗。

寒食不舉火。自古以來，皇帝於清明賜火給侯門近親，宋朝沿襲了這一風習。清明節那天，皇宮內的侍者會用榆木鑽火，最先進火者還獎給「金碗、絹三匹」。皇帝把火賜給臣僚，這是鑽燧取火風習的延續。

寒食第三天就是清明節，掃墓的習俗在宋朝繼續盛行。與傳統一樣，擔酒上墳以盡思時之敬是宋朝寒食節最重要的民間活動。

皇宮中掃墓更為隆重，宮室的親戚也分別到各陵墓祭祀、拜陵。祭掃皇陵的隨從人員都身穿紫衫，白絹三角兒包頭。

宋朝祖先陵墓在河南，南渡後只有臨時的殯葬地。皇室近親也分別派人到諸陵「行朝享禮」。清明這一天對諸宮王妃、各王子的墳墓也要進行享祀禮。北宋時，皇家還出車馬到奉先寺道者院，祭祀諸宮人墳。掃墓隊伍浩浩蕩蕩，人穿金裝，車掛紫幔，錦帛纏額，珠簾垂窗，一派皇家氣象。隨皇家祭陵的禁衛軍列隊跨馬，奏響軍樂。他們旌旗鮮明，軍容雄壯，人精馬銳，看熱鬧的百姓塞滿了道路。

二、寒食其實是快樂的

在宋朝過寒食節，您會發現有意思的是，寒食節越來越傾向於喜劇色彩。范成大的〈寒食郊行書事〉詩云：「媼引濃妝女，兒扶爛醉翁。深村時節好，應為去年豐。」從詩中咱們可以看出，人們打扮得漂亮，飲酒為樂，心思已不在墳中的逝者，而是放在春遊和秋後的豐收上了。

清明節，東京街市上賣祭品的很多，紙紮的閣樓都堆在鋪子門前，形成又一風俗景觀。

清明節這天，人們借由郊外掃墓，形成清明踏青的習俗。這個時節，天氣晴和，氣候宜人，花開柳綠，人們都到著名園林觀賞花木，或到郊外觀賞春景。人們在這天也會喝酒，暮色降臨時才帶著醉意回到城市。回去的時候，人們帶著棗餅、炊餅、黃胖（泥娃娃）、掉刀、名花異果、山亭戲具、鴨卵雞雛等鄉下的土特產。回城的轎子用摘下來的楊柳雜花裝飾，從轎頂四垂而下，很是清新耀眼。

整個寒食節裡，東京的坊市會賣各種當令食品如稠粥、麥糕、乳酪、乳餅之類。

南宋以後，臨安人清明遊春更為普遍，祭掃多在南北兩山之間。一時車水馬龍，女子們淡妝素衣，牽著孩子，提著酒壺和菜肴點心，到村店人家，吃喝休息，一直要到晚上才回家。

這一天，富人們尤其愛到著名的園林飲宴尋歡。車馬往來繁盛，臨安城門那裡都出現了堵車現象。西湖更是遊人喜愛的地方。彩舟畫舫上，有錢人家隨船行樂。這一天還有龍舟比賽可以觀看。臨安城裡的，不論貧富傾城而出，笙歌鼎沸，鑼鼓喧天。

西湖蘇堤一帶桃柳蔭濃，紅翠間錯，寒食節裡的各種文娛演出就在這裡進行。有走索、驃騎、飛錢、拋鈸、踢木、撒沙、吞刀、吐火、躍圈、斛斗、舞盤、各種禽蟲之戲。還有外地來的樂伎，吹拉彈唱。遊西湖的人們在船上聽歌看舞、喝酒作樂，不知不覺就到了晚上。直到月上柳梢，湖面上的歌聲、絲竹聲還此起彼伏。下船上岸回家時，男騎馬，女乘轎，童僕挑著木魚、龍船、花籃、鬧竿等回家，準備餽贈親友。

這些享樂活動自然帶動了節日消費的興旺。應該說，宋朝的人，也早就認識到了假日經濟的價值。

③ 祭祖先，順便吃碗餛飩——冬至

一、冬至大似年，皇帝得祭天

寒食節您到郊外踏青賞春，瑩瑩的綠色，縷縷的花香，婉轉的鳥語，盎然的春意讓您感受到春的溫暖，咱們現在又要帶您去宋朝最冷的一天——冬至。

冬至是中國古代一個很重要的節氣，時間按西曆算是十二月二十一日到二十三日其中一天，是北半球全年中白天最短、黑夜最長的一天。古人認為，過了冬至，白晝一天比一天長，陽氣上升，是一個吉日，所以值得慶賀。

俗話說：「冬至大似年。」在古代，冬至非常重要，人們一直是把冬至當作另一個新年來過的。先秦時，每逢冬至，君主們都不過問國家大事，而要聽五天音樂。百姓們也可不事生產，而在家盡情玩樂。漢代以後，無論是官方還是民間，冬至這一天都是很熱鬧的。

宋朝時冬至是與寒食、元旦並重的三大節日之一，又稱「亞歲」「冬除」「二除夜」，有的甚至也稱「除夜」。

從冬至起，白晝逐日加長，黑夜一天天縮短。晝陽夜陰，天陽地陰。中國古代禮天崇陽，因此，冬至日祭天是歷代統治者都很重視的活動，是一項國家大典。

在宋朝，皇帝祭天的準備工作開始得很早，兩個月前就開始訓練車象。一共有大象七頭，前面有幾十面紅色的旗子，伴奏的鼓鑼鼙鼓也有十幾面。每隻象有一人跨其頸，身穿紫衫，頭戴交腳幞頭，手執短柄銅刀指揮大象。大象到了宣德樓前，排成行，面向北面而拜。

祭天的過程很是複雜，儀衛眾多。祭天前皇帝要先行齋戒。冬至時，到皇城南郊圜丘祭天。祭天的儀式很隆重，也很繁瑣。皇帝只是按照禮儀官的引導完成早已熟悉的規定動作。冬至的朝會也很熱鬧，百官和外藩使者都要參加這隆重的朝會。屆時，文武官員要整齊地排列在殿中，宋朝俗稱「排冬儀」。皇帝駕臨前殿，接受朝賀。如果您還想像不出，那就把元旦那天的朝會模式再複習一遍，基本就是那樣的隆重。

冬至對於普通人家也十分重要。哪怕您是東京城裡最窮的，或者拿出平時積攢的急用錢，或者乾脆去借，都要買套新衣服，置辦飲食，祭祀祖先。

這一天，也像元旦一樣，會開放賭博。當天車馬喧嚷，街巷擁擠，行人往來不絕。大部分的店家都在這一天都暫停營業，喝酒賭博，俗稱「作節」。

餛飩是這一天人們祭祀祖先和自己享用的最佳物品。這個習俗是從北宋都城東京開始流行的，後來也流行於臨安。當時有「冬餛飩，年餺飥」的民諺。有的富貴人家在這天會包上很多不同餡料的餛飩，叫做「百味餛飩」。

按宋朝的習俗，冬至這天，無論是官宦人家，還是普通百姓，都講究互相贈送禮物，甚至有「肥冬瘦年」的形容。金盈之的《醉翁談錄》裡談到，從寒食到冬至之間，沒有多少節日，因此冬至這天，大家熱中於互相慶賀贈送禮物，而到了除夕迎新年，財力不及冬至豐厚，所以有「肥冬瘦年」之說。

二、古代教師節，祭祀孔子

冬至這天，宋朝的人們還有守冬的風俗。此夜小孩玩耍不睡，直至天明，有「守冬爺長命，守歲娘長命」之諺。

冬至賀冬，最具特色的是「履長」與「隆師」。

所謂履長，是指晚輩禮拜尊長，特別是指兒媳獻履獻襪。冬至日的禮拜尊長不同於日常的昏定晨省，一定要鋪排家宴，向父母尊長行禮。此外就是媳婦給公公婆婆獻履獻襪，這正是「履長」的本義。

所謂隆師，就是尊師拜師的意思。我國一向有尊師傳統，冬至祭孔和拜師就是一種集中表現。

祭孔子拜聖時，有的掛孔子像，像下邊寫一行字是：「大成至聖先師孔子像」；有的是設木製牌位，木牌上的字是「大成至聖文宣王之位」。

在冬至祭孔時還要「拜燒字紙」。愛惜字紙，不許亂用有字的紙擦東西。在民間尤其在士子文人階層非常看重，認為愛惜字紙是對聖人尊重的表現，如果亂用字紙揩抹髒東西就是對先師的褻瀆不恭。所以把帶字的廢紙蒐集起來，在祭孔時一齊燒掉，燒字紙時也要師生一齊跪拜。

如今，咱們在冬至都不進行「隆師」活動了，這種習俗已經銷聲匿跡。但是，冬至節總是給人留下了「中國最早的教師節」的好名聲，獲得了後人的讚美。

④ 少年，人約黃昏後吧——元宵節

一、燈是元宵的海洋

宋朝的節日不少，這回先給您看一闋詞：

東風夜放花千樹。更吹落，星如雨。寶馬雕車香滿路。鳳簫聲動，玉壺光轉，一夜魚龍舞。蛾兒，雪柳，黃金縷，笑語盈盈暗香去。眾裡尋他千百度，驀然回首，那人卻在，燈火闌珊處。

您猜到是什麼節日了吧？對，就是元宵節。

辛棄疾的這闋〈青玉案〉就形象生動地描繪了宋朝元宵之夜的情景：

詞中描寫了燈山——花千樹；煙火——星如雨；舞燈——玉壺光轉，魚龍舞；婦女的頭飾——蛾兒、雪柳、黃金縷；街景——室馬雕車香滿路。讀這闋詞，熱鬧場面如在眼前。

正月十五元宵節，又稱為燈節、元夕、上元。宋朝的元宵節，就是全民狂歡節，是一年中氣氛最火爆的節日。宋朝元宵節放燈，最初為三天，後來增加到從正月十四到正月十八共計五天，可比今天的黃金周。

既然是叫燈節，那就不能不說燈。

宋朝的皇帝，把元宵節當成盛世太平、全民同樂的標誌，所以對燈的製作都是親自過問。宮廷內司官吏自然不敢疏忽，把製燈作為一件大事來抓，不僅宮廷內司製作各種花燈，而且傳令各地製作燈具，以供朝廷之需。因此宋朝製燈技術越來越精湛，燈的花樣品種也越來越多，每年都會有所創新，弄出一些新玩意兒。

蘇州的製燈工藝可謂冠絕天下，體積大的直徑能達到三、四尺，用五色琉璃做成，燈上的山水人物、花竹翎毛讓人嘖嘖稱奇。

福州的燈，有的純用白玉製作，耀眼奪目，如清冰玉壺，令人賞心悅目。

臨安所進的燈極具特色，即使是燈的圈骨也都用琉璃做成，可謂精妙無比。

《武林舊事》列舉了當時頗為著名的一些燈品：

無骨燈，用絹囊包著粟，燒好以後去掉粟，看起來就像剔透的玻璃球。

珠子燈，以五色珠為網，下垂流蘇，以龍船、鳳輦、樓臺故事為表現對象。

羊皮燈，鏃鏤精巧，五色妝染，像皮影戲一般。

羅帛燈，畫著百花、細眼，間雜紅白之色，以「萬眼羅」者最為奇特。

絹燈，上面畫著人物，寫上詩詞，藏頭隱語，算得上是我國燈謎的發端。

宋朝燈具製造商，已經懂得利用氣流渦旋的原理，用五色蠟紙、菩提葉製作影戲燈，馬騎人物旋轉如飛，也就是我們今天常說的走馬燈。可見當時的人們為了元宵節著實費盡了心機。

北宋都城汴梁和南宋都城臨安，富庶繁華，也是元宵燈會規模最大、燈具最好、品種最多之地。

宋朝元宵節燈會的準備年前就開始了，近的在冬至之後，更早的在農曆九月賞菊燈之後。

《東京夢華錄》記載，正月初七這天，汴梁宮城大內在已經搭建好的木製山棚上掛燈結彩，燈上大多畫著群仙故事。燈山左右結成文殊菩薩騎獅子、普賢菩薩騎白象的彩結模型，菩薩的手臂能夠活動，手指竟然可以噴射五道水柱。原來是用轆轤將水絞上山棚頂上，用木櫃儲存，定時放水，如瀑布下瀉一般。還有用草紮成的兩條巨龍，用青布遮住，草龍內放置萬盞燈燭，望之蜿蜒盤旋，如雙龍飛躍。

南宋臨安的燈展更是將汴梁的山棚升級為鼇山。《武林舊事》描述說，皇宮指令製作琉璃燈山，高達五丈，人物造型的燈都用機關控制活動，這些機關隱藏在結成的大彩樓裡。另外在殿堂、梁棟、窗戶間做湧壁，燈具上表現著各種故事、龍鳳噴水等，栩栩如生，是燈會裡品級最高的。鼇山裡的燈具，有千百種，極其新巧，怪怪奇奇，無所不有，中間用五色玉柵簇成「皇帝萬歲」的字樣。

都城中的大小寺院也是遊客觀燈的好去處。僧人們從臘月就開始化緣，準備元宵燃燈的油錢。元宵節來臨，各個寺院都以新奇精巧的燈具吸引香客和遊人。其中汴梁大相國寺的燈展最具特色，如詩牌燈，用木牌製成，木牌上雕有文字，外罩絹紗，裡面燃放燈燭。這些詩牌燈依次排列，供觀燈的市民一享猜謎之樂。

京城大街兩旁的店肆同樣以各式各樣的燈吸引遊人。《鐵圍山叢談》記述，汴梁馬行街「燒燈尤壯觀，故詩人多道馬行街燈火」。

二、人是流連的夜貓

觀燈是元宵節的主打娛樂項目。節日的夜晚，無論王公貴戚，還是普通百姓，男女老少成群結隊走上街頭賞燈遊樂。富貴人家的車子前面，掛著燈球、燈籠。女子們精心打扮妝容，頭上身上佩戴著珠翠、鬧蛾、玉梅、雪柳、菩提葉、燈球、銷金合、貂蟬袖、項帕。她們大多穿著白色的衣服，因為這樣更適合在月色之下展現自己的美。有些喜歡玩耍的人，用白紙做成大蟬，稱為「夜蛾」；還有用棗肉炭屑做成球，繫在鐵絲上點燃，叫「火楊梅」，穿梭於元宵熙熙攘攘的人群中。

節日裡，人們摩肩接踵，難免會有疏漏，丟失錢財、飾品的不算少。《武林舊事》記載，夜闌之時，有人打著小燈照路拾遺，謂之「掃街」，「遺鈿墮珥，往往得之」。這件趣事兒從側面反映了當時人山人海的熱鬧程度。

元宵的文藝表演豐富多彩。實際上，年前汴梁御街兩廊下就聚集了藝人表演，《東京夢華錄》描述他們「奇術異能，歌舞百戲，鱗鱗相切，樂聲嘈雜十餘里」。節日期間，藝人爭相到街頭獻藝，有雜劇、說唱、舞蹈、雜技、音樂和武術表演等。

《東京夢華錄》記載汴梁城元宵的的表演有：擊丸蹴鞠，踏索上竿，趙野人倒吃泠淘，張九哥吞鐵劍，李外寧藥法傀儡，小健兒吐五色水，旋燒泥丸子，溫大頭、小曹嵇琴，党千蕭管，孫四燒煉藥方，王十二作劇術，鄒遇、田地廣雜扮，蘇十、孟宣築球，尹常賣五代史，劉百禽蟲蟻，楊文秀鼓笛，更有猴呈百戲，魚跳龍門，使喚蜂蝶，追呼螻蟻。還有賣藥，賣卦，沙書，地謎，真是無奇不有。

《夢粱錄》記載的臨安元宵節舞隊的盛況絲毫不讓東京。正月十五前後舞隊可以得到朝廷的犒賞，舞隊有清音、遏雲、掉刀、鮑老、胡女、劉衮、喬三教、喬迎酒、喬親事、焦錘架兒、仕女、杵歌、諸國朝、竹馬兒、村田樂、神鬼、十齋郎等幾十個舞蹈社團。還有喬宅眷、龍船、踢燈、鮑老、駝象等表演社團。官巷口、蘇家巷有二十四家傀儡戲，細旦衣裝鮮麗，佩戴花朵珠翠，腰肢纖嫋，宛若婦人。

《西湖老人繁勝錄》所記載的還有撲蝴蝶、耍和尚、韃靼舞等表演節目。《武林舊事》記載的表演有大小全棚傀儡、大憨兒、粗旦、麻婆子、快活三郎、大小斫刀鮑老、諸國獻寶、孫武子教女兵、旱划船、打嬌惜等七十多種節目。

當然，元宵節最炫目的節目還屬皇家的煙火。元宵之夜，皇室觀燈飲宴之餘往往還會舉行大規模的放煙火活動，以渲染節日的喜慶氛圍。有一種叫地老鼠的煙火，大概是點燃之後會到處亂竄的煙花，有次竟然鑽到太后的座椅下面，把太后嚇得不輕。

元宵節夜間，市面上的各種小吃也是琳琅滿目，惹人垂涎。除了精神上的享受，各種夜宵小吃更是增添了節日狂歡的氣氛。元宵主要的小吃有乳糖圓子、蝌蚪粉、豉湯、水晶膾、韭餅等，還有各種南北珍果，比如皂兒糕、宜利少、澄沙團子、滴酥鮑螺、酪麵、玉消膏、琥珀餳、輕餳、生熟灌藕、蜜煎、蜜果、糖瓜蔞、煎七寶薑豉、十般糖之類。賣夜宵的商販，把這些南北美食裝在花盤裡，架著車兒，高聲沿街叫賣。

元宵節無晝夜，富貴之家往往走親訪友，互相宴請送禮，整個白天都在外面，到了深夜才回到家中，還沒來得及小睡一會兒，又得起身整理殘妝，因為拜訪的客人已經到家門口了。

宋朝說經話本《花燈轎蓮女成佛記》生動形象地描寫了元宵之夜熱鬧非凡的場景：「當日正是正月十五日元宵，鄰近有幾家老成的婦人，相呼相喚看燈，因此叫女兒同去。於是眾簇著，迤邐長街遊看。真是好燈！怎見得：笙簫盈耳，絲竹括街。九衢燈火燦樓臺，三市綺羅盈巷陌。花燈萬盞，只疑吹下滿天星；仕女雙攜，錯認降凡王母隊。燈下往來翠女，歌中相鬥綺羅人。幾多駿騎嘶明月，無限香車碾暗塵。當下，蓮女和街坊婦人女子往來觀看花燈，來到能仁寺前，紮個鼇山，點放諸般異樣燈火，山門大開，看燈者不分男女，挨出擁入。蓮女見，也不顧街坊婦女，挨將入去看燈。

真個好燈：三門兩廊，有萬盞花燈，照耀如同白日。」

在這個話本裡，您看到「仕女雙攜」這個詞，這也是宋朝元宵節的一個風俗。年輕的男子女子，在元宵節這幾天，可以擺脫平日的約束，相約一起遊玩。攜手並肩，親密相伴，也許美好的愛情和更遠的終身大事就在滿天的燈火中開啟序幕。歐陽修的〈生查子．元夕〉中「月上柳梢頭，人約黃昏後」兩句，描寫的正是此情此景，成為愛情的一幅經典畫面。

在這種歡騰而溫馨的場面感染下，在美如銀河的燈流中，在熙熙攘攘的人群中，您是否聽見自己內心的呼喚？

少年，相約黃昏後吧！

第八篇

誰都會有那麼一天，人生終點站

1

規律逃不脫，入土方爲安——民間喪葬風俗

一、喪禮，為逝者的「未來」

您在宋朝的親身經歷告訴您，總的來說，宋朝的子民是歷史上生活得最幸福的子民，以至於您產生這樣的想法，選個宋朝最好的年代，比如宋仁宗治下，終老一生，那是多麼幸福啊，最好能長生不老，盡享繁華而又寧靜致遠。

您的想法倒是不錯，但也未免貪婪。幸福一生或可追求，但長生不老那不是得寸進尺而又非常不現實嗎？

因為人，就算最幸福的人，也逃不掉生老病死的自然規律。

咱們現在就說說宋朝人的身後事。

中國古代的喪葬禮俗有章可循，最為重要的原因是受儒家倫理道德體系的影響。

嚴格依照禮法的規定舉辦喪葬儀式，不僅僅是孝道的集中體現，而且關乎死者後世子孫的命運。對於死者的家屬而言，這是更具現實意義的考慮，甚至可以說，葬死者從某種意義上說是在為生者謀取福祉。

大體說來宋朝的喪葬之禮可以分為喪和葬兩大部分。

「喪」的第一階段稱為「初終」，是指彌留之際，要將人遷入正房，使房屋內外安靜，等人氣絕，此時要求「男子不絕於婦人之手，婦人不絕於男子之手」。您知道「絕」就是死去的意思，您就明白這個要求了。接著是所謂「復」，按今天的話說，就是招魂。當然，這是封建時代的迷信之舉，時人還未具備世間並無魂魄這種科學常識。宋朝招魂是人剛嚥氣時，由專事之人或親屬拿著死者穿過的衣服爬到房頂上，或是在死者居住的房屋南面，揮舞死者的衣服，嘴上大喊三次：「某人復。」然後將舞過的衣服覆蓋在死者屍體之上，這大概是借屍還魂之意。

第二階段是「立喪主」等儀式。通常是以喪者的長子為主喪之人，如無長子，則立長孫。另外設「主婦」，要麼是死者之妻，或是長子、長孫之妻。同時決定一個「護喪」之人，可以是家長，也可是能幹而又知曉禮法的子孫，喪禮的大小環節都由他來組織。

第三階段是易服報喪。死者的內外有服親屬和在喪禮中服務的人員都要去冠易服，穿上素衣。易服的基本原則是依據性別和與死者親屬關係的遠近。通常情況下，死者的妻、子、兒媳、妾等去冠和上衣，披頭散髮，男子則脫得更多，而且要赤腳，婦女不赤腳，等等。而有服親屬等則要去掉華麗的裝飾。按照規定，死者親生兒子三天不食。很顯然，三日或一天不食，身體在極度悲傷之中是很難堅持下來的，因而禮法作了相應的變通。報喪一般由「護喪」者在「喪主」的授意下進行，通常要通知遠近的親戚、朋友、同事等，這些人得報後陸續前來弔喪。

第四是沐浴、更衣、「飯含」等事項。沐浴是對死者遺體的清洗裝扮，以便其「上路」順當。這是相當複雜的過程，先在屋裡布置帷幔，由專門的人在死者遺體旁邊架床，床上鋪席子，將屍體抬到床上。侍者換下死者的衣服，然後開始清洗屍體，梳理頭髮，整理面部，等等。換壽衣一般依據死者家庭的經濟狀況，壽衣可多可少，衣料質地也可好可壞，因而裝扮有奢有簡。在侍者沐浴遺體的過程中，「喪主」以下的所有人等都要面朝北依次排列在帷幔之外。等死者遺體移至正堂中間以後，設一靈堂，喪主以下拜靈堂哭祭。此後為「飯含」儀式，這一程序通常由喪主完成，就是用小勺子舀洗淨的米灌入死者嘴角，同時放入一枚錢，以此祝願死者黃泉路上衣食無憂。

第五是設靈座、魂帛、銘旌。在遺體之南設一架子作為靈座，靈座之前設香爐、香合，擺放酒、果等祭品。以白色的絹作成「魂帛」，死者生前有畫像，便可懸掛於靈座上，頗為類似現代的遺像。然而，很多人生前不曾有畫像，因而宋朝「魂帛」多種多樣，死者穿過的衣服、鞋等都可以。所謂「銘旌」，就是在帛上書寫「某某之柩」文字。官品高者帛長，如三品以上長達九尺，用竹竿將帛掛在靈位的右側。靈座、魂帛、銘旌等設置完畢，親朋好友便可以「入哭」弔喪了。

第六是「小斂」。按照禮法，「小斂」應該是相當重要的喪禮程序。通常是在死者去世的第二天舉行，主要處置死者的遺物，在宋朝似乎更多的是衣物。將死者生前穿過的衣服安放在遺體的周圍，用麻繩繫牢，然後大家一起將遺體抬到「小斂」床上。死者的親屬等睹物思人，十分悲痛，自然又要進行祭奠。

第七是「大斂」，就是將屍體裝入棺材。通常情況下宋朝大斂有著較為固定的程序，先要準備好入殮的「衣衾」，把棺材放在堂屋正中偏西的位置，然後將死者從「小斂」床上移到棺材裡面。「大斂」儀式有幾個要點，一是死者的子孫等一起將屍體抬入棺中，這是家屬與死者之間親情的表現；二是要用衣物填滿棺材的縫隙，但不要將金玉等貴重物品裝入棺材，以免盜賊發現而挖掘墳墓；三是死者的親人憑弔，與死者遺體作最後道別；四是蓋上棺材蓋，並用釘子釘牢；五是派兩名婦女看守靈座。

按照儒家禮法之規定，「大斂」通常是在「小斂」的次日早晨。據說這樣死者就可以獲得新生。如果死者屍體三天之內未能大斂入棺，那麼就不可能再生了。在中國古代，甚至在遠古時代，人類就已經存在靈魂不滅的思想。隨著這種觀念的發展，人們自然會想出各種辦法為死者的「未來」做出安排，葬禮就是其中最為重要的環節。因此，人們普遍相信，通過葬禮，生者就會將死者的靈魂送入到了另外的世界。也就是說，喪禮最重要的目的是為了完成生命的轉換和延續，讓死者開始一種新的生活。

二、葬禮，讓逝者「入土為安」

葬禮是喪葬禮儀的後期過程。按照中國古代的禮法，天子七月、諸侯五月、大夫三月、士一月而葬，這是先秦以來對統治階級下葬時間的界定。到了宋朝，下葬期限似乎並未因身分地位而作明確的等級區分。宋朝政府以法令形式對喪葬時間作了相應的規定，幾乎所有死者都要求在三個月內下葬。

葬禮之中，「卜宅兆、葬日」是最為重要的環節，也是宋朝民間最受重視的民俗事項之一。

所謂「卜宅兆、葬日」，就是選擇墓地和下葬的時日，這些在宋朝都是由「葬師」來完成。事實上，中國古代盛行風水之術，宋朝自然也不例外。正因為如此，「葬師」逐漸成為一種職業。這些人專門為他人看風水。他們主要依據墓地、宅地的地勢及方位、周邊環境來決定墓地的具體位置。隨著印刷技術的進步，宋朝還出現了非常專業的書籍——「葬書」。顯而易見，「葬書」是眾多風水師長期研究這門學問的結果，是他們對這個行業普遍規律的認識，同時也是「葬師」們學習技能的教材，更是他們「卜宅」的基本依據。

宋朝民間通常是根據「葬師」的意見來決定死者下葬的年月日時。但是，葬書有著各種不同的版本，因而每個葬師都會對墓地見仁見智，不同的葬師得出的結論往往不盡相同。而當時人們的普遍心理是趨吉避凶，自然會對墓塋位置做出「最佳」選擇，以利於子孫的未來。從現在咱們的科學角度看，這種見解完全是迷信的，禁不起科學的檢驗。然而，作為一種重要的民俗現象，絕大多數宋朝人似乎深信不疑，其必然結果就是延誤下葬的時間。

儘管宋朝盛行風水之學，但並非所有宋人都相信這些東西。不少士大夫甚至還著書立說，質疑或批判陰陽風水理論，尤其在喪葬禮儀方面。以司馬光為例，他在《家範》和〈葬論〉中多次批判說，陰陽與風水學說自相矛盾，而世人既信陰陽之學，又信風水之術，實在是愚蠢之極。在他看來，殯葬與後人的貴賤貧富壽夭無關。平心而論宋朝風水之術大行其道，從一個重要的側面反映出當時人們對美好生活的追求與嚮往，至少是人們希望通過殯葬這種形式來求得實實在在的利益。雖然這些願望僅僅是鏡花水月，但卻能使人得到莫大的心理安慰。總體說來，這種迷信的學說對宋朝社會產生了極其重大的影響，其負面作用是不能低估的。

在選定墓地後就開始挖墓穴，宋朝大體上有兩種辦法。一種是垂直開挖，然後直接將棺材納入其中；另一種是從墳墓側面挖出一條巷道，然後挖墓室，最後將棺材推入墓穴。

在下葬之前，還要準備好「碑誌」「明器」等物件。「誌」要較為詳細地敘述死者的生平、家族等內容。所謂「明器」，簡單說就是隨葬物品。宋朝通常是用木料雕刻成日常生活用品，或是人物形象，放入墓室中，試圖使死者能在陰間享受到同人間一樣的生活。

接下來是「啟殯」。宋朝通常是在下葬的前一天舉行「啟殯」儀式。這一活動一般由主持葬禮之人負責，必須選擇吉時。在此之前，死者的五服親屬集中到棺材前痛哭致哀。主持者連呼三聲「謹以吉辰啟殯」，大概是因為要進來不少陌生男性，因而在場的婦女全部退出，男性親屬則無須回避，眾人便將棺材從屋內抬到靈堂。

次日「出殯」。出殯之前，先將下葬所用之物依照順序排列，最後是裝屍體的棺材。送葬的親屬、賓客依次排在棺材後面。在途中、墓地還會有相應的民俗流程。中國人在喪葬之禮上，講究入土為安，下葬儀式結束，死者的一生才算真正結束。

② 觀念，居然如此超前——火葬

一、觀念因佛教而變

入土為安的喪葬觀念，在咱們古代是絕對的主流。現代社會已經普遍實行火葬，並且認為這是人類文明的進步。在古代，這遠遠不是能被普遍接受的觀念。即使如此，宋朝卻已經出現了火葬的趨勢，千年之前的人們居然有如此超前的觀念，著實讓人感佩。

火葬的盛行，在中國古代歷史上，只發生在宋朝。宋朝之前，以及之後的元明清三代，火葬都遭遇強烈的思想意識和官方政策的抵制。宋朝《東都事略》記載：「近代以來遵用夷法，率多火葬。」這裡的「夷法」就是指佛教提倡實行的火葬。

北宋時期，火葬盛行於東京汴梁和河東地區。湖北、陝西、山東等地也有關於火葬的記載，四川、浙江、福建、廣東、江蘇等地，雖然在北宋時已經出現了火葬現象，但尚未盛行，一般僅在佛教徒中進行。

到了南宋，廣大南方地區開始盛行火葬，並逐漸成為社會習俗。兩浙路是南宋火葬最為盛行的地區。四川自孝宗以後，火葬大盛。根據歷史學者的統計，南宋時期四川的火葬墓約占兩宋四川火葬墓總數的百分之八十以上。當時的成都，更是引領四川火葬之風。此外，廣東的番禺、佛山、新州等地都風行火葬，江西、湖北、湖南等地也有火葬的記載。

您或許會有疑問，在漫長的中國古代歷史上，對於火葬，宋朝為何是一個獨特的存在呢？其實這與佛教在宋朝的世俗化以及宋朝是個開明社會有著直接的關係。

佛教主張火葬，認為肉體只是承載靈魂的皮囊，精神的永恆與肉體無關，人應該追求精神的超脫，最終升入西方極樂世界。隨著佛教在中國的落地生根和廣泛傳播，到了宋朝更為本土化、世俗化，對當時民間喪葬習俗的影響越來越大，人們對佛教喪葬模式的牴觸情緒日趨減弱，不再將其視為可怕之舉或大逆不道，而且越來越多的人樂意採用這種外來的喪葬禮俗。宋朝《搜采異聞錄》載：「自釋氏火葬化之說起，於是死而焚屍者，所在皆然。」

從實際狀況看，宋朝火葬盛行的地區，也正是佛教活動活躍的地區。北宋到了徽宗年間，開封府有寺院六百九十一座，荊南府（湖北荊州）有五百五十座，遍布城內外。五代十國時兩浙路被稱為「東南佛國」，南宋時臨安是兩浙路佛教活動最昌盛之地，蘇軾曾評論：「錢塘佛者之盛，蓋甲天下。」據《夢粱錄》裡的統計，南宋臨安城內外寺院有六百七十一座之多。

宋朝傳統的喪葬深受儒家思想影響，有厚葬之風。傳統的土葬花費巨大，不僅對當時的普通人家是個沉重負擔，即使對於士大夫之家，也是一筆不菲的支出。因此佛教提倡的花費較少的火葬，給平民百姓在喪事上省儉提供了極大的方便。火葬一般不受身分等級和經濟等方面的影響，喪家可以根據自己家庭的經濟狀況量力而行，於是火葬首先在平民階層尤其貧困人家流行開來。《寰宇瑣記》記載，一些富戶在佛教的影響下，也會花費不少銀兩請僧人做法事，實行火葬，並被視為風光之事。

在之前的宋朝社會生活考察過程中，您知道宋朝是個有著濃厚開明色彩的社會，這種開明在火葬上也有很大程度的反映。從形式上看，宋朝官方雖然多次下令禁止火葬，但實際上，卻對火葬採取了一種比較寬容而放任的態度，這也是宋朝政治上崇尚寬厚的表現之一。《宋史》載：「其君一以寬仁為治，故立法之制嚴，而用法之情恕。」

也就是說宋朝立法很嚴，但在執行過程中卻比較寬鬆。在關於宋朝的史料中，確實也鮮見因火葬而遭到處罰的事例。宋朝以仁治天下的政策，自然為佛家火葬的推廣開了方便之門。

宋朝官方不僅對火葬採取寬鬆態度，甚至皇室也有火葬的記錄。《華陽集》記載，嘉祐八年，年僅四歲的皇侄孫趙士弇夭折，「火而寓骨於都城之西大慈佛祠」。連皇室成員都有施行火葬的，可見佛教喪葬觀念已深入人心，它對整個社會所產生的巨大影響自然不言而喻。

二、身後事的儒佛之爭

宋朝火葬的盛行，給當時及後世社會造成了一系列的重大影響，最主要的是使傳統、繁瑣的儒家喪葬禮制遭到了沉重的打擊，改變了宋朝社會的倫理道德標準。

在喪葬觀念上，儒家以「入土為安」的厚葬方式為宗旨，認為先人的髮膚不可破壞，否則就是後輩的不孝之舉。儒家的這種喪葬觀，在宋朝以前一直左右著中國古代喪葬民俗的導向。到了宋朝，佛教有了廣泛的民間基礎，佛教火葬方式便與儒家土葬方式產生了文化上的極大衝突。

這種衝突的典型表現是，一部分文人士大夫對火葬的盛行深感悲痛憤怒，指責火葬為破壞風化、大逆不道之舉。他們一方面要求官方採取措施嚴格禁止火葬，一方面希望通過自己的言傳身教來改變這一局面。程頤說：「吾家治喪不用浮屠。」浮屠就是佛家的火葬之法。朱熹、呂祖謙都態度鮮明地反對火葬，教育弟子不能循俗「用僧道火化」。但在當時，持這種明確反對態度的比例並不多，士大夫們的痛斥實際也沒有起到多大的作用，抵不住火葬之風的日漸盛行。

中國歷代封建統治者極力宣導土葬，其目的就是通過儒家宣導的貴賤有別的喪葬禮制來維持等級制度，實現長治久安。宋朝是中國古代商品經濟極為發達的巔峰時代，造就了一大批富裕商人。儒家等級森嚴的喪葬禮制，使富而不貴的人家想在喪葬上鋪張、風光受到了極大的限制。但佛教的火葬卻沒有這方面的限制，只要喪家有錢，不僅可以在火葬儀式上大大方方地講求排場而不會背上奢侈的罪名，而且還可以博得「孝」的美名，揚名於世。於是，用盛大的佛教齋會、水陸道場來表白「孝心」，成為當時社會的一種流風習俗。

宋朝火葬的盛行，也開創了元明清三代的火葬風氣，並使它最終成為中國民族傳統葬俗的重要組成部分。宋朝以後，火葬雖然受到了元明清三朝統治者的嚴厲禁止，使它不能在宋朝的基礎上獲得突破性的進展而廣泛普及於整個社會，但這種省錢、省時、省地的喪葬方式卻對當時社會產生了極其深遠的影響。

因此，咱們可以暫且不管儒家和佛教的喪葬觀念之爭，僅僅從科學與文明的角度，咱們也知道，宋朝在中國古代喪葬文明上，開拓了前無古人、後無來者的創舉。

③ 禮節，皇帝都得照辦——弔慰

一、弔慰，論情感更遵禮制

人生難免面對生離死別。在宋朝，您肯定也會結識不少朋友，男女老少各色人等自然都有，很難說不會有一位朋友不幸離開人世。您除了難過哀傷之外，要做的第一件事情就是去弔慰。

弔慰，俗稱「弔喪」，又稱「弔唁」，是指死者的親朋好友獲悉死訊後，前往死者家中祭奠死者、慰問生者，即所謂「弔，問終也」「唁，弔生也」。

宋朝的上層社會，對弔唁禮儀規定的非常嚴格，即使是皇帝，也得照辦無誤。

如果死者為高官貴族，或功勳卓著，或與皇帝有故舊，皇帝就會親臨祭奠，時稱「車駕臨奠」。車駕臨奠的時間一般在得知訃告的當日或次日。宰相、樞密、宣徽使、參知政事、樞密副使、駙馬都尉薨，都會享受車駕臨奠的待遇。比如魯國公曾公亮卒後，宋神宗就曾親臨祭奠。

若死者身分特別尊貴，皇帝會攜皇后、皇太后等一同前往。馬軍副都指揮使、定國軍節度觀察留後曹琮喪禮中，宋仁宗攜皇后前往弔唁。司馬光的喪禮中，宋哲宗則攜太皇太后親臨祭奠。

車駕臨奠的具體禮儀是：孝子出門迎接，遠遠看到皇帝車駕就要哭；然後請皇帝進門，女眷在中門之內哭；皇帝進門後在柩前面向西哭，御藥酹酒奠祭。

按照禮制，有的品官本應享受車駕臨奠禮遇，但其去世時皇帝因故不能親臨祭奠，則會派遣專人臨奠弔祭。彰德節度使、兼侍中王貽永去世時，宋仁宗病體初癒不能親臨，便下詔命令「二府、宗室往奠」。

按照禮制，有的品官不應享受臨奠禮遇，當這些品官去世時，皇帝對於其中少數特別賞識者，也會派遣專人臨奠，以示嘉獎。馮拯卒後，宋仁宗派入內都知（官職名）藍繼宗前往祭奠。

如果某些官員有功於國，或與皇帝交情比較好，即使官品較低，皇帝也可能臨奠。宋仁宗也曾特意親臨司空致仕章得象的喪禮祭奠；翰林侍讀學士、禮部尚書郭贄的喪葬典禮中，宋真宗因為與郭贄的交情前往祭奠。

在勳戚重臣的喪事上，除了皇帝親自臨奠和派遣專人臨奠外，還有一種召集、派遣宗室或官員集體弔喪的情況，稱為「會喪」。「會喪」是一種極高規格的禮遇，只有重臣、密戚才有可能享受此等殊榮。宋太祖母親杜太后的兄弟杜審進的喪禮中，宗室、官員便一起前往祭奠。

那麼，如果是皇帝、皇后去世了呢？那就要實行「臨禮」了。在皇室喪葬典禮中，群臣進宮哭弔皇帝、皇后，時稱「臨」。這種「臨禮」貫穿於喪葬典禮的整個過程，群臣必須在規定時間和規定地點哭弔死去的帝、后。

皇帝、皇后去世後，從聞喪到小祥（死後十二日）期間，文武百官每天早晚兩次到宮廷哭臨；小祥後到外朝禫除（死後二十七日）期間，每天只需朝臨一次。入臨之時，文武百官還要進名奉慰新帝和皇太后。

在宋朝，有的皇帝還行有一種比較特殊的「逢七入臨」的臨禮，即自死後的二七日或三七日算起，每隔七天群臣都要入宮哭弔皇帝，直至第四十九天的七七日為止。皇太后、皇后喪葬典禮中則不見逢七入臨的記載。逢七入臨可能源於民間的「七七追薦」風俗。

在皇室喪葬典禮中，還有外夷入弔之禮，這是宋朝「喪葬外交」的另一種形式。宋朝皇帝、皇太后、皇后去世後，契丹、西夏、金國等派遣使者前來弔祭並慰問。事後宋朝也要派人前往來京弔慰的國家表示感謝，因而增設了「奉使報謝使」一職。如宋孝宗去世後，宋光宗先派薛叔似赴金告哀，後又遣林季友出使金國。

二、賻贈，是心意也是尊重

除了精神上弔慰之外，弔喪者都要向喪家贈送有關財物，當時叫「賻贈」。「知死者贈，知生者賻」，賻是贈送給死者家屬來幫助經營喪事的財物，贈是送給死者的助葬財物。

宋朝喪葬典禮中「賻」與「贈」的區分不是特別明確。一般都以「賻贈」一詞涵蓋所有弔喪的人贈送給喪家的財物。

鄧州觀察使錢若水去世後，因為他能斷大事，對待繼母孝順至極。皇帝非常惋惜，於是追封官職戶部尚書，賜予謚號宣靖，賻贈加倍，還專門派人弔慰他的母親，賜白金五百兩。

宋朝喪葬典禮中，賻贈的來源主要有兩個。

一、皇帝賻贈。皇帝賻贈之物比較廣泛，主要有金錢、布帛和糧食。其中，賜贈錢財又有多種表現形式，有直接賜金錢的，也有通過繼續發放俸祿、減免賦稅、徭役等形式賜贈的。

寇準去世後，宋太宗賜錢百萬。

梁周翰去世後，宋真宗錄用他的兒子梁忠寶為官，並在居喪期間照常發放皇帝賻贈除上述金錢、布帛、糧食外，有時還有田地、宅第、含殮祭祀用品，個別官員去世甚至賜有墓地、寺廟等。

張俊去世時，宋高宗曾賜七梁額花冠貂蟬籠巾朝服一襲、水銀二百兩、龍腦一百五十兩。

韓琦去世時，宋神宗除賜銀絹外，還命人治塚，親自為其撰寫墓碑。

咱們現在知道，皇帝賻贈的內容多種多樣。然而可以享受皇帝賻贈禮遇的官員是有嚴格限制的，獲賜的賻贈數量也有嚴格規定。如果去世官員生前立有大功或者與皇帝有故，有的按照禮制不應享受賻贈，而事實上卻得到了賻贈禮遇；有的按照禮制只能享受較低級別的賻贈，而事實上卻得到較高級別的賻贈禮遇。

二、親友賻贈。親友賻贈一般以金錢為主，側重於實際解決喪葬中的經濟困難。吳遵路去世時，范仲淹分出自己的俸祿給他的家人。吳交如去世時因為家貧沒有棺木下葬，他的同僚辛棄疾賻贈錢財。也有贈送實物來解決困難的，張載去世時門人就贈送了棺木。

不管是皇帝賻贈，還是親友賻贈，在宋朝的喪禮中，都出現過拒絕的情況。如宋英宗時蘇洵去世，其子蘇軾拒絕了皇帝的賻贈；宋仁宗時曹修古去世後，他的女兒也拒絕了賓佐所贈錢財。

4 不孝的官員，何止被吐槽——丁憂制度

一、公務員必須守孝三年

說到喪葬之禮，您一定聽說過「死者為大」的說法。咱們歷史上，儒家學說影響深遠。儒家要是罵一個人，往往會斥其為不忠不孝、不仁不義之輩。

忠孝仁義是儒家對完美人格的基本要求，其中「孝」對一個人來講，幾乎可以決定這個人的底線，即所謂「百善孝為先」。誰要是帶上「不孝」的標籤，那簡直寸步難行。如果事業和事孝不能兩全，儒家的選擇更傾向於「孝」。一個不孝的官員，不僅要成為人們吐槽的對象，而且還會受到制度上的約束，因此丁憂制度在漢朝就產生了。

「丁憂」，又稱「丁艱」，是古代遭父母之喪的通稱。有內、外之分，遭母喪稱

為「丁內艱」，遭父喪稱為「丁外艱」。在古代中國，丁憂制度是遭逢父母之喪者應遵循的禮制，尤其是為官者在父母去世後，必須去官守孝，一般守孝期間為三年。它是中國古代官員必須遵守的禮制之一，違反者要受到處罰，甚至削職不用。

官員丁憂制度是儒家「孝道」的產物。儒家主張的「孝」包括對長輩的養生送死。養生是對長輩活著時的恭敬、贍養、侍奉。送死則表現為舉喪守孝、祭奠先人等。

官員遇父母喪必須向主管部門申請解職丁憂，得到批准後即可持服三年；若品官遇父母喪，匿喪不報，逃避丁憂，一經查出，將受到懲處。

丁憂要專心守孝三年，確實也挺耽誤工作的，所以朝廷在得到官員的丁憂申請後，也有根據工作需要不批准申請的，這種情況稱為奪情。正在丁憂守喪而未滿三年的官員，朝廷也會因為特殊需要將他召回繼續工作，這被稱為起復。

孝道在宋朝也得到極力提倡。《宋元憲集》裡說道：「赫赫炎宋，專以孝治。」宋朝的丁憂制度由太常禮院管理，凡官員遇父母喪，必須打報告請求解官，服滿後再向朝廷報到，或復職，或安排新的崗位。丁憂守喪制度很嚴格，對於不按照禮制丁憂的官員，御史臺負責進行彈劾，朝廷則給以處分。

宋朝政府通常情況下是鼓勵官員丁憂守喪的，而且多數官員也能主動執行丁憂制度。主動而且完成三年丁憂的官員大都為品級較低的中下級官員，而且以文官居多。他們丁憂期間不在其位，不會對政治決策帶來影響，也不影響政府各個部門的正常運轉。

皇帝在法禮上肯定支持丁憂，可是他們也有煩惱，官高權重、擔任要職的大臣，如宰相等為宋朝中央行政之中樞，皇帝之左膀右臂，離開他們工作往往運轉不靈，所以他們遇父母喪而被奪情起復者也不在少數；即便丁憂守制，往往需要再三請求，費盡周折。如一代名相富弼，丁母憂，皇帝要奪情，連著從龍椅上站起來幾次，請求富弼留下來。富弼說：「這又不是戰亂，太平歲月，怎麼能不執行丁憂呢？」富弼拒絕奪情、堅持丁憂的孝行得到了宋朝士人的稱讚，也為後人以他為榜樣，反對大臣謀求起復提供了先例。

因為公務需要，某位官員不能離任去為父母丁憂守喪，或者不待官員丁憂守喪期滿便被徵召提前赴任復職，這種情況多能為社會輿論所容忍。例如南宋初年的抗金名將岳飛為母親姚氏守孝，金國扶持的偽政權大齊國的大將王威攻陷唐州，宋朝守將戰死，朝廷立即降詔，命岳飛起復。面對家國、忠孝的抉擇，岳飛在推辭不掉的情況下，毅然捨小家為大家起復參與到抗敵鬥爭中去。岳飛是因為國家戰時需要而實施的「金革奪情」。遇金革之事，武官起復是很正常的事情，不僅不會受到社會輿論的譴責，反而大多會受到嘉獎，甚至加官晉爵。

二、弄虛作假，那就別混公務圈了

丁憂制度給官員帶來的最直接的影響是其在仕途上的三年停滯和其丁憂期滿後的職務變動。就普遍情況而言，絕大多數遭逢丁憂的官員，都不太可能回到原崗位復職。解官三年，原官職已由他人頂替了。丁憂期滿的官員出任他職是常見之事。也有人因丁憂而錯失升遷機會，如歐陽修在丁憂期間，皇帝欲召回使用，但因丁憂而失去了一次被皇帝召用的機會。

因此，有些官員便不願意丁憂解官去職。官員貪戀權位，不願解官丁憂，最為典型做法有兩種。首先是匿喪不報。宋初官僚匿喪的很大一部分原因在於服喪年月不計入資歷，也就是說不算工齡。雖然宋仁宗後規定凡是按制度服喪的「並理為在任」，而且在丁憂期間給予官員生活上的照顧，給丁憂的高層官員提供了生活上的保障。但對於那些中下層的官員，在丁憂守喪期間他們不僅沒有俸祿，也許家中的生計都有問題，而且守喪期間也會失去晉升機會，不能獲取更多的利益。因此有一些官員貪圖權勢、利益，往往會做出有違倫理的匿喪行為，比如太常博士茹孝標的匿喪事件。僅為正八品的小官茹孝標，位居官僚的下層，一旦丁憂便沒有俸祿，正常生活都可能極其困難，而且自己的仕途也會受到影響。因此，他才會鋌而走險匿喪，結果事情敗露，受到貶降。

官員丁憂持服制度不僅關乎官員個人的官場前途，而且往往引發官場的派系傾軋，導致官員群體內部此消彼長的行政人事變動。

例如王安石推行變法，遭到了以司馬光為首的保守勢力的強烈反對。在變法中，王安石啟用一批支持變法的年輕官員，李定就是其中的一位。而李定在丁憂方面的問題就成了保守派攻擊變法派的良機。保守派抓住了李定在丁憂問題上違反禮制的行為，大肆進攻變法派，極力反對提拔他。李定的匿喪行為讓保守勢力抓住了打擊變法派的把柄。在當時，這樣的匿喪行為無疑使變法派在黨派鬥爭中處於劣勢。李定事件成了王安石變法期間黨派鬥爭中的一件很有影響的事。

起復也往往成為政治鬥爭的導火索。宋理宗時，右丞相兼樞密使史嵩之結黨營私、弄權誤國，激起上下公憤。史嵩之因父喪解職守喪，但他偷偷摸摸地暗箱操作，未滿三月，理宗便下詔起復。史嵩之假裝推辭一番，理宗又親書手詔，派使臣催促他起復。這件事導致士人們議論紛紛，京師太學生、武學生、宗學生聯名上書反對史嵩之起復。將作監徐元傑也上書，甚至以辭職來抗議。再加上多名官員也上疏或密奏反對史嵩之起復，宋理宗最終認識到史嵩之為公議所不容，於是決定拋棄史嵩之。史嵩之從此在家閒居直至死去，而一度被他排擠的官員則重返廟堂。

丁憂不僅有期限之規定，而且必須遵循禁忌的約束。守喪期間丁憂者在生活上有不少禁忌，比如不飲酒，不食肉，不處內，不遠遊，不入公門，不娶妻納妾，門庭不換舊符。丁憂期間如果行為不端、有虧孝德，做出有悖禮義倫常行為的官員，要受到行政處罰或法律制裁。官員在丁憂期間若孝行卓著則會受到嘉獎，甚至獲得升遷。成都布衣羅居通喪親。他日夜誦讀經書，結果親人的墳墓上有芝草生出，天上也下起甘露。當地官員把他的事蹟上報中央，最終任命羅居通為延長縣主簿（縣長）。

結語

至此，您的宋朝穿越之旅即將畫上句號。

您仰望過宋朝創造的舉世輝煌，也嘆息過它遭逢的風吹浪打。

您愛宋朝心懷社稷而又風流倜儻的文官，也愛意圖直搗黃龍奮勇報國的武將。

您愛宋朝高雅清麗的文化氣質，也愛它人間煙火的市井歡樂……

宋朝帶給您的體驗如此多彩，您可以為我們歷史上的大宋感到驕傲，更可以為您這趟不凡的旅行而自豪！

回首千年，斑斕依舊。

人文 8

回到宋朝long stay

從食衣住行到文化風俗，在最幸福的朝代上一堂歷史體驗課

作　　者　馬　驊
校　　對　吳淑芳
責任編輯　林秀梅

版　　權　吳玲緯　蔡傳宜
行　　銷　艾青荷　蘇莞婷　黃家瑜
業　　務　李再星　陳玫潾　陳美燕　馮逸華
副總編輯　林秀梅
編輯總監　劉麗真
總 經 理　陳逸瑛
發 行 人　涂玉雲

出　　版　麥田出版
104台北市民生東路二段141號5樓
電話：(886)2-2500-7696　傳真：(886)2-2500-1967
發　　行　英屬蓋曼群島商家庭傳媒股份有限公司城邦分公司
104台北市民生東路二段141號11樓
書虫客服服務專線：(886)2-2500-7718、2500-7719
24小時傳真服務：(886)2-2500-1990、2500-1991
服務時間：週一至週五09:30-12:00・13:30-17:00
郵撥帳號：19863813　戶名：書虫股份有限公司
讀者服務信箱E-mail：service@readingclub.com.tw
麥田部落格：http://blog.pixnet.net/ryefield
麥田出版Facebook：https://www.facebook.com/RyeField.Cite/

香港發行所　城邦（香港）出版集團有限公司
香港灣仔駱克道193號東超商業中心1樓
電話：(852) 2508-6231　傳真：(852) 2578-9337
E-mail：hkcite@biznetvigator.com

馬新發行所　城邦（馬新）出版集團【Cite(M) Sdn. Bhd. (458372U)】
41, Jalan Radin Anum, Bandar Baru Sri Petaling,
57000 Kuala Lumpur, Malaysia.
電話：(603)9057-8822
傳真：(603)9057-6622
E-mail：cite@cite.com.my

設　　計　江孟達
插　　畫　Larda
電腦排版　宸遠彩藝有限公司
印　　刷　沐春行銷創意有限公司

初版一刷　2018年7月31日
初版二刷　2018年8月31日
定價／360元
ISBN：978-986-344-576-0

城邦讀書花園
www.cite.com.tw

國家圖書館出版品預行編目資料

回到宋朝long stay / 馬驊著. -- 初版. -- 臺北市：麥田出版：家庭傳媒城邦分公司發行, 2018.08
面；　公分. --（人文；8）
ISBN 978-986-344-576-0（平裝）

1.社會生活　2.生活史　3.宋代

635　　107010017

cite城邦媒體 麥田出版
Rye Field Publications
A division of Cité Publishing Ltd.

廣 告 回 函
北區郵政管理局登記證
台北廣字第000791號
免 貼 郵 票

英屬蓋曼群島商
家庭傳媒股份有限公司城邦分公司
104 台北市民生東路二段141號5樓

▼
請沿虛線折下裝訂，謝謝！

文學・歷史・人文・軍事・生活

Rye Field Publications

書號：RC8008 書名：回到宋朝long stay

讀者回函卡

cite城邦媒體

※為提供訂購、行銷、客戶管理或其他合於營業登記項目或章程所定業務需要之目的，家庭傳媒集團（即英屬蓋曼群島商家庭傳媒股份有限公司城邦分公司、城邦文化事業股份有限公司、書虫股份有限公司、墨刻出版股份有限公司、城邦原創股份有限公司），於本集團之營運期間及地區內，將以e-mail、傳真、電話、簡訊、郵寄或其他公告方式利用您提供之資料（資料類別：C001、C002、C003、C011等）。利用對象除本集團外，亦可能包括相關服務的協力機構。如您有依個資法第三條或其他需服務之處，得致電本公司客服中心電話請求協助。相關資料如為非必填項目，不提供亦不影響您的權益。

□ 請勾選：本人已詳閱上述注意事項，並同意麥田出版使用所填資料於限定用途。

姓名：______________________ 聯絡電話：______________

聯絡地址：□□□□□______________________________

電子信箱：______________________________

身分證字號：______________________________（此即您的讀者編號）

生日：_____年_____月_____日　性別：□男　□女　□其他__________

職業：□軍警　□公教　□學生　□傳播業　□製造業　□金融業　□資訊業　□銷售業

□其他______________________________

教育程度：□碩士及以上　□大學　□專科　□高中　□國中及以下

購買方式：□書店　□郵購　□其他______________________________

喜歡閱讀的種類：（可複選）

□文學　□商業　□軍事　□歷史　□旅遊　□藝術　□科學　□推理　□傳記　□生活、勵志

□教育、心理　□其他______________________________

您從何處得知本書的消息？（可複選）

□書店　□報章雜誌　□網路　□廣播　□電視　□書訊　□親友　□其他__________

本書優點：（可複選）

□內容符合期待　□文筆流暢　□具實用性　□版面、圖片、字體安排適當

□其他______________________________

本書缺點：（可複選）

□內容不符合期待　□文筆欠佳　□內容保守　□版面、圖片、字體安排不易閱讀　□價格偏高

□其他______________________________

您對我們的建議：______________________________

____